In gleicher Qualität und Ausstattung
gibt es im Buchhandel

Harenberg City Guide

Amsterdam Paris
Athen Prag
Barcelona Rom
Berlin San Francisco
Brüssel Tokio
Budapest Venedig
Florenz Wien
London
München
New York

Weitere Städte
in Vorbereitung

Orlando Grossegesse (Text)
Johann Scheibner (Bild)

Harenberg City Guide Lissabon

Harenberg Reise Verlag

30 Highlights in Lissabon

Zum Programm eines Lissabon-Besuchs sollten diese 30 Sehenswürdigkeiten gehören (im A-bis-Z-Teil mit ★ gekennzeichnet)

Inhalt

Benutzerhinweise (1)

Ihr zuverlässiger Begleiter

Mit der Reihe „Harenberg City Guide" ist eine neue Generation von Städteführern entstanden: handlich, übersichtlich und ausführlich zugleich. Texte und Fotos bilden auf jeder Doppelseite eine Einheit: Was auf der linken Seite zu lesen ist, wird rechts abgebildet. Wer den Text hat, hat gleich daneben das Bild, und wer das Bild hat, findet links daneben den dazugehörenden Text.

Rundgänge, Sehenswürdigkeiten, Ausflüge und Service-Teil werden durch unterschiedliche farbige Markierungen am oberen Textrand gekennzeichnet. Die Farbstreifen sind an der Griffleiste zu erkennen und erleichtern dem Benutzer das Aufschlagen des jeweiligen Kapitels. Durch das handliche Format können Sie den „Harenberg City Guide" stets bei sich tragen. Der strapazierfähige Einband und die dauerhafte Fadenheftung machen diesen modernen Städteführer nahezu unverwüstlich.

Die Stadt

Ein Essay sowie zusammenfassende Artikel über Geographie, Klima, Bevölkerung, Geschichte, Politik, Wirtschaft, Verkehr und Umwelt stimmen auf Lissabon ein.

Rundgänge

Auf den Seiten 42–65 machen wir Ihnen zehn Vorschläge, wie Sie Lissabon zu Fuß kennenlernen können. Zu jedem dieser Rundgänge gehört ein Stadtplan-Ausschnitt. Die Karten decken zusammen den Innenstadtbereich ab und können bei der Orientierung im Stadtzentrum hilfreich sein. Sehenswürdigkeiten, die zu einem Rundgang gehören, haben jeweils im Datenblock einen Verweis auf diese Karten.

Sehenswürdigkeiten

In alphabetischer Reihenfolge finden Sie mehr als 100 Sehenswürdigkeiten; die 30 wichtigsten sind durch einen Stern (*) als Highlight gekennzeichnet. Jede Sehenswürdigkeit wird auf einer Doppelseite dargestellt. Links stehen der Text und ein Datenblock (mit den wichtigsten Fakten sowie Angaben zu Öffnungszeiten, Eintrittspreisen, Adresse und Verkehrsverbindungen), rechts die dazugehörenden Bilder oder Lagepläne. Reicht eine Doppelseite nicht aus, folgen weitere Seiten.

Ausflüge

Der Ausflugteil behandelt zehn sehenswerte Ziele in der näheren Umgebung Lissabons, die man alle in Tagesrouten erreichen kann; den Schwerpunkt bildet Sintra. Die Ziele sind alphabetisch geordnet, die Ausflüge-Übersicht zeigt Ihnen mögliche Kombinationen mehrerer Exkursionen. Auch Adressen, Öffnungszeiten und Verkehrsverbindungen fehlen nicht.

Service-Teil: Adressen und Praktische Hinweise

Hotels und Restaurants werden mit Kurzinfos zu Ausstattung, Leistung, Spezialitäten und Preisen charakterisiert. In alphabetischer Reihenfolge folgen Museen, Theater und andere Kulturangebote sowie Tips für den Einkaufsbummel.
Die „Praktischen Hinweise" machen den „City Guide" zum Ratgeber für alle Fälle – von A wie Apotheken bis Z wie Zeit. Eine Liste mit den wichtigsten Veranstaltungen und Festen hilft bei der Terminplanung. Ausführliche Erläuterungen zu den angebotenen Stadtrundfahrten zu Land und Wasser sagen Ihnen, wie Sie sich einen schnellen Überblick über die Stadt verschaffen können. ▶

Benutzerhinweise (2)

Service-Teil: Metro
Auf der Seite 494 wird der Streckenverlauf der Lissabonner Metro-Linien mit allen Haltestellen und Umsteigemöglichkeiten graphisch dargestellt. Der Gesamtplan auf den hinteren Umschlagseiten ermöglicht einen schnellen Überblick über das Lissabonner Nahverkehrsnetz.

Register
Das Personenregister gibt zu den für Lissabon wichtigen Persönlichkeiten eine Kurzcharakteristik mit Lebensdaten und Beruf. Bei Künstlern werden die Werke genannt, die im Text erwähnt sind, und bei Architekten deren Bauten in Lissabon.
Das Sachregister verschafft einen schnellen Zugang zu den Sehenswürdigkeiten der Stadt. Sie erfahren, auf welcher Karte eine Sehenswürdigkeit verzeichnet ist, welche S- oder U-Bahn-Station in der Nähe liegt und welche Linien dort verkehren.

Übersichtsseiten
Am Anfang jedes Kapitels stehen Übersichtsseiten. Sie bieten eine Kurzcharakteristik der Rundgänge (S. 42–45), fassen die Sehenswürdigkeiten thematisch zusammen (S. 66–69) und sagen Ihnen, was Sie auf den Ausflügen erwartet (S. 372–375). Vor dem Service-Teil im Anhang finden Sie ein alphabetisches Stichwortverzeichnis zu den nachfolgenden Adressen und Praktischen Hinweisen (S. 432).

Legende Stadtplan

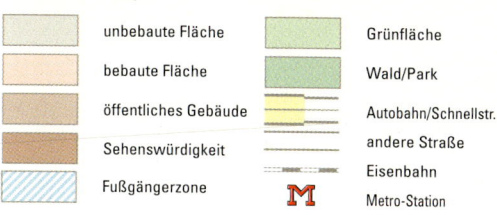

	unbebaute Fläche		Grünfläche
	bebaute Fläche		Wald/Park
	öffentliches Gebäude		Autobahn/Schnellstr.
	Sehenswürdigkeit		andere Straße
	Fußgängerzone		Eisenbahn
		M	Metro-Station

Legende Grundriß

	begehbarer Raum		Treppe
	nicht begehbarer Raum		Innenhof
	← Eingang		Grünfläche

Legende Ausflugskarte

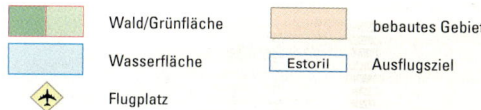

	Wald/Grünfläche		bebautes Gebiet
	Wasserfläche	Estoril	Ausflugsziel
	Flugplatz		

Verkehrswege (in verschiedenen Maßstäben):

A2	Autobahn		Nebenstraßen
	Hauptverkehrs-straßen		Eisenbahn

10 *Das Kastell ist seit den Römern stolzes Haupt Lissabons.*

12   *Lissabon entwickelte sich zur atlantischen Metropole Europas.*

Zur Einstimmung (1)

Lissabon gehört zu den emblematischen Städten des alten Weltkreises, gerade weil es an dessen Rand liegt, westlicher noch als die Säulen des Herkules an der Meerenge von Gibraltar und nahe dem sagenumwobenen Atlantis. Nach Meinung humanistischer Gelehrter sei Lissabon von Odysseus im Laufe seiner Irrfahrten gegründet worden. Die verbreitete Theorie, der alte Name Ulisipo rühre von diesem antiken Helden her, ist allerdings ebenso unhaltbar wie weitere mythisierende Namensdeutungen aus anderen Kulturkreisen. Diese Vieldeutigkeit beweist jedoch, wie hoch geschätzt Lissabon seit jeher war. Zahlreich sind die Völker, die – von dem geheimnisvollen Ruf angelockt – die Stadt am Tejo um jeden Preis besitzen wollten. So konnte auch Afonso Henriques 1147 die Kreuzritter leicht dazu überreden, daß die Eroberung Lissabons vielversprechender wäre als die Reise nach Jerusalem.

Lissabon liegt am Rand, am Abgrund. Die Stadt ist seit Jahrtausenden Durchgangsstation, zugleich die Hintertür Europas und das Tor zur Neuen Welt. Das mußte der Flüchtlingsstrom, gehetzt von Krieg und Holocaust, der sehnsüchtig an den Kais von Alcântara auf die Überfahrt hoffte, um 1940 hautnah spüren. Auf ganz andere Weise fühlten es jene Seefahrer, die sich immer weiter auf den unbekannten Atlantik hinauswagten, um nach und nach mit ihren Karavellen die Küsten einer fremden Welt schiffend zu ertasten. Über Lissabon gelangten neue Kunden und neue Schätze nach Europa. Das Bildnis des seltsamen Nashorns, ein Geschenk für König D. Manuel, ging übers Land und regte Albrecht Dürer zu dem berühmten Holzstich an. Doch getrübt durch Indiens Gewürzrauch und geblendet durch Brasiliens Gold, ging auch der Blick für die Realität des eigenen Landes verloren. Man gab sich der Illusion hin, ein neues Heldenepos zu leben. Luís de Camões schrieb um das Jahr 1570 die „Lusiaden", der Humanist Damião de Góis nannte Lissabon die „Königin der Ozeane". So wie die überseeischen Entdeckungen zum Traum des Weltreichs führten, so wuchs Lissabons Anspruch, die erste, größte und prächtigste Metropole Europas, ja der ganzen Welt zu sein. Es fehlt nicht an entsprechenden Lobeshymnen auf Lissabon als die Stadt der sieben Hügel, die Rom übertreffe.

Dieser Größenwahn, der sich ins Weichbild der Stadt einschreibt, findet im fatalen Feldzug des jungen D. Sebastião nach Alcácer-Quibir 1578 keinen Dämpfer, sondern eine weitere Überhöhung ins Zeitlose, auch wenn die Realität unter spanischer Fremdherrschaft weit ernüchternder ist. Die spätere barocke Prachtentfaltung unter D. João V., beseelt vom Willen, Lissabon zum „Rom des Westens" zu machen, ist der Schwanengesang des portugiesischen Reiches auf Erden, gefolgt vom seismischen Paukenschlag, der ganz Europa den Atem anhalten läßt. Nach dem verheerenden Erdbeben von 1755, das so manchen an Gottes Gerechtigkeit zweifeln ließ, wird Lissabon nie mehr das sein, was es einmal war. Aber auch nie wird die atlantishaft in sich versunkene und verbrannte Stadt aus dem Gedächtnis verschwinden. Alle Ansprüche auf die europäische Führungsrolle werden in die immer glorreichere Vergangenheit und in die prophezeite Zukunft der Wiederkehr verlegt. Doch wie sehr man auch in Erinnerungen und Träumen schwelgt, tatsächlich ist der Anschluß an die urbanen Entwicklungen und Neuerungen unaufhaltbar verpaßt, das Wachstum um mehr als ein Jahrhundert zurückgeworfen. Daran kann auch die aufklärerische Musterplanung der neuen Baixa und anderer Stadtviertel nichts ändern, die der Marquês de Pombal sogleich nach dem Erdbeben einleitete. ▶

15

Zur Einstimmung (2)

Durch die gleichförmig gestalteten pombalinischen Straßengevierte sollte später einer der wandlungsreichsten Dichter Europas flanieren – Fernando Pessoa. Auch er träumte im Kontor oder im Café von der europäischen Mission Lissabons, verkündete in seinem Zyklus „Mensagem" (Botschaft) die Wiederkehr dieses Reiches, die sich an einem numinösen Nicht-Ort erfülle. Wer an einem nebeligen Vormittag auf einem Fährboot von Cacilhas zum ehemaligen Königsplatz (Terreiro do Paço) übersetzt, wird das Warten auf den Encoberto, auf den verhüllten D. Sebastião, der von Alcácer-Quibir heimkehre, um die Nation in eine „versäumte Zukunft" zu führen, besser verstehen. Wer Lissabon besucht, sollte sich nicht auf das Real-Faßbare beschränken, er muß auch die unsichtbare Metropole aufsuchen, die immer wieder chimärenhaft erscheint. Saudade – diese ins Nichts gerichtete Sehnsucht – ist das Zauberwort.

Je mehr man in das Labyrinth der Straßen und Gassen eindringt, je öfter man das Gewirr von Hochhäusern, Palästen und Kirchen aus der Höhe der sieben Hügel betrachtet, desto deutlicher wird es, daß es nicht nur eine, sondern viele versunkene Städte gibt und Lissabon nichts anderes ist als ein einziger ewiger Abschied. Da gibt es die Stadt der Klöster, die seit 1147 Pioniere der urbanen Erschließung waren und mit der Säkularisation von 1834 nur an der Oberfläche verschwanden. In welcher anderen Hauptstadt Europas befinden sich denn Hauptbahnhof und Parlament in Klostergebäuden? Da gibt es die Stadt der Könige, die 1910 ihr Ende fand, als hier die Republik proklamiert wurde. Doch der Staatspräsident residiert im Palácio de Belém, tafelt herrschaftlich mit seinen Gästen im Palácio da Ajuda – kurzum die überall verstreuten Schlösser und Adelspaläste bestimmen auch ohne König das gesellschaftliche Leben, befriedigen die schlummernden Sehnsüchte nach stolzer Selbstdarstellung, die sich aus ruhmreicher Vergangenheit speist. Das Viertel von Belém zeigt am eindrucksvollsten diese Kontinuität: Von dem steingewordenen Hymnus auf die Entdeckungsreisen in Südamerika und Asien unter D. Manuel (16. Jh.) über die Rückforderung des portugiesischen Weltreichs im Estado Novo (1940) bis hin zu der monumentalen Imagepflege im Konzert Europas (1992–94) – all das ist rund um den Platz des Imperiums versammelt.

Lissabon ist allerdings auch die Stadt des Volkes, das einst den Spitznamen alfacinhas (Salatfresser) erhielt. Ein liebevoller, nicht böse gemeinter Spitzname für eine städtische Arroganz, die doch nicht die bescheidenen Wurzeln verleugnen kann. Lissabon entsteht immer wieder neu an den Schnittstellen von Land und Meer, ist immer eine unfertige Metropole, die niemals Grandseigneurs hervorbrachte wie Paris oder London. Zu nahe liegen Schiffstau oder Erdscholle, bacalhau (Klippfisch) oder grelos (Steckrübenkraut). In jedem historischen Viertel wird man noch Märkte, Krämerläden, Votivaltäre, Brunnen und Kneipen finden. Sie bilden die vertrauten Koordinaten eines imaginären Dorfes, das sich dicht neben einer prächtigen Barockkirche oder einem repräsentativen Betonkomplex behauptet. Der ländliche Charakter (saloio) wurde im späten 19. Jh. durch starke Zuwanderung erneuert. Aus dieser Zeit stammt die Figur der varina, die in Madragoa ein neues Zuhause fand.

Lissabon ist also eine vielschichtige Stadt zwischen Untergang und Wiedergeburt – zugleich ein Sinnbild für die Lissabonner Psyche: stolzer Traum und melancholische Niedergeschlagenheit, Unmaß und Bescheidenheit, Pathos und Larmoyanz. ▶

Zur Einstimmung (3)

Dieses ambivalente Lebensgefühl prägt die Stadt und verschließt sie oft dem Reisenden. Im Lissabonner Fado öffnet sich diese Seele für einen Augenblick schmerzvoll, ansonsten bleibt sie im Alltagsleben gepanzert. Lissabon, das sei die Stadt des Marmors und des Abfalls, läßt der große portugiesische Schriftsteller Eça de Queiroz im Jahr 1888 eine seiner Romanfiguren sarkastisch konstatieren. Es ist also eine Stadt, die zwar edles Stückwerk besitzt, aber beständig seine Wunden hervorkehrt. Daher läßt Lissabon den „normalen Blick" oft unbefriedigt, ja bisweilen sogar enttäuscht. Das Detail – die Blumentöpfe in einem Innenhof, das verlorene Steinwappen an einer Hauswand, die Straßenbahngeleise auf dem Kopfsteinpflaster – und die Weite, erlebt von den vielen Aussichtspunkten, sind ideale Zugänge zu dieser Metropole. Cineasten wie der Schweizer Alain Tanner („Die weiße Stadt") und der Deutsche Wim Wenders („Lisbon Story") haben dies erfahren und auf ihre Weise in Bilder umgesetzt.

Vielschichtigkeit und Stückwerk, diese Begriffe sind auf die Postmoderne gemünzt. In Lissabon kann sie erlebt werden: Man unternimmt auf wenigen Schritten eine Reise durch Zeiten und Räume. Für den Regisseur Wim Wenders repräsentiert Lissabon daher das vergangene Europa: „Es gibt eine Ecke, die ist Wien, eine andere ist Berlin, wechseln wir die Straße, befinden wir uns in London." Eine solche Odyssee unternimmt der italienische Autor Antonio Tabucchi in „Lissabonner Requiem" auf den Spuren Fernando Pessoas. Wie er fühlen sich viele von der atlantischen Königin Lissabon angezogen – am Saum Europas, an der Schwelle zur Welt.

Oben: Das Stadtwappen Lissabons ist allgegenwärtig.
Unten: Fernando Pessoa – ein anderes Identitätssymbol Lissabons.

Geographie und Klima

Etwa zehn Hügel mit Tälern, die durch die Zu-flüsse zum nahen Meer geschaffen wurden – dies ist eine ideale Lage, die schon in tiefster Vergangenheit zur Besiedelung einlud. Etwa 40 km vor der Mündung in den Atlantik weitet sich der Tejo (span.: Tajo) auf 25 km Länge schlauchartig zum Ästuar. Genau an der Stelle, wo sich das Binnenmeer, auch Strohmeer (mar de palha) genannt, wieder verengt, liegt auf dem rechten Ufer Lissabon mit einem Stadtgebiet von 84 km² (Stand 1993) an den Ausläufern der Serra de Monsanto. Geologisch gesehen dicht am Rand der Kontinentalscholle gelegen, führten tektonische Bewegungen im Laufe der Geschichte wiederholt zu Erdbeben. Lissabon wäre zugleich die westlichste (9° westl. Länge) und die südlichste Hauptstadt Europas, gäbe es nicht noch Reykjavík im Westen und Athen im Süden. Obgleich auf demselben Breitengrad (38° 42') wie Ibiza gelegen, ist das Klima wegen des nahen Atlantiks rauher mit abrupten Temperaturwechseln. Die durchschnittlichen Höchstwerte bleiben im Sommer unter 27 °C, im Winter sinken sie auf 8 °C (unterer Mittelwert). Fast der gesamte Niederschlag von 700 mm pro Jahr fällt im Winter. Typisch ist aufgrund des kalten atlantischen Auftriebswassers und ablandiger Winde der dichte feuchte Frühnebel (nevoeiro), der sich auch im Sommer bis in die Mittagsstunden halten kann.

Lissabon liegt im äußersten Südwesten Europas, 2400 Bahnkilometer von Köln entfernt.

Vigo
G a l i c i e n
▲ Teleno
2188 m

M i n h o
Trás - os - Montes

Braga
Vila Real
Porto
Duero

Douro
Salamanca

Aveiro
Malhao
1991 m
Guarda
SPANIEN

Coimbra
Sa. de Estrela
K a s t i l i s c h e s

▲ 2592 m
Scheidegebirge

PORTUGAL
Castelo
Branco
Tajo

Santarém
Tejo
Cáceres

Ribatejo
Guadiana

Lissabon
Kap
Roca
Almada
Évora
Badajoz

Kap
Espichel
Setúbal

Guadiana
E x t r e m a d u r a

Alentejo
Beja
S i e r r a
M o r e n a

900 m
▲
A l g a r v e
Huelva

Kap
São Vicente
Faro

0   100 km
Golf von
Cádiz

© Harenberg

A T L A N T I K

Landhöhen	
	1500 – 3000
	1000 – 1500
	500 – 1000
	200 – 500
	100 – 200
	0 – 100

Bevölkerung

Im Stadtbereich leben 681 000 Menschen, das urbane Ballungsgebiet (Área Grande Lisboa) mit insgesamt ca. 2,5 Mio Einwohnern auf 2860 km² reicht jedoch im Tejo-Tal hinauf bis Vila Franca de Xira (39 km), im Westen bis Sintra und zur Flußmündung nach Cascais (25 km) und auf dem anderen, südlichen Ufer bis Setúbal (43 km). Lissabon ist die größte Stadt Portugals, in ihrem Einzugsbereich lebt ein Viertel der Gesamtbevölkerung. Aufgrund der Einwanderung aus dem früheren Kolonialreich trifft man im Lissabonner Raum mehr Farbige als sonst in Portugal.

Lissabon gehörte zunächst nicht zu den großen Städten der alten Hispania. Das starke Wachstum setzte im 15. Jh. mit der überseeischen Expansion ein. Lissabon wuchs rasch zur größten Stadt der Iberischen Halbinsel heran und überflügelte sogar Rom und Florenz: Von 1400 bis 1600 verdreifachte sich die Einwohnerzahl auf 165 000. Durch das Erdbeben 1755 verpaßte Lissabon den Anschluß an die Dynamik anderer europäischer Metropolen. Zwischen 1878 und 1900 gab es eine starke Zuwanderung aus dem Alentejo und aus dem Norden (Industrialisierung). Im Estado Novo wurde das Stadtgebiet 1935–49 erweitert, so daß bis 1980 die größte Bevölkerung erreicht wurde. Seitdem sind die Zahlen rückläufig: Traditionelle Viertel überaltern, viele arbeiten in der Stadt und wohnen an der Peripherie.

Das Erdbeben von Lissabon wurde zu einer der ersten großen Katastrophenmeldungen des anbrechenden Medienzeitalters (Zeitgenössisches Flugblatt aus Augsburg).

LISABONA

Vorstellung und Beschreibung des ganz erschröcklichen Erdbebens, wodurch die Königl. Portugiesische Residenz-Stadt Lisabon samt dem größten Theil der Einwohnern zu grunde gegangen.

Bevölkerungsentwicklung (alle Zahlen sind gerundet)

Entwicklung bis zum Erdbeben		Nach dem Erdbeben bis zur Gegenwart	
11.-13.Jh.	5 000	1815	163 000
um 1400	55 000	1860	170 000
1530	70 000	1878	241 000
1550	113 000	1890	301 000
1620	165 000	1900	351 000
1755	191 000	1920	485 000
		1940	694 000
		1960	802 000
		1980	807 000
		1991	681 000

Geschichte (1)

Von Olisipo zu Al-Uxbuna Prähistorische Funde belegen, daß der durch den Tejo gebildete Naturhafen zumindest seit Ende der Eiszeit besiedelt war. Der Ortsname, von dem es u. a. griechische, biblische und phönizische Versionen gibt, geht vielleicht auf die Tartesser zurück. Die Stadtgründung wird Caesar zugeschrieben (1. Jh. v. Chr.). Allerdings erlangte Felicitas Iulia Olisipo administrativ keine bedeutende Rolle innerhalb des Imperiums, wohl aber verkehrstechnisch und wirtschaftlich. Grabstätten (Praça da Figueira) und Thermen (Rua da Prata) in der Unterstadt sowie das Amphitheater (Rua da Saudade) am Südhang des Kastellhügels bezeugen, daß der historische Kern seit Jahrtausenden fixiert ist. Ab 411 fielen die Alanen, später die Sueben (453) und die Westgoten (469) ein, die wohl die spätrömische Stadtmauer erneuerten. Gut dokumentiert ist die Epoche arabischer Herrschaft (714–1147), die vor allem die Alfama bis auf den heutigen Tag prägt. Viele Geographen, von Razi bis Al-Himyari, beschreiben das aufstrebende Al-Uxbuna mit seinen Mauern (Cerca Moura), Burg und Moschee. Es erlebte unter dem Emirat bzw. Kalifat von Córdoba, insbesondere unter Abd'al-Rahmân III. (912–961) die Blütezeit. Als die arabische Macht auf der Iberischen Halbinsel zerfiel, wurde die Stadt am Tejo 1147 durch Afonso Henriques und die Kreuzritter erobert. ▶

Nur drei Dynastien regierten Portugal zwischen dem frühen 12. und 19. Jahrhundert – unterbrochen durch eine 60jährige spanische Fremdherrschaft.

Könige von Portugal

Dynastie von Burgund 1128–1383

Afonso I.	1128–1185	Dinis I.	1279–1325
Sancho I.	1185–1211	Afonso IV.	1325–1357
Afonso II.	1211–1223	Pedro I.	1357–1367
Sancho II.	1223–1248	Fernando I.	1367–1383
Afonso III.	1248–1279		

Dynastie von Avis 1385–1580

João I.	1385–1433	Manuel I.	1495–1521
Duarte I.	1433–1438	João III.	521–1557
Afonso V.	1438– 1481	Sebastião	1557–1578
João II.	1481–1495	Cardeal Henrique	1578–1580

Spanische Fremdherrschaft 1580–1640

Philipp II. von Spanien	(= Felipe I.)	1580–1598
Philipp III. von Spanien	(= Felipe II.)	1598–1621
Philipp IV. von Spanien	(= Felipe III.)	1621–1640

Dynastie von Bragança 1640–1910

João IV.	1640–1656	Pedro IV.	1826–1828
Afonso VI.	1656–1668	Miguel I.	1828–1834
Pedro II.	1683–1706	Maria II.	1834–1853
João V.	1700–1750	Pedro V.	1855–1861
José I.	1750–1777	Luis I.	1861–1889
Maria I.	1777–1792	Carlos I.	1889–1908
João VI.	1816–1826	Manuel II.	1908–1910

Geschichte (2)

Hauptstadt des portugiesischen Weltreiches

Die Eroberung war ein Markstein für die Entstehung des portugiesischen Reiches. Afonso Henriques, Sohn des Grafen Heinrich von Burgund, ließ sich vom Papst als König Portugals bestätigen. Vom Bollwerk gegenüber dem Alentejo, der bis 1240 eingenommen wurde, mauserte sich Lissabon unter D. Afonso III. zum ständigen Königssitz und zur Hauptstadt. Neben dem König war der Bischof (ab Ende 14. Jh.: Erzbischof) der wichtigste Teilhaber der Stadt. Bei der urbanen Entwicklung spielten von Beginn an die Orden eine große Rolle (Franziskaner, Augustiner, u. a.). Im Jahr 1290 gründete der kultivierte D. Dinis eine Universität, die 1309 nach Coimbra verlegt wurde. Belagerungen durch die Kastilier führten 1373–75 unter D. Fernando zum Bau einer ausgedehnten Stadtmauer (Cerca Fernandina), die bis gegen Ende des 15. Jh. ein sicheres Wachstum gewährleistete. Das politische Gewicht von Kaufleuten und Handwerkern führte zur Einsetzung der Dynastie von Avis, 1385 begründet durch den Bastardsohn D. João, Mestre de Avis. Lissabon bestätigte sich als Handelszentrum und souveräne Hauptstadt gegenüber Kastilien. Schon immer Zielhafen von Seefahrern aus aller Herren Länder, wurde die Metropole am Rande des damaligen Weltkreises nun zum Ausgangspunkt der ultramarinen Expansion.

Aufstieg zur Weltmetropole Aus den Entdeckungsreisen nach Indien und Brasilien entspringen im 16. Jh. weltumspannende Handelsrouten, die Unternehmer und Abenteurer aus ganz Europa anlocken. Daneben bevölkern afrikanische und orientalische Sklaven die Stadt. Die ultramarine Expansion ist der Motor der Stadtentwicklung: D. Manuel verlegt den Königssitz ostentativ an einen riesigen Uferplatz (Terreiro do Paço), zusammen mit der Verwaltung des Überseereiches (Casa da Índia). Mit den manuelinischen Reformen wirft Lissabon seine mittelalterlichen Fesseln ab und „entdeckt sich" der Welt. Die Stadt am Tejo rückt nun zum Ufer und zum Meer vor. ▶

Portugal zehrt noch heute vom Mythos der Entdeckernation, hier heroisiert im Indienfahrer Vasco da Gama.

Das Hieronymus-Kloster und der Turm von Belém feiern in einem einzigartig verspielten Renaissance-Stil (Manuelinik) den berauschenden Aufstieg zur Metropole. Indessen sei die Kehrseite nicht verschwiegen: Mauren und Juden werden durch das Dekret von 1496 weiter verfolgt, selbst nach ihrer zwangsweisen Bekehrung zu Neu-Christen. Die Einsetzung der Inquisition durch die Dominikaner um 1540 ist ein weiteres Zeichen für die grausame Verhärtung des Katholizismus, die am kulturellen Niedergang in den folgenden Jahrhunderten mitschuldig ist: Lissabon koppelte sich allmählich von Mitteleuropa ab.

Von der spanischen Herrschaft zum Erdbeben

Auf den Rausch folgte der Kater: Nach dem Tod des jungen D. Sebastião im Marokko-Feldzug (Alcácer-Quibir, 1578) führte die dynastische Krise in die spanische Fremdherrschaft. Lissabon sank für 60 Jahre unter einem Vizekönig zur Madrider Dependance ab. Einzige herausragende Architektur ist der Neubau von São Vicente de Fora. Mit der Schwäche des Philippischen Imperiums stellte Portugal 1640 seine Unabhängigkeit wieder her (= Restauração). Indessen erfüllte D. João IV. nicht die in ihn gesetzten Erwartungen. Erst sein Namensvetter D. João V. ließ dank des Goldflusses und des Diamantenregens aus Brasilien die Hauptstadt in neuer Pracht erstrahlen. Dabei hatten die mächtigen Orden, Dominikaner,

Jesuiten und Franziskaner, freie Hand, buhlten um die königliche Gunst. Der Monarch setzte durch sein ausschweifendes Leben und seine Prunksucht Zeichen. Mit Geschenken überredete er 1716 Papst Clemens XI. dazu, Lissabon zum Patriarchat, zum „Rom des Westens" zu erheben, während Goa zum „Rom des Ostens" aufstieg: D. João V. fühlte sich am Zenit seiner Macht. Doch wurde der Reichtum verpulvert, ohne Gedanken daran zu verschwenden, daß dieses Gold einmal versiegen könnte. Lissabon ergötzte sich am barocken Feuerwerk und versank in einen Traum, aus dem es am 1. November 1755 unsanft geweckt wurde: Paläste, Kirchen und Klöster fielen durch das Erdbeben in Schutt und Asche. ▶

S. Vicente de Fora und Santa Engrácia erscheinen aus diesem Blickwinkel wie ein einziger Baukomplex.

Geschichte (4)

Von der pombalinischen Reform zur napoleonischen Invasion Nach der Katastrophe nutzte der Staatsminister Marquês de Pombal die gewaltige Zerstörung für eine Stadtreform. So entstanden der geradlinige Grundriß und die uniformen Fassaden der Unterstadt (Baixa), die bis ins 19. Jh. modellhaft wirkten. Die klassizistischen Bauelemente mit reduziertem Dekor und das charakteristische Mansardendach, das der ungarische Architekt Carlos Mardel einführte, sollten als pombalinischer Stil viele Viertel und Straßenzüge prägen. Die wiedererrichteten Kirchen zeichnen sich durch Dreiecksgiebel aus, während Türme zumeist fehlen. Gegenüber dem Rossio blieb für den Marquês de Pombal der Terreiro do Paço Hauptplatz. Hier ließ er die Reiterstatue von D. José I. einweihen, die eigentlich seine Apotheose, nicht die des ihm hörigen Monarchen ist.

Ein versuchter Königsmord gab dem despotischen Staatsminister 1758 Freiheit, um den einflußreichen Herzog von Aveiro und die Familie Távora auszulöschen. 1759/60 verfügte er wegen angeblicher Mißstände die Ausweisung der mächtigen Jesuiten, die an der ultramarinen Expansion großen Anteil hatten. Erst 1767 fand auch die Inquisition der Dominikaner ein Ende. Durch Manufakturen sollte der Merkantilismus in Portugal Fuß fassen, ebenso durch Kollegien und Akademien eine zentralistische und laizisti-

sche Kulturpolitik. Beide an Frankreich orientierten Vorhaben hatten nur bescheidene Erfolge, als D. Maria I. wieder eine traditionalistische Restauration einleitete. Dabei wurde sie unterstützt vom berüchtigten Lissabonner Polizeichef Pina Manique, der jeden importierten Aufruhr und die Freimaurerei im Keim ersticken wollte.

Nach der Französischen Revolution waren auch in Portugal die ruhigen Zeiten der Monarchie vorbei. 1807 marschierten die napoleonischen Truppen unter General Junot kampflos in Lissabon ein, während der Königshof sich mit Hab und Gut nach Brasilien eingeschifft hatte. Viele Bauvorhaben wurden auf Jahrzehnte hinaus verschoben oder blieben unvollendet. ▶

Vom hohen Sockel blickt der Marquês de Pombal auf die Stadt hinunter, die er nach dem Erdbeben maßgeblich prägte.

Erst nach den langen Bürgerkriegen zwischen Liberalen und Konservativen (D. Pedro IV. gegen D. Miguel) gab es wieder Impulse für die Stadtgestaltung, die allerdings mehr von kommunaler und privater Initiative als von dem geschwächten Königshaus ausging.

Bürgerlicher Aufbruch und mondäner Glanz
Bereits das Opernhaus São Carlos 1792 beruhte auf der Finanzkraft des Bürgertums. Mitte des 19. Jh. wurden das Teatro D. Maria II. und das Camões-Denkmal zu Pilgerstätten des verspäteten romantisch-liberalen Aufbruchs, der zur Jahrhundertwende in die Begeisterung für die Republik übergehen sollte. Ein wichtiger Markstein der Stadtgeschichte ist ab 1834 die Säkularisation. Durch diesen Schritt zu einer weltlicheren Gesellschaft gingen im Neuerungseifer leider auch viele Kulturgüter verloren. Klöster begannen zu verfallen, soweit sie nicht öffentlichen, militärischen oder sozialen Aufgaben zugeführt wurden (Santa Apolónia, São Bento u. a.).

Ab Mitte des 19. Jh. entstand ein bürgerlich-romantisches Lissabon mit begrünten Plätzen, Springbrunnen, Denkmälern und Parkanlagen. Der Rossio wurde Mittelpunkt des mondänen Lebens und erhielt die charakteristische ornamentale Mosaikpflasterung, die bis heute im kleineren Stil in ganz Portugal verbreitet ist. Arrivierte Bourgeoisie und dekadente Aristokratie

gaben sich ein Stelldichein in den Theatern, Cafés und Geschäften des Chiado, flanierten bei Konzertmusik den Passeio Público auf und ab und fuhren sonntags hinaus ins Grüne, nach Sintra. Ferdinand von Sachsen-Coburg, Gemahl von D. Maria II., hatte dieses Städtchen zwischen 1840 und 1848 durch den märchenhaften Palácio da Pena zum Ausflugsziel par excellence für die Lissabonner gemacht.

Doch der unerbittliche Fortschritt ließ nur wenig Zeit fürs Schwärmen. Elevadores, Rossio-Bahnhof und Avenida da Liberdade revolutionierten die Infrastruktur. Die zögerliche Industrialisierung ließ Wellen von Landbevölkerung in die aufstrebende Hauptstadt strömen. ▶

Der romantische Palácio da Pena – Jahrzehnte vor den Märchenschlössern Ludwigs II. entstanden.

33

Zugleich entstand ein Potential, das v. a. nach dem Ultimatum Englands 1890 immer stärker auf politische Veränderung drängte. Die Freimaurerei gewann an Boden. Nach dem Königsmord von 1908 war die Stunde der Republik gekommen. Sie wurde am 5. Oktober vom Balkon des Rathauses aus proklamiert.

Die moderne Stadt – Republik und Estado Novo

Der Republik blieb wenig Zeit, die Probleme in Angriff zu nehmen. So wurde die soziale Mustersiedlung Arco do Cego erst unter Salazar eingeweiht. Seit der Endphase der Monarchie vollzog sich architektonisch der Bogen vom Historismus (Norte Júnior u. a.) zur funktionalen Sachlichkeit und einem baulichen „Nationalstil".

Ausgehend von der pombalinischen Reform und der Avenida da Liberdade entstand ab 1905 das orthogonale Netz der Avenidas Novas (Ressano Garcia) mit der Hauptachse Avenida da República. Duarte Pacheco, 1938–43 gleichzeitig Minister und Oberbürgermeister, führte die Urbanisierungspläne nach Nordosten fort (Areeiro, Alvalade). Er sorgte für eine gewaltige Erweiterung des Stadtgebiets, um Lissabon zur würdigen Reichshauptstadt des Estado Novo zu küren – nach dem Vorbild faschistischer Metropolen. Fixdatum vieler Projekte war die Ausstellung Exposição do Mundo Português 1940, für die Belém pseudo-klassizistisch aufbereitet wurde.

Nach der Nelkenrevolution Trotz des politischen Bruches vom 25. April 1974 ist der Hang zur Monumentalität ungebrochen. Die (post-)modernen Bankpaläste beweisen dies zu Genüge. Noch immer gehen die Impulse für die Stadtentwicklung von „Festivaldaten" wie 1992 (EG-Präsidentschaft) und 1994 (Kulturhauptstadt Europas) aus. Noch stärker trifft es auf die Weltausstellung von 1998 zu, mit der an die Entdeckung des Seeweges nach Indien 1498 durch Vasco da Gama gedacht wird: Für sie unternimmt man die größte urbanistische Neuordnung seit dem Marquês de Pombal und Duarte Pacheco, bei der v. a. der vernachlässigte Osten aufgewertet und die Infrastruktur Lissabons verbessert wird.

Nur noch wenige Wandmalereien künden von den bewegten Jahren der Volksmobilisierung nach der Nelkenrevolution.

Politik

Portugal – das ist Lissabon. Dieses Urteil hält sich bis heute, wenn es um das (gesellschafts-)politische Leben geht. Alles ist auf die Metropole, seit 1250 Hauptstadt, und auf das São Bento (Parlament) ausgerichtet. Der Zentralismus bedeutete jahrhundertelang soziale Ungleichheiten. Er besteht weiter, selbst nach den Regionalförderungen der EG, der Portugal seit 1986 angehört. Nach der „Nelkenrevolution" von 1974 gingen aus Richtungskämpfen, die die kommunistische Partei (PCP) von Álvaro Cunhal begünstigten, die Sozialisten (PS) von Mário Soares als politische Integrationskraft hervor (Regierung 1976–78; 1983–85). In der Verfassung von 1976 wurde ein demokratisch-parlamentarisches System auf dem Weg zum Sozialismus festgeschrieben.

Spätestens seit der Dekade 1985–95, als Aníbal Cavaco Silva Ministerpräsident war, ist dieses Ziel Konsumbedürfnissen und Ansprüchen auf einen „europäischen Lebensstil" gewichen. Bei der wirtschaftsliberalen Politik des Partido Social Démocrata (PSD) wurden die Umverteilungen vernachlässigt und der Lissabonner Raum weiter privilegiert. Einen Kurswechsel versprach die neue sozialistische Regierung von António Guterres (seit 1995). Der Lissabonner Oberbürgermeister Jorge Sampaio (PS) wurde im Januar 1996 zum Staatspräsidenten und Nachfolger seines Parteikollegen Soares gewählt.

Portugal gliedert sich in 18 Distrikte (die alle den Namen des jeweiligen Verwaltungssitzes tragen) sowie zwei autonome Regionen (Azoren und Madeira).

Viana do Castelo

Braga

Vila Real

Bragança

Zamora

Porto

Douro

Aveiro

Viseu

Guarda

Alva

Coimbra

Leiria

Castelo Branco

Plasencia

Fátima

Tejo

Santarém

Portalegre

SPANIEN

Mérida

Lissabon

Setúbal

Évora

Bajadoz

Guadiana

Beja

Huelva

Sevilla

Faro

0   100 km

© Harenberg

Wirtschaft

Die günstige geographische Lage ließ Lissabon zum Handelszentrum werden. Traditionelle Erwerbszweige waren Schiffsbau und Fischverarbeitung. Bier wird seit dem 17. Jh. gebraut. Im 18. Jh. entstanden Manufakturen (Rato, S. 304) und Eisengießereien. Im 19. Jh. bildete sich um die Metropole ein Industriegürtel. Am westlichen und östlichen Stadtrand konzentrierten sich Fabriken und Arbeitersiedlungen. In Benfica und Boavista entstanden Glas- und Textilindustrie sowie am Ufer von Belém und Alcântara keramik- und metallverarbeitende Betriebe (ab 1820), das Gas- (ab 1887) und das Elektrizitätswerk.

Im Laufe des 20. Jh. verlegte sich das Industriezentrum auf das Südufer (Werften, Energie) und ans Ostufer entlang der Hauptverkehrsstränge von Straße und Schiene Richtung Norden. Die Viertel Xabregas, Poço do Bispo und der Hafen von Cabo Ruivo, in denen sich 1930–60 Portugals Schlüsselindustrien (Rohstoffverarbeitung und Nahrungsmittel) konzentrierten, werden für die Weltausstellung von 1998 neu gestaltet.

Die nach der Entindustrialisierung noch verbleibenden „schmutzigen" Produktionsstätten ziehen weiter ins Tejo-Tal hoch, während Lissabon zunehmend Mikroelektronik, Informationstechnik, Bankwesen sowie Hauptverwaltungen internationaler Unternehmen an sich bindet und neben Porto Wirtschaftszentrum des Landes bleibt.

Kachelbilder des 19. Jh. idyllisieren die Arbeitswelt der Handwerksbetriebe.

F.^{ca} Roseira

39

Verkehr

Durch das „Strohmeer" und die sieben Hügel bedingt, bietet Lissabon eine einzigartige Vielfalt von Verkehrsmitteln auf engstem Raum. Öffentliche Transporte haben zudem eine große Tradition. Bereits 1629–40 gab es ein Fahrunternehmen neben der Casa dos Bicos (S. 126), wo sich heute noch ein Busbahnhof befindet. Der verkehrstechnische Boom setzte 1834 mit dem Sieg des Liberalismus ein. Pferde-Omnibusse wurden 1870 durch die Pferde-Straßenbahn verschiedener Unternehmen ersetzt. Die beliebten americanos hielten sich gegenüber Gefährten mit Dampfantrieb. Die Elektrifizierung führte ab 1901 zur Monopolisierung der Straßenbahnen (eléctricos). Das Unternehmen „Carris" übernahm auch den Stadt-Aufzug und die drei pittoresken Bergbahnen, die neben der Tram überlebten.

Die Ausstellung der Portugiesischen Welt brachte Lissabon 1940 den Flughafen und ein Busnetz, das – ebenso wie die 1959 eröffnete Metro – die Rolle der eléctricos reduzierte. Mit der modernisierten S-Bahn (Sintra, Cascais) werden die zwei Metro-Linien von 19 km Länge bis 1998 (Weltausstellung) auf ein Netz von 35 km erweitert. Diese Entwicklung ist ebenso überfällig wie eine zweite Tejo-Brücke neben der seit 1966 existierenden. Denn der werktägliche Individualverkehr von der Peripherie ins Zentrum führt morgens und abends zum Dauerstau.

Umwelt

Cheira bem, cheira Lisboa ..." – „Gut riecht's, denn es riecht nach Lissabon", dieses populärste Stadtlied ist spätestens seit den 70er Jahren zum Spottvers geworden. Damals setzte ein rapider Boom des motorisierten Individualverkehrs ein, der zu einer erheblichen Luftverschmutzung und Schäden in der Innenstadt führte. Die Situation hat sich durch Verkehrsberuhigung und Erneuerung des Fahrzeugparks etwas entspannt, doch bleibt die Stadtluft ein Problem, über das die frische Brise vom Atlantik hinwegtäuscht.

Ähnliches trifft auf das Wasser zu: Der einst für seinen Fischreichtum berühmte Tejo wurde zu einer toten Kloake. Zu den Treibstoffrückständen vieler Wasserfahrzeuge kommen Industrieabwässer im gesamten unteren Flußabschnitt und die Belastungen, die der Tejo bereits auf seinen 1000 km Länge „einsammelt". Daher wird auch alljährlich an den Stränden von Estoril und Cascais nachdrücklich, aber zumeist folgenlos vom Baden abgeraten. Trotz auffälliger Kampagnen für eine saubere Stadtlandschaft ist die Abfall- und Abwasserbeseitigung noch problematisch, da eine gemeinsame Aktion mit umliegenden Kommunen an Standortfragen von modernen Entsorgungsanlagen scheitert. Umweltschutzorganisationen wie z. B. Quercus haben bislang das ökologische Bewußtsein in der Bevölkerung noch nicht breit verankern können.

CITY GUIDE

Paço do Lumiar

Ponthina

S.65 Sintra

QUELUZ

AMADORA

A8

Carnide

Telheira

IC 19

Luz

Benfica

Calhariz

Sete Rios

ALFRAGIDE

Parque

CARNAXIDE

CRIL IC 17

Florestal

de Monsanto

S.55 Campolide

A5

Caselas

LINDA-A-VELHA

Tapada da Ajuda

Rat

Algés

Restelo

S.63 Ajuda

S.59 Alcântara

Estrela Bairr Alto

Santo Amaro

Lapa

Belém

Ponte 25 de Abril

A2

Cacilha

ALMAD

© Harenberg

Charneca

S.61
Lumiar

PRIOR VELHO

SACAVÉM

Aeroporto Portela de Sacavém

A1

Moscavide

Encarnação

Olivais Norte

Beirolas

EXPO 98

Campo Grande

Olivais Sul

Cabo Ruivo

Alvalade

Matinha

Entre Campos

S.53
Areeiro

Chelas

Estefânia

Marvila

Beato

Rotunda

Xabregas

S.57

Graça

S.51

S.49

Estação S. Apolónia

Baixa

Alfama

S.47

Rio Tejo

0   2 km

Rundgänge – Übersicht

Die Rundgänge 1–4 verknüpfen das Begehen einzelner Stadtteile, das Aufspüren ihrer jeweiligen Eigenheit mit einer historisch aufsteigenden Linie von der Römerzeit bis in die Gegenwart.
Die Rundgänge 5–8 sind geographisch und thematisch ausgerichtet.
Die Rundgänge 9 und 10 sind Ausflüge. Der erste führt ins nahe Belém am Tejo, der zweite in die Berge nach Sintra.

R 1: Lissabons tiefe Seele und stolzes Haupt (S. 46)
Der Rundgang konzentriert sich auf den alten Stadtkern rings um den Burghügel. Beim Aufstieg zum Castelo São Jorge lernt man die berühmte Alfama kennen, beim Abstieg die Mouraria – oder umgekehrt. Dauer ohne Museumsbesichtigungen 3 Stunden.

R 2: Königliche Pracht und pombalinische Strenge (S. 48)
Der kurze Rundgang beinhaltet eine Zeitreise vom 13. Jh. bis zum Erdbeben von 1755, das prachtvolle Zeugnisse vergangener Glanzepochen zerstörte. Ein Einkaufsbummel durch die Baixa kann sich anschließen. Dauer ohne Museumsbesichtigungen 2 Stunden.

R 3: Dörfliche Luft und der Hauch der feinen Welt (S. 50)
Vom Rossio im Herzen der Stadt ausgehend, läßt sich das Lissabon des 19. Jh. erleben. In Aufzügen gelangt man in die Oberstadt, wo der Chiado zum Einkauf einlädt, das Bairro Alto zu Essen und Nachtleben. Dauer ohne Museumsbesichtigungen ca. 3–4 Stunden.

R 4: Groß-Lissabon – vom Historismus zur Postmoderne (S. 52)
Ein Rundgang für jeden an neuerer Kunst und Architektur sowie an der jüngeren Geschichte Interessierten. Die Avenida de Roma ist ein beliebter Boulevard. Dauer ohne Museumsbesuch 4 Stunden.

R 5: Kunst und Wissen, Gärten und Gewässer (S. 54)
Der Spaziergang führt durch verschiedene Gärten der Stadt an sehenswerten Bauwerken vorbei. Essen und Einkaufsbummel im Amoreiras Shopping Center können die ca. 4–5 Stunden abrunden.

R 6: Klöster, Paläste und Arbeiterviertel (S. 56)
Ausgehend von den Höhen des Graça-Viertels (Panoramablick) steigt man zum Tejo-Ufer hinunter (2 Stunden); ein Abstecher zum Museu da Água und zum Kloster Madre de Deus ist empfehlenswert.

R 7: Tag und Nacht am Tejo entlang (S. 58)
Sehenswürdigkeiten im Uferbereich des Tejo. Für diesen Stadtausflug ist eine Kombination mit öffentlichen Verkehrsmitteln sinnvoll. Unbedingt zu empfehlen sind ein Übersetzen aufs andere Ufer sowie ein nächtlicher Besuch – Dauer unbegrenzt.

R 8: Anziehungspunkte im Norden (S. 60)
Die verstreuten Sehenswürdigkeiten lassen sich nur teilweise zu einem Spaziergang verbinden.

R 9: Belém – eine Stadt für Entdecker (S. 62)
Dieser Ausflug darf bei keinem Lissabon-Besuch fehlen. Haben Sie allerdings nicht den Ehrgeiz, alles in dieser Museumsstadt rund um das Mosteiro dos Jerónimos aufzusuchen. Dauer 1 Tag.

R 10: Sintra – der Sonntagstraum Europas (S. 64)
Der Tagesausflug führt zu den Sommerresidenzen der portugiesischen Könige und in die Wahlheimat von Aristokraten und Dandys. Sintra ist ein idealer Zusammenklang von Meer, Stadt und Gebirge.

Rundgänge

R 1: Lissabons tiefe Seele und stolzes Haupt

Sicherlich war der Burghügel bereits vor den Römern und Arabern befestigt; die heutige Gestalt der Stadtburg empfindet den frühmittelalterlichen Zustand nach. Im Schutze des Kastells zieht sich am südlichen Abhang das Burgviertel hin. Hinter der romanischen Wehrkirche (Sé) und unterhalb des Miradouro de Santa Luzia beginnt die Alfama, die unter maurischer Herrschaft von einer Mauer umschlossen war (Cerca Moura, 10. Jh.). Vom Erdbeben nur wenig betroffen, bewahrt sich hier teilweise die arabische Stadtstruktur. Ähnliches gilt für das Viertel der Mouraria am westlichen Abhang, das nach der christlichen Eroberung 1147 den Moslems als Zuflucht diente.

Burg und Kathedrale waren Königs- bzw. Bischofssitz. Bei dem Gang durch enge Gassen und über steile Treppen, die sich hinter dunklen Durchgängen öffnen, spürt der Besucher etwas von Lissabons Seele. Das dörfliche Idyll von Mouraria und Alfama wurde im 19. Jh. als Heimat des Fado und der Saudade romantisch verklärt. Die historischen Stadtbrunnen (Chafarizes) verdeutlichen die immer problematische Versorgung Lissabons mit Trinkwasser.

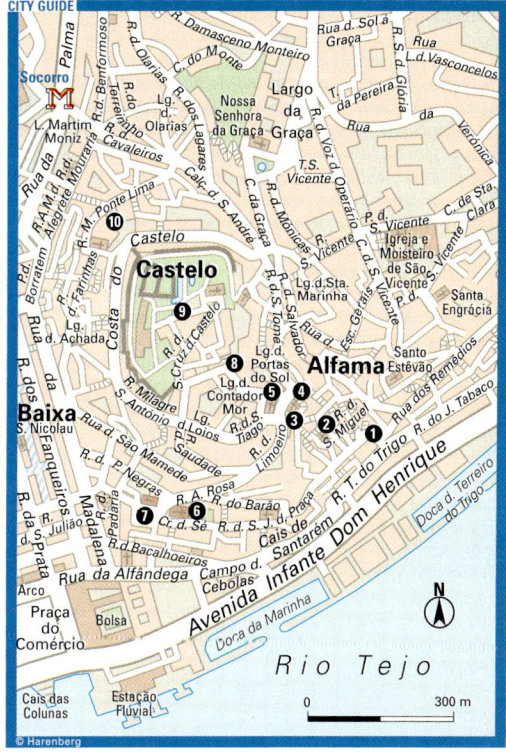

Socorro

L. Martim
Moniz

R. Damasceno Monteiro

R. d Olarias
C. do Monte

Lg.
d.
Olarias

Nossa
Senhora
da Graça

Largo
da
Graça

Rua d. Sol á
Graça

Rua
L.d.Vasconcelos

Rua
da Pereira

Rua

da

Verónica

Castelo

Castelo

9

8

T.S.
Vicente

Igreja e
Moisteiro
de São
Vicente

Lg.d.Sta.
Marinha

Alfama

Lg.d.
Portas
do Sol

Contador
Mor

5 **4**

3 **2**

1

Santa
Engrácia

Santo
Estêvão

Rua dos Remédios

Baixa
S. Nicolau

10

Rua de São Mamede

S. Antonio
d.Loios

Lg.
d.
Saude

7

R. A. Rosa

R. do Barão

6

Cr.d.Sé

R. d. S. J. d. Praça

R. T. do Trigo

R. do J. Tabaco

Doca d. Terreiro
do Trigo

R.d Bacalhoeiros

Cais de
Santarém

Campo d.
Cebolas

Avenida Infante Dom Henrique

Arco

Rua da Alfândega

Praça
do
Comércio

Bolsa

Doca da Marinha

Rio Tejo

Cais das
Colunas

Estação
Fluvial

0   300 m

N

© Harenberg

47

Rundgänge

R 2: Königliche Pracht und pombalinische Strenge

Die Ruine des Carmo zeugt von der stolzen Selbstbehauptung Portugals gegenüber Kastilien durch Nuno Álvares, der dem Bastardsohn D. João 1385 an den Thron verhalf (Reiterdenkmal auf der Praça da Figueira). Unter der Dynastie von Aviz stieg Portugal nun rasch durch die überseeischen Entdeckungen zur Weltmacht auf. Die Verlegung des Königssitzes von der mittelalterlichen Burg an den Terreiro do Paço drückt die atlantische Öffnung der Stadt im 16. Jh. aus, ebenso wie die neuen Paläste im Uferbereich (Casa dos Bicos). Eine willig dekorreiche Variante der Renaissance-Architektur, nach König D. Manuel als Manuelinik bezeichnet, feiert die ultramarine Expansion (Conceição Velha). Nach dem Intermezzo spanischer Fremdherrschaft erlangte Portugal 1640 die Souveränität wieder (Palácio da Independência). Dank des Goldes aus Brasilien wurde unter D. João V. der Höhepunkt königlich-kirchlicher Pracht erreicht, wie er sich in São Roque zeigt. Doch der barocke Prunk ging im Erdbeben 1755 unter und wich dem nüchternen Lissabon des Marquês de Pombal, sichtbar in der rechtwinklig angelegten Baixa und in der weiten Praça do Comércio.

N

Hospital de São José

C. d. Lavra

R. Portas de S.º Antão

Coliseu dos Recreios

Calç. de Sta. Ana

d. Pena

C. do Colégio

R. da Graça

Socorro
L. Martim Moniz

R. dos Olarias
R. d. Monte
C. d. Monte

Lg. d. Olarias

R. d. Bemformoso

R. do Terreirinho

R. d. Cavaleiros

R. da Palma

R. d. Lagares

Av. da Liberdade

C. Condes de

Palácio Foz
Restauradores

Praça dos Restauradores

Restauradores

Teatro N.

D. Maria II

C. Garcia

Lg. d. São Domingos

Rua da Costa do Castelo

Rossio

Estação do Rossio

Largo do Duque Cadaval

Praça Dom Pedro IV

R. D. Duarte

R. Betesga

do Castelo

M. Ponte Lima

R. Fanqueiros

Castelo de São Jorge

Lg. Tr. Coelho

R. Condessa

R. Nova do Almada

Lg. do Carmo

T. do Carmo

R. do Carmo

R. do Crucifixo

R. Áurea (R. do Ouro)

R. da Prata

R. dos Sapateiros

R. da Betesga

R. de Sta. Justa

R. da Assunção

Rua Garrett

Elevador d. Sta. Justa

Baixa

Rua da Conceição

S. Nicolau

Rua da Madalena

Lg. d. Achada

R. de S. Mamede

R. de S. António d. Loios

R. Milagre

Sé Patriarchal

R. d. P. Negras

R. d. Saudade

Cr. d. Sé

R. do Salvador

R. d. Cruz d. Castelo

Biblioteca National

Museu

R. Vítor Cordon

Pr. do Município

Rua do Arsenal

Ministerios

R. de S. Julião

Rua de S. Julião

R. da Alfândega

Arco

R. d. Bacalhoeiros

Rua do Comércio

Praça do Comércio

Bolsa

Estação Fluvial

Cais das Colunas

Av. Ribeira das Naus

Rio Tejo

0   300 m

© Harenberg

49

Rundgänge

R 3: Dörfliche Luft und der Hauch der feinen Welt

Ende des 18. Jh. begann eine neue Dynamik der Stadtentwicklung, die sich nach den Bürgerkriegen 1834 verstärkte. Lissabon wurde liberal-mondäne Metropole – Dependance des vergötterten Paris. Bürgertum und Adel schufen sich ihre kleine Salonwelt der Theater und Cafés mit ihrem Zentrum Chiado. Verkehrstechnische Neuerungen wie die Bergbahnen und der Stadtaufzug Santa Justa sorgten für Furore; umstritten waren die Praça dos Restauradores und die Avenida da Liberdade im Norden Lissabons. Trotz urbanen Eifers blieb das dörfliche Milieu im Bairro Alto und im Bairro da Bica erhalten.

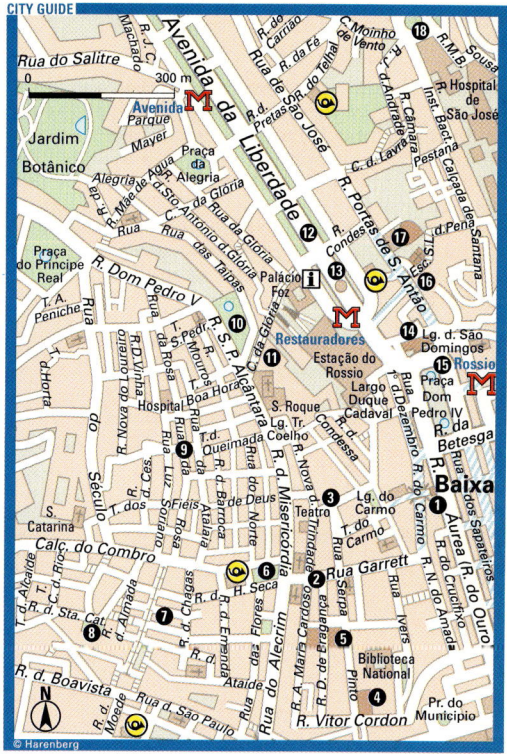

Rua do Salitre

0   300 m

Jardim
Botânico

Praça
do Príncipe
Real

Baixa

Biblioteca
National

Pr. do
Município

R. Vítor Cordon

R. d. Boavista

© Harenberg

Hospital de
São José

Restauradores

Estação do
Rossio

Rossio

Lg. d. São
Domingos

Praça
Dom
Pedro IV

R. da
Betesga

Rundgänge

R 4: Groß-Lissabon – vom Historismus zur Postmoderne

Ab 1900 dehnte sich die stark gewachsene Großstadt weiter nach Norden aus und folgte dem rechtwinkligen Urbanisierungsplan von Ressano Garcia. Die neuen Straßenzüge fingen Landsitze und Paläste aus dem 17. und 18. Jh. ein. Insbesondere die Hauptachse, deren Namen an die Ausrufung der Republik am 5. Oktober 1910 erinnert, wurde nach und nach mit repräsentativen Historismus- und Art-nouveau-Bauten bestückt, die heute großenteils gesichtslosen Komplexen und Bankpalästen gewichen sind – von wenigen Ausnahmen wie der Banco Nacional Ultramarino abgesehen.

Garcias Stadterweiterung wurde im Estado Novo unter der Regie von Duarte Pacheco nach Nordosten fortgeführt. Von der Alameda D. Afonso Henrique über Areeiro bis nach Alvalade entstand eine Neustadt. Die Sammlung der Fundação Calouste Gulbenkian ermöglicht es, die marginalisierte Moderne Portugals kennenzulernen.

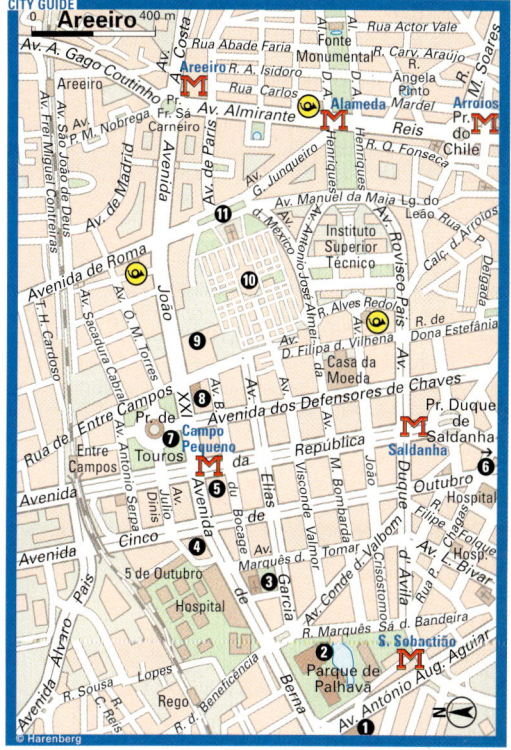

CITY GUIDE

Areeiro

0   400 m

© Harenberg

Rundgänge

R 5: Kunst und Wissen, Gärten und Gewässer

Die Weststadt wird von vier Bauten beherrscht: Weithin sichtbar ist die Kuppel der Estrela-Kirche; majestätisch führt die monumentale Freitreppe zum Parlament São Bento, das durch seine breite Fassadenfront die engen Gassen der volkstümlichen Viertel von Madragoa und Rato aufsprengt. Diese Gebäude werden überragt von den drei postmodernen Türmen von Amoreiras.

Im Schatten dieser Bauten laden Gärten und Parks zum Spaziergang ein. Höhepunkt ist der Parque Eduardo VII mit seinem Gewächshaus. Viele Gärten basieren auf Klosteranlagen (São Bento oder Jardim Botânico), oder sie wurden in der naturverbundenen Romantik kultiviert (Jardim da Estrela, Praça do Príncipe Real). Auch der Jardim das Amoreiras wurde romantisch gestaltet, doch seine Existenz geht auf das 18. Jh. zurück, als der Aquädukt das kostbare Naß nach Lissabon brachte, und als unter der Regie des Marquês de Pombal Manufakturen angelegt wurden, die das Rato-Viertel kennzeichnen.

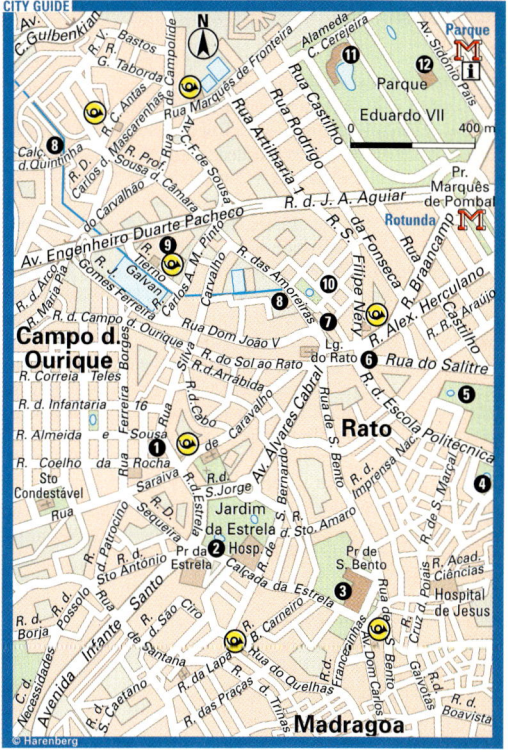

Av. C. Gulbenkian

R. V. Bastos

G. Taborda

R. C. Antas

R. das Antas

Calç. d. Quintinha

R. d. Mascarenhas

R. R. Prof. Carlos d.

Sousa da Câmara

do Carvalhão

Rua Marquês de Campolide

R. C.F. de Campolide

Rua Marquês de Fronteira

Rua Castilho

Rua Rodrigo

Rua Artilharia 1

Alameda

C. Cereijeira

Av. Sidónio Pais

Parque

Parque

Eduardo VII

0   400 m

Pr. Marquês de Pombal

Rotunda

R. das Amoreiras

R. d. J. A. Aguiar

R. S. Fonseca

R. Braancanço

R. Filipe Nery

R. Alex. Herculano

R. Castilho

R. Sá Araújo

Av. Engenheiro Duarte Pacheco

R. d. Arco

R. Maria Pia

R. Gomes Ferreira

R. Campo de Ourique

Campo d. Ourique

R. Correia Teles

R. d. Infantaria 16

R. Almeida

R. Coelho da Rocha

Sto Condestável

Rua

R. Ferreira Borges

R. Saraiva de Carvalho

Rua Silva Carvalho

Carlos A.M. Pinto

Trindade

Galvão

Rua Dom João V

R. do Sol ao Rato

R. d. Arrábida

R. do Cabo

R. d. Patrocínio

Sequeira

R. d. Sto António

R. Possolo

R. d. São Ciro

R. d. Borja

Av. Infante Santo

R. de Santana

R. S. Caetano

R. da Lapa

Rua do Quelhas

R. das Praças

d. Trinas

Madragoa

Jardim da Estrela

Pr. da Estrela

R. de S. Jorge

R. Álvares Cabral

Av. Álvares Cabral

R. S. Bernardo

d. Sto Amaro

Hosp.

Calçada da Estrela

Lg. do Rato

Rato

Rua do Salitre

R. d. Escola Politécnica

Rua de S. Bento

Pr de S. Bento

R. Carneiro

R. Francezinhas

Av. Dom Carlos I

Rua de S. Bento

R. de S. Marçal

R. d. S. Tiago

R. Acad. Ciências

Hospital de Jesus

R. d. Boavista

R. d. Gaivotas

Pr de S. Bento

Rundgänge

R 6: Klöster, Paläste und Arbeiterviertel

Die Oststadt wird charakterisiert durch ihre steilen Abhänge zum Tal von Valverde (Unterstadt, Av. da Liberdade) und zum Tejo-Ufer. Auf den Anhöhen entstanden Kapellen und Klöster. Die Gründungen begannen gleich nach der Eroberung Lissabons um 1147 – São Vicente de Fora geht auf das Lager des Kreuzritter-Heeres zurück. Im 13. Jh. wählten sich die Nonnen der hl. Clara das Feld dahinter, während sich die Augustiner auf der Anhöhe von Graça nieder-ließen, nachdem sie den höheren Mons Gens (Senhora do Monte) verschmäht hatten. Das Kloster Madre de Deus, im 16. Jh. am Tejo-Ufer gegründet, gibt heute als Azulejo-Museum einen schönen Einblick in die Entwicklung der Kachelkunst.

Im Zuge der Klostergründungen erfolgte die Besiedelung: Rund um die Kirchen erhoben sich bald Adelspaläste. Im Tejo-Bereich entstanden im 18. Jh. Militäranlagen und -verwaltungen (siehe Museu Militar). Ende des 19. Jh. veränderte sich das bis dahin ländliche Gesicht der Oststadt grundlegend durch die Industrialisierung: Auf Initiative einzelner Unternehmer entstanden Vilas Operárias, wobei zum Teil alte Klöster oder Paläste umfunktioniert wurden.

0   400 m

Rio Tejo

Av. Afonso III

Rua
Madre Deus

R. N.
Barros

Avenida

Infante

Dom

Henrique

Calç. Cruz d. Pedra

Calçada das Lajes

Calç.
Alto. Varejão

Av. Mouzinho d. Albuquerque

R. de Sta. Apolónia

R. d.ª d. M. Pedral

Calç. d. Barbadinhos

R. A. Domingues

R. d. Vale d. Sto. António

R. d. Bela Vista d Graça

R. Leite d. Vasconcelos

R. d. Mirante

R. d. Caminhos d. Ferro

Estação
Santa
Apolónia

R. d. Paraíso

Campo d. Santa Clara

R. da Verónica

R. da Verónica

Alfama

Calç. d.
S. Vicente

R. d. Sapadores

R. Senhora d. Glória

Av. General Roçadas

R. d. Penha d. França

R. H.
Salgado

R. A. Vidal

Rua
R. M. d. Fonte

Rua da Graça

R. d. Damasceno Monteiro

Rua do Monte

Lg. d.
Graça

Lg. d.
Graça

R. d. V. d. Operário

Calç. d.
Graça

R. d.
S. Tomé

C. d.
André

R. d. Lagares

R. d. Costa do

Castelo de
São Jorge

Castelo

R. Maria

R. Palmira

Intendente

R. d. Bombarda

R. d. Benformoso

© Harenberg

57

Rundgänge

R 7: Tag und Nacht am Tejo entlang

Durch die vielen Hügel und Abhänge ist der Fluß in fast jedem Stadtteil präsent. Doch gilt es, auch einmal die umgekehrte Perspektive einzunehmen, denn die Sicht vom Fluß auf Lissabon war der erste Eindruck der Reisenden bis Mitte des 20. Jh. Als Fremder ließ man sich in der Nähe des Cais do Sodré nieder, wo der Marquês de Pombal nach dem Erdbeben das Ufer befestigen ließ und das Musterviertel São Paulo anlegte.

Entlang des Tejo-Ufers bewegt man sich entweder gemächlich auf dem Hochufer in den Gassen der historischen Viertel, in denen ein volkstümliches Milieu (Madragoa) unvermittelt einem aristokratischen (Lapa) weicht; hier befindet sich in einem Palast das bedeutendste Kunstmuseum Portugals. Oder man wählt unten den schnellen Weg auf der Av. 24 de Julho, die wie die S- und die Straßenbahn an monotonen Bauten entlang nach Belém und an die Küste von Estoril und Cascais führt. Man kommt an der Doca de Alcântara mit der Hafenatmosphäre der 40er Jahre vorbei (Estação Marítima).

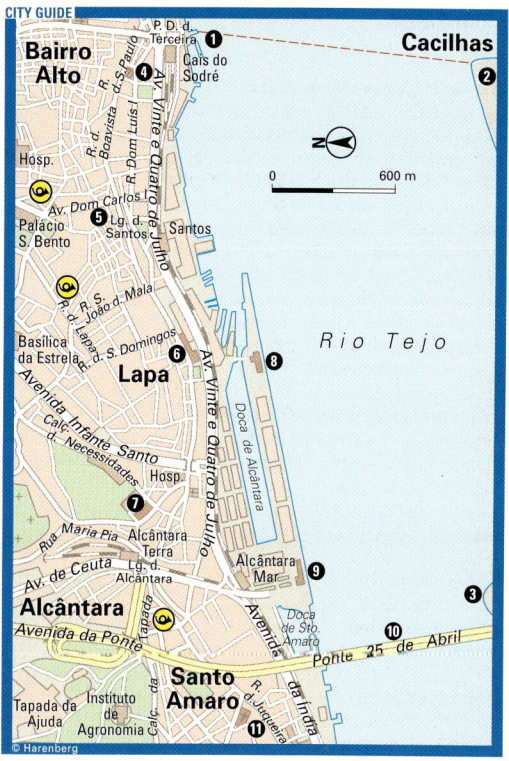

Cacilhas

Bairro
Alto

P. D. d.
Terceira ❶

Cais do
Sodré

❷

Hosp.

Av. Dom Carlos I

R. d. Boavista

R. d. S. Paulo

R. Dom Luís I

Av. Vinte e Quatro de Julho

❹

❺ Lg. d.
Santos

Palácio
S. Bento

Santos

R. de Lapa R. S. João d. Mala

R. S. Domingos

Basílica
da Estrela

Lapa

❻

Rio Tejo

❽

Avenida Infante Santo

Calç. d. Necessidades

Hosp.

Doca de Alcântara

❼

Rua Maria Pia

Alcântara
Terra

Av. de Ceuta

Lg. d.
Alcântara

Alcântara
Mar

❾

Alcântara

Tapada

Av. da Ponte

Doca
de Sto.
Amaro

❸

❿ Ponte 25 de Abril

Avenida Vinte e Quatro de Julho

Santo
Amaro

Tapada da
Ajuda

Instituto
de
Agronomia

Calç. da Tapada

R. Jaqueta

R. da India

⓫

© Harenberg

0   600 m

Rundgänge

R 8: Anziehungspunkte im Norden

Schon früh beschränkte sich die Lissabonner Verwaltung nicht auf das urbanisierte Gebiet, sondern erstreckte sich auch auf Gemeinden im Norden und Westen, die den Termo de Lisboa bilden. Die älteste Urkunde stammt von 1649, und in ihr erscheinen u. a. der Paço do Lumiar, der auf ein Landgut von D. Afonso III. zurückgeht, oder Carnide, das sich seit dem 15. Jh. rings um die Kapelle und die Kirche Nossa Senhora da Luz (1575) entwickelte. Diese alten Dorfkerne wurden erst im späten 20. Jh. von der Stadt eingeholt.

Seit der „Nelkenrevolution" von 1974 gibt es Versuche, auch diese abgelegenen Gebiete kulturell interessant zu machen durch Restaurierung historischer Zeugnisse und Einrichtung von Museen, oft verbunden mit Parkanlagen (Parque do Monteiro-Mor). Vorbild ist das Campo Grande (Museu da Cidade, Museu Rafael Bordalo Pinheiro) neben der Cidade Universitária. Große Dynamik in dieser Richtung entwickelt am Nordrand des Monsanto die Zone zwischen Sete Rios (Jardim Zoológico), São Domingos de Benfica (Palácio Fronteira) und Alto dos Moinhos (Museu da Música, u. a.). Im Osten wird die Expo 98 die mit Sozialproblemen belasteten Satellitenstädte der 60er und 70er Jahre (Olivais) aufwerten.

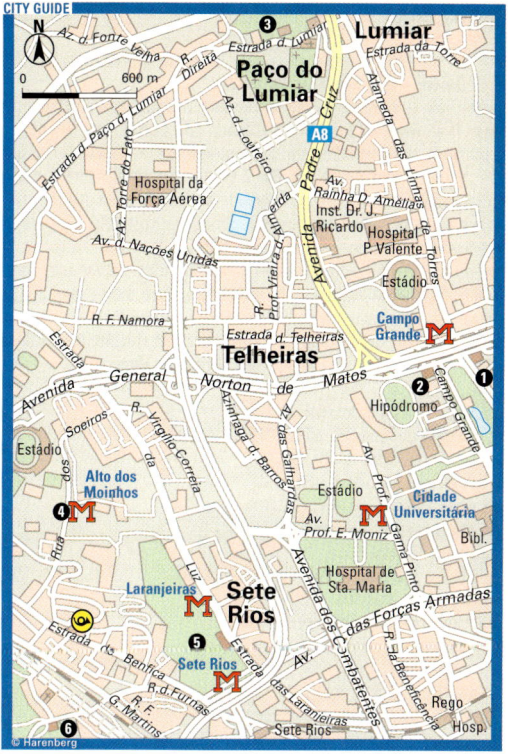

N

0   600 m

Lumiar

Estrada da Torre

Paço do Lumiar

❸

Az. d. Fonte Velha

R. Direita

Estrada d. Lumiar

Alameda das Linhas de Torres

Av. d. Loureiro

A8

Av. Rainha D. Amélia

Inst. Dr. J. Ricardo

Estrada d. Paço d. Lumiar

Az. d. Torre do Fato

Hospital da Força Aérea

Av. d. Nações Unidas

Prof. Vieira Almeida

Padre Cruz

Hospital P. Valente

Estádio

R. F. Namora

Estrada d. Telheiras

Telheiras

Campo Grande Ⓜ

Campo Grande

Avenida General Norton de Matos

Estrada

R. Soeiros

R. da Virgílio Correia

Az. das Gatherdas

Az. das Galharas

❷ Hipódromo

❶

Estádio

Alto dos Moinhos

❹ Ⓜ

Rua

Estádio

Av. Prof. Gama Pinto

Cidade Universitária

Av. Prof. E. Moniz

Bibl.

Hospital de Sta. Maria

Laranjeiras

Luz

Sete Rios

Ⓗ

❺ **Sete Rios** Ⓜ

Estrada d. Benfica

Estrada das Laranjeiras

Av. das Forças Armadas

Av. da Berlengancha

R. F. G. Martins

R. d. Furnas

Sete Rios

R. da Beneficência

Rego

Hosp.

© Harenberg

❻

61

Rundgänge

R 9: Belém – eine Stadt für Entdecker

Schon um 1295 spricht eine Königschronik vom großen Hafen bei dem Dorf Restelo. Im 15. Jh. brachen von Restelo die Karavellen nach West- und Ostindien auf. Erst unter König D. Manuel setzte sich der Name Belém durch, als 1502 mit dem Bau der Kirche Santa Maria de Belém begonnen wurde. Sie bildet den Kern des Hierony-miten-Klosters, das zusammen mit dem Turm von Belém (Torre de Belém) von der eigenwilligen Manuelinik zeugt.

Belém als Wiege des portugiesischen Weltreiches lockte nach dem Tod D. Manuels Adelige und die Königsfamilie an. Im 19. und 20. Jh. wurden Museen eingerichtet. Das manuelinische Revival um 1900 (Praça Afonso de Albuquerque) wurde 1940 von der Ausstellung der Portugiesischen Welt überboten (Praça do Império).

1 Museu da Electricidade: S. 226
2 Palácio da Ajuda: S. 254
3 Igreja da Memória: S. 180
4 Palácio de Belém: S. 258
5 Chão Salgado: S. 144
6 Mosteiro dos Jerónimos: S. 204
7 Praça do Império: S. 292
8 Museu Nacional de Arqueologia: S. 234
9 Museu de Marinha: S. 228
10 Padrão dos Descobrimentos: S. 250
11 Centro Cultural de Belém: S. 136
12 Torre de Belém: S. 358
13 São Jerónimo: S. 322
14 Museu Nacional de Etnologia: S. 234
15 Aquário Vasco da Gama: S. 78

R. d. Cruzeiro
Calçada d. Boa-Hora
Rua do Guarda Jóias
Hospital
Rua do D. Vasco
R. Alexándre Sá Pinto
Avenida da India
Rio Tejo
Avenida da Junqueira

Jardim Botânico
Calçada da Ajuda
Pr. Afonso de Albuquerque
Belém
Estação Fluvial

Calçada do
Galvão
Jardim Tropical
R. d. Belém

Cemitéira da Ajuda
Ajuda
R. Gonçalves Zarco
Rua Tristão Vaz
R. R. Quinta
Rua dos Jerónimos
Praça do Império
Avenida de Brasília
Avenida da India

Av. da Ilha da Madeira
Estádio Municipal do Restelo
Planetário Calouste Gulbenkian
Belém
Museu de Arte Popular

Av. Gomão Velho Cabral
Restelo
Rua António de Saldanha
R. do Alcolena
Avenida da India
Avenida da Brasília

Av. das Descobertas
Hospital S. F. Xavier
Estrada do Forte
Rua
Avenida
Pr. d. Goa
Av. d. Torre de Belém
Rua Dom Francisco Xavier
Rua São Francisco Xavier
Rua Tristão da Cunha
Dom Cristóvão da Gama
Av. d. Torre de Belém
Rua da Pedrouços

Forte do Alto do Duque
Rua do Alto do Duque
Rua dos Soldados da India
Rua de Pedrouços
Rua Fernão Mendes Pinto
Avenida da India
Pedrouços

0   600 m

© Harenberg

63

Rundgänge

R 10: Sintra – der Sonntagstraum Europas

Ausgezeichnete geographische und klimatische Bedingungen führten bereits in prähistorischer Zeit zur Besiedlung. Ältestes historisches Zeugnis ist die arabische Festung aus dem 8. Jh., die 1147, wenige Tage nach der Einnahme Lissabons, durch Afonso Henriques erobert wurde. Die Residenz der Maurenfürsten im Tal wurde im 14. Jh. zum Königspalast und zum Zentrum eines Städtchens, das im 16. Jh. – mit Privilegien ausgestattet – die erste Blütezeit erlebte.

Aus dem Dornröschenschlaf erwachte Sintra Ende des 18. Jh. durch fremde Aristokraten, Künstler und Dichter. Der Holländer Daniel Gildemeester und der Franzose Gerard DeVisme schufen die Paläste und Gärten von Seteais und Monserrate, die später u. a. von William Beckford, Lord Byron, William Burnett aufgesucht wurden. Sintra wurde als paradiesischer Garten am Ende Europas verherrlicht und verleitete 1839 Ferdinand von Sachsen-Coburg, den Gemahl von D. Maria II., seinerseits ein Märchenschloß zu verwirklichen: Er ließ die Ruinen eines Klosters nach Plänen des preußischen Ingenieurs Ludwig von Eschwege in eine vielgestaltige Burg verwandeln. Ende des 19. Jh. wurde Sintra zum Sonntags-Ausflugsziel des Bürgertums.

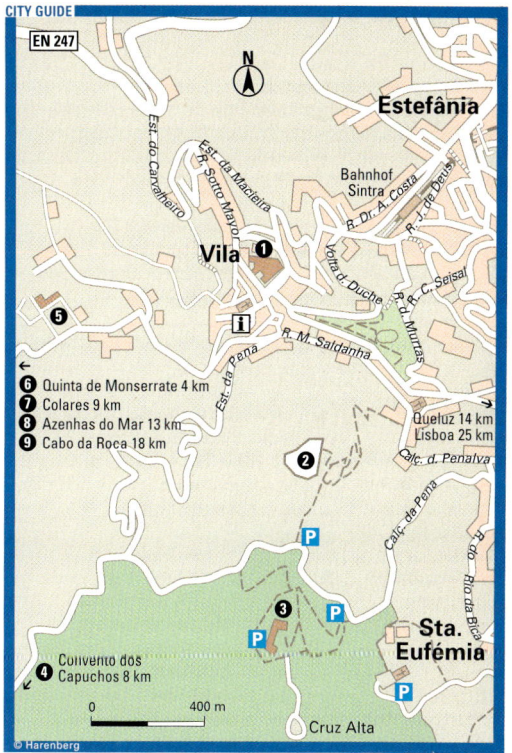

EN 247

N

Estefânia

Bahnhof
Sintra

Est. do Carvalheiro

Est. da Madeira

R. Sotto Mayor

R. Dr. A. Costa

R. J. de Deus

Vila ❶

Volta d'Duche

R. d. R. C. Seisal

R. d. Murtas

❺

Est. da Pena

R. M. Saldanha

❻ Quinta de Monserrate 4 km
❼ Colares 9 km
❽ Azenhas do Mar 13 km
❾ Cabo da Roca 18 km

Queluz 14 km
Lisboa 25 km

❷

Calç. d. Penalva

Calç. da Pena

R. do Rio da Bica

P

P

Sta.
Eufémia

❸

P

❹ Convento dos
Capuchos 8 km

0   400 m

Cruz Alta

P

© Harenberg

Sehenswürdigkeiten von A bis Z – Übersicht (1)

Die Sehenswürdigkeiten des A-bis-Z-Teils sind alphabetisch geordnet. Um zugleich eine thematische Orientierung zu ermöglichen, ist das folgende Übersichts-Register nach Sachgruppen aufgeteilt. Mit seiner Hilfe können Sie schnell die Sehenswürdigkeiten finden, die Ihren Interessen entsprechen.

Sehenswürdigkeiten von A bis Z – Übersicht (2)

Das berühmte Stadtviertel hat über nahezu ein Jahrtausend hinweg trotz aller Modernisierungen viel vom ursprünglichen Gepräge bewahrt. Die verwinkelte Anlage von krummen Gassen, Treppen und dunklen Durchgängen geht auf die Araber zurück, die bis 1147, nämlich bis zur Einnahme Lissabons durch D. Afonso Henriques und die Kreuzritter, hier zu Hause waren.

Blick über die Alfama do Mar hinweg auf den Tejo.

Der Name Alfama bezieht sich nach der heute vorherrschenden Meinung auf die Thermen (alhama), d. h. Schwefelquellen, die in der Nähe des Tejo entsprangen. Somit ist um den Largo de Alcaçarias der Kern des ältesten Viertels Lissabons zu vermuten. Am Largo de São Rafael sieht man noch etwas von der Cerca Moura (S. 140) sowie einen Turm der maurischen Stadtmauer, die von den christlichen Eroberern übernommen wurde.

Die Araber und Berber wurden aus ihrer Wohnstatt vertrieben. Diejenigen, die bleiben wollten, mußten in die Mouraria (S. 212) umziehen. Es ist bemerkenswert, daß die neuen Bewohner der Alfama die bauliche und soziale Struktur des Viertels übernahmen. Noch heute läßt die geschlossene Gebäudefront zum ehemaligen Uferbereich hin die Führung der alten Stadtmauer erkennen. ▶

Karte → *S. 47*

Die Fassaden werden wie eine Mauer von niedrigen Durchgängen durchbrochen, hinter denen steile Treppen hinaufführen. Von oben begrenzen sich die „Einstiege" in die labyrinthische einstige Kasbah auf die Gassen und Treppen neben dem Miradouro de Santa Luzia (S. 198), die als der bequemere Abwärtsweg zu empfehlen sind.

So gelangt man zunächst durch die seit jeher vornehmere Alfama do Alto, in der sowohl zu maurischen wie auch zu Christenzeiten Adelige und Beamte des Hofes in Burgnähe residierten. Auffälligstes Beispiel ist der restaurierte Palácio do Salvador, dessen heutiges Gesicht allerdings auf Baumaßnahmen des 18. Jh. beruht.

Je mehr man Richtung Tejo wandert, desto volkstümlicher wird es. Unverhofft öffnen sich hinter schmalen Pforten die halbprivaten Welten der Pátios (S. 284), die im 19. Jh. romantisch verklärt wurden, aber der nackten Not entsprangen. Wie unter den Arabern wohnten in der sog. Alfama do Mar Fischer, Handwerker und kleine Händler. So bewahrte sich auch das alte geschäftige Zentrum der Alcaçaria, der vormals arabischen Bazare. Dazu trug das kleine Judenghetto (1373–1496) bei, an das die Rua da Judiaria erinnert. Noch heute kann ein morgendlicher Gang durch die Rua de São Pedro, in der dienstags bis sonntags ein Fischmarkt stattfindet, in ferne Zeiten oder Räume des Orients versetzen. ▶

Typisches Bau-Agglomerat mit Doppel- und Mansarde-dächern, die Carlos Mardel im 18. Jh. einführte.

Die Anmut liegt im Stückwerk: Treppen, Innenhöfe und barocke Heiligenbilder aus Azulejos.

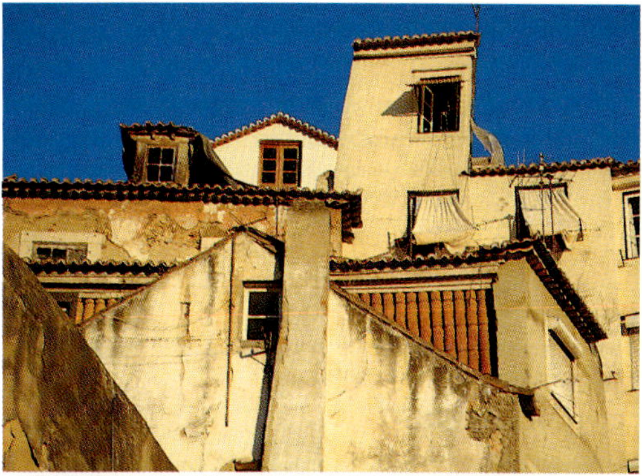

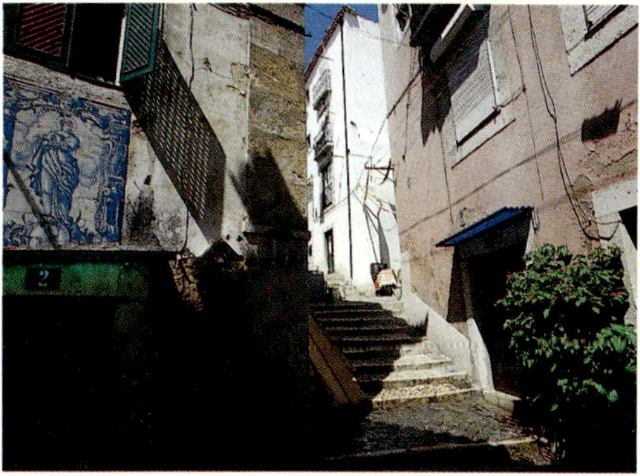
2

Unmittelbar nach der Reconquista traten an die Stelle der Moscheen christliche Gotteshäuser, die heute allerdings nichts mehr vom mittelalterlichen Wehrcharakter besitzen: Die weiße Kirche Santo Estêvão, dessen nördlicher Turm beim Erdbeben 1755 einstürzte, geht auf den Plan von Manuel da Costa Negreiros (1733) zurück; die einschiffige Kirche São Miguel mit vergoldeten Holzschnitzereien im Inneren wurde gänzlich nach dem Erdbeben wiederaufgebaut.

Am Largo do Contador-Mor. Wie die Alfama wird auch das Burgviertel restauriert, um junges Publikum anzulocken.

Interessanter ist das manuelinische Portal der Ermida da Nossa Senhora dos Remédios. Oben im geschwungenen Torsims erkennt man in der Darstellung einer Taube mit Aureole den Heiligen Geist, dem eigentlich die Kapelle gewidmet war. Von der Bruderschaft Espírito Santo, die von der heiligen Königin Isabel gegründet worden war, ging im Mittelalter eine bedeutende Sozialaktion (Armenhaus, Hospital) aus, die sich vor allem der Seeleute und ihrer Familien annahm. D. Manuel I. sollte sie 1498 durch die Santa Casa da Misericórdia fortführen (siehe Conceição Velha, S. 154). Die Rua dos Remedios, an der die Heiliggeist-Kapelle liegt, führt zum Largo do Chafariz de Dentro – zugleich unterer Eingang und populäres Zentrum. Ein gekachelter Plan veranschaulicht die verschlungenen Wege durch die Alfama, in der man insbesondere zum Antoniusfest die Seele Lissabons spüren kann.

Wie lange hält sich noch die alte Lebenswelt? – Waschtag an den Escadas de Santa Helena.

74

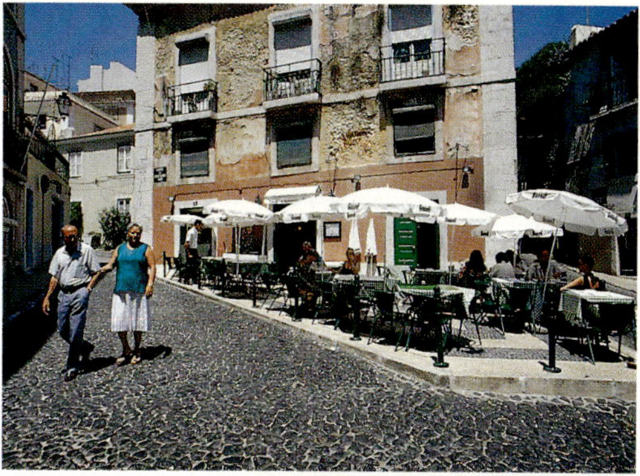

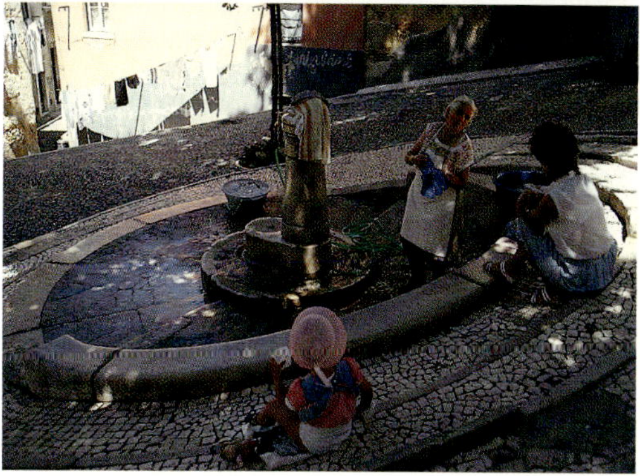

Alto de Santa Catarina
Katharinenhöhe

Von hier oben kann man die Schiffe zum Meer hinausfahren sehen: „Ver navios desde o Alto de Santa Catarina" – dies ist zu einer populären Redewendung geworden, seitdem der portugiesische Königshof 1807 nach Brasilien floh, um sich und seine Reichtümer vor der napoleonischen Invasion in Sicherheit zu bringen, während das Volk im wahrsten Sinne des Wortes das Nachsehen hatte.

Der Alto de Santa Catarina gehört zu den klassischen sieben Hügeln Lissabons und hatte schon immer eine besondere Funktion, sowohl als Orientierungspunkt für die auf dem Tejo ankommenden Schiffe als auch als Ausguck für Erwartungsvolle und Sehnsüchtige.

An die Stelle des einstigen Marmorkreuzes, das einem der letzten großen Erdrutsche zum Opfer fiel, trat 1927 die Statue des mythischen Adamastor (Júlio Vaz Júnior). In dem Nationalepos „Os Lusíadas" begegnet Vasco da Gama dem Riesen bei der Umschiffung des Kaps der Guten Hoffnung. Leider ist wegen des Erdbebens 1755 die Katharinenkirche nicht erhalten, die 1560 von der gleichnamigen Königin (Gattin D. Joãos III.) auf der Anhöhe gegründet wurde. Sie wurde von den Buchhändlern als Schutzheilige verehrt.

Gemeinsam mit dem mythischen Adamastor blickt man hinunter auf den Fluß, der Portugals Geschichte schrieb.

Adresse *Rua S. Catarina; Straßenbahn 28* **Karte** → *S. 51*

Aquário Vasco da Gama

Dicht an der Avenida Marginal und an der Bahn-linie Richtung Cascais ist das auffällige Gebäude im historisierenden Stil der Jahrhundertwende (1898) nicht zu übersehen. Es beherbergt ein Museum, das sich der Meeresfauna widmet.

Hinter der neo-barocken Fassade verbirgt sich ein Stück lebendiger Seewelt.

Ihren Grundstock bildet die umfangreiche und diversifizierte Sammlung an konservierten Exemplaren, die von König D. Carlos I. angelegt worden war. Auf seine Initiative geht auch die Einrichtung des Aquariums zurück, das nach dem berühmten Entdeckungsfahrer Vasco da Gama benannt ist. Etwa 200 Tierarten vom Seepferdchen bis zur Seerobbe werden in 93 Salz- und Süßwasseraquarien mit einer Gesamtkapazität von 122 000 Litern vorgeführt. Dies ermöglicht dem Besucher einen breiten Einblick in den Lebensschatz der marinen Welt.

Mit der Einrichtung des Parque Expo 98 (S. 280) schwindet sicherlich das Interesse an diesem traditionellen zoologischen Museum, das nicht mit dem neuen Ozeanarium konkurrieren kann.

Daten *1898 eröffnet; erbaut von Rosendo Cavalheira u. a.* **Öffnungszeiten** *Tägl. 10–18 h* **Eintritt** *400 Esc* **Adresse** *Rua Direita zur Avenida Marginal; Zug Algés, danach zu Fuß ca. 10 Min.; Straßenbahn 15*

Bereits im Mittelalter litt Lissabon zunehmend unter Mangel an Trinkwasser. Die alten Brunnen, Chafarizes (S. 142), reichten immer weniger aus. Die Lage spitzte sich mit dem Wachstum der Bevölkerung im 15./16. Jh. zu. Unter D. Manuel I. und D. Sebastião reifte das für die Renaissance typische Projekt: Nach römischem Vorbild sollte ein Aquädukt die Águas Livres (Caneças) im Nordwesten erschließen.

Wie auf Elefantenfüßen durchquert der Aquädukt das Tal von Alcântara.

Doch erst unter der Regentschaft von D. João V. wurde dieser Plan 1731 in Angriff genommen. Trotz des Goldes aus Brasilien mußte die Bevölkerung große Opfer bringen, damit die 18,5 km lange Hauptleitung zwischen dem Quellgebiet und Amoreiras 1748 in Betrieb genommen werden konnte. Bis zum 19. Jh. dehnte sich die Anlage mit Nebenästen auf 48 km aus. Trotz ihrer Funktionstüchtigkeit ist sie heute stillgelegt. Nie konnte der Aquädukt den Wasserbedarf der expandierenden Metropole decken.

Zum Wahrzeichen Lissabons wird die ansonsten unterirdisch oder wie eine steinerne Schlange oberirdisch verlaufende Leitung durch eine technische Bravourleistung, die im Plan des Ingenieurs Manuel da Maia nicht vorgesehen war: ▶

Daten *1731–48 von Manuel da Maia, Custódio Vieira und Carlos Mardel errichtet* **Adresse** *Gute Ansichten von der Linie Rossio–Queluz aus* **Karte** *→ S. 55*

★ Aqueduto das Águas Livres (2)

Statt das Tal von Alcântara kostengünstig und bescheiden auf kleinen Bogen nach Norden zu umgehen, erlangte das ehrgeizige Projekt von Custódio Vieira 1736 die Gunst des Königs D. João V., der monumentale Repräsentanz über alles liebte. Auf einer Strecke von etwa 940 m überspannen 35 Bogen direkt das tiefe Tal. Auf ihnen gelangten nicht nur die Wassermassen in die durstige Stadt, sondern dank eines öffentlichen Weges auch die Menschen aus dem Umland (seit 1844 aus Sicherheitsgründen geschlossen). Militäringenieur Custódio Vieira mußte aus statischen Gründen bei den 14 zentralen Einheiten auf den veralteten gotischen Spitzbogen zurückgreifen. Mit ihren bis zu 65 m hohen Pfeilern sollen sie die größten Steinbogen der Welt sein, sie waren jedoch um 1740 bereits ein Anachronismus. Trotzdem konnten sie dem Erdbeben 1755 im wesentlichen standhalten.

Im 18. und 19. Jh. beherrschte der Aquädukt das malerische Tal. Heutzutage ist dagegen jeglicher Reiz unter dem Asphalt der Stadtautobahnen dahin. Allenfalls nachts beeindruckt der verspätete architektonische Dinosaurier, zusammen mit den drei wuchtigen postmodernen Torres de Amoreiras (S. 364). Mehr Monumental- als Zweckbau, dieses Urteil trifft auch besonders auf das letzte Stück der Wasserleitung und die Mãe d'Água (S. 196) zu.

Azulejo-Bilder besingen an der Praça das Amoreiras das Wasser, das dank des Aquädukten in die dürstende Stadt gelangt.

Ein Blick in die geschlossene Wasserröhre – von der Mãe d'Água aus.

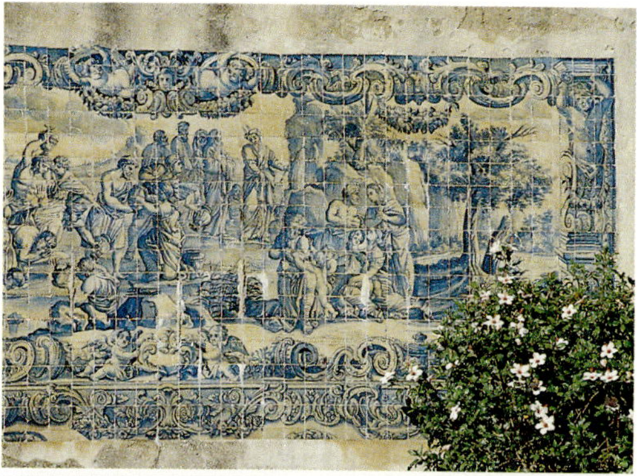

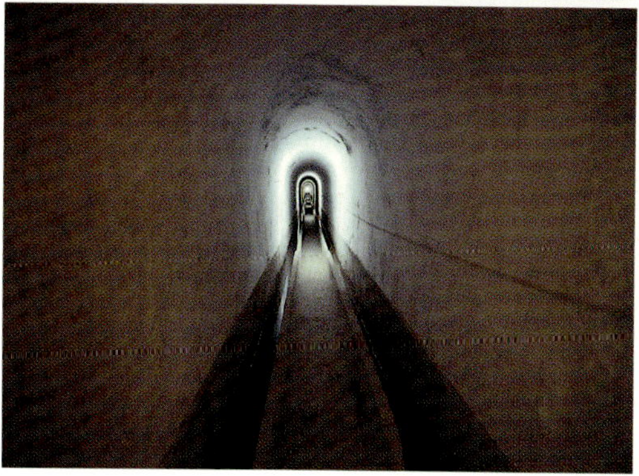

Arco do Cego
Tor des Blinden

Der Name des Tores erinnert daran, daß hier einst eine Landstraße in die Stadt hineinführte. Seit 1919 entstand an dieser Peripherie die erste staatliche Sozialsiedlung Portugals – ein Projekt, das dem republikanischen Reformwillen entsprang: Die Regierung sollte sich um die Wohnmisere von Bevölkerungsgruppen mit geringem Einkommen kümmern. Vor der Pionierleistung der Republik, mit deren Lorbeeren sich aber der Estado Novo unter António de Oliveira Salazar schmücken konnte, gab es lediglich Initiativen patriarchalisch-wohltätiger Unternehmer (siehe Vilas Operárias, S. 370).

Die Modellsiedlung besitzt symmetrisch hierarchisierte Straßenzüge zu einer Mittelachse (Rua Dr. Magalhães Lima). In ihr Zentrum fügte Jorge de Almeida Segurado 1938 den sachlichen Flachbau einer Oberschule ein. Seit 1948 schließt die Estado Novo-Kirche S. João de Deus die Mittelachse nach Osten ab. Die Siedlung selbst besteht aus 481 Wohnungen in schmucken Doppelreihenhäusern oder dreistöckigen Wohnblöcken mit Vorgärten. Gegenwärtig gilt es, das „Eigenleben" dieses sozialhistorischen Unikums gegenüber dem Ruf nach einer lukrativeren Nutzung des Arco do Cego zu bewahren.

Der postmoderne Banktempel der Caixa Geral de Depósitos (S. 108) überragt die schmucken Atelier-Reihenhäuser.

Daten *1919–35 geschaffen nach dem Projekt von Edmundo Tavares und Frederico Machado* **Adresse** *Praça de Londres; Bus 22, 33, 40*

★ **Avenida da Liberdade** (1)
Allee der Freiheit

Parkanlagen mit Ruhebänken unter schattenspendende alten Bäumen ziehen sich langgestreckt an beiden Seiten der sechsspurigen Verkehrsader hin. Sie sind nur ein schwacher Trost für den ersten öffentlichen Stadtpark, den Passeio Público, der auf Initiative des Marquês de Pombal und Pläne von Reinaldo Manuel dos Santos zurückgeht (1764).

Durch die Romantik aufgewertet, entwickelte sich diese Promenade im 19. Jh. zum beliebten Treffpunkt der mondänen und bürgerlichen Welt. 1878/79 sollte im Zuge urbaner Neugestaltung ausgerechnet an dieser Stelle die erste Prachtstraße Lissabons entstehen – nach dem großen Vorbild jener Zeit, den Pariser Champs-Elysées. 1882 wurde das erste Teilstück eröffnet. Schließlich erstreckt sich die Avenida da Liberdade über gut einen Kilometer in stetiger Steigung von der Praça dos Restauradores bis zur Praça de Marquês de Pombal hinauf.

Den unteren Teil des Boulevards flankieren zwei Brunnenfiguren von 1836, die die beiden wichtigsten Flüsse Portugals, den Douro und den Tejo, personifizieren – Überreste des Passeio Público. Daneben liegen Café-Pavillons. Im weiteren Verlauf finden sich Standbilder wichtiger Dichter und Denker des 19. Jh. ▶

Café-Pavillons unter Bäumen erinnern an den einstigen Passeio Público.

Daten *Ab 1878/79 geschaffen* **Karte** → *S. 51*

★ Avenida da Liberdade (2)
Allee der Freiheit

Mittlerweile konnten nur wenige der einstigen Bauten des Historismus, Fin de siècle und der beginnenden Moderne gegenüber Funktionalität, Gewinnsucht und (Post-)Modernität standhalten. Das alte Kino Tivoli mit der auffälligen Kuppel (Raul Lino, 1924) wurde 1990 als Konzertsaal wiedereröffnet. Davor steht ein typischer feuerroter Kiosk. Schräg gegenüber findet sich der neoklassizistische Palácio Mayer (Nicolá Bigaglia), dem 1902 der erste Valmor-Preis verliehen wurde. Diese Auszeichnung ist oft an Fassaden der Avenidas Novas (S. 90) zu entdecken. Der Parque Mayer, der ab 1922 entstand, lädt mit seinen Boulevard-Theatern (u. a. Maria Vitória) zu Revuen und Musicals ein. Das Ensemble mit Artdéco-Elementen ist in seinem Bestand gefährdet. Fast an der Praça Marquês de Pombal liegt der modernistische Redaktionssitz des „Diário de Notícias", der 1936 nach Plänen von Pardal Monteiro erbaut wurde (Valmor-Preis). Die Eingangshalle gestaltete Almada Negreiros mit Wandmalereien (Av. da Liberdade, 266).

Auf einer 36 m hohen Säule erhebt sich schließlich die 9 m große Statue des Marquês de Pombal, flankiert von einem Löwen. Er blickt in Richtung auf die von ihm geschaffene pombalinische Unterstadt (Baixa, S. 98). Auf dem gepflasterten Platz vor der Säule ist das Stadtwappen Lissabons als Mosaik zu bewundern.

Eine der interessantesten Fassaden an der Avenida da Liberdade (Norte Júnior), 1915 mit dem Valmor-Preis ausgezeichnet.

Avenidas Novas
Neue Alleen

Durch seine Orientierung an der Metropole Paris erlebte Lissabon zu Beginn dieses Jahrhunderts eine planvolle Stadterweiterung nach Norden: Nach den Entwürfen von Ressano Garcia entstand ein rechtwinkliges Straßengeflecht mit breiten Boulevards und begrünten Plätzen, das nach und nach mit Wohnhäusern des aufstrebenden Bürgertums bestückt wurde. Diese Gebäude, erkennbar an den gußeisernen Balkons, sowie die repräsentativen Villen mit Jugendstil-Elementen verschwanden in den nachfolgenden Spekulations- und Bauwellen.

Den neoromanischen Palacete Valmor erbaute Ventura Terra 1906 für die Witwe des Architektur-Mäzens Valmor.

Erhalten blieb die verspielte Architektur von Norte Júnior (1915), die ihrem Spitznamen „Hochzeitstorte" alle Ehre macht und zu dem Pariser Metro-Aufgang von 1904 paßt (Av. Fontes Pereira de Melo, 28). Neoromanisch gibt sich das Eckhaus (Álvaro Machado, 1904) neben der traditionsreichen Pastelaria Versailles von 1915 am Anfang der breiten Avenida da República. Diese Prachtstraße hat ihr einstiges Gepräge fast vollständig eingebüßt. Verloren zwischen funktionalistischen und gesichtslosen Bürogebäuden, an denen der Verkehr vorbeirauscht, werden die Zeugnisse ruhigerer Zeiten, etwa der Palacete Valmor (Ventura Terra, 1906), immer rarer.

Adresse *Zwischen Av. Fontes Pereira de Melo und Av. de Berna*
Karte *→ S. 53*

★ **Bairro Alto** (1)

Als sich Ende des 14. Jh. unter D. Manuel das Gravitätszentrum der Stadt zum Terreiro do Paço (S. 354) verlagerte, begann westlich der Fernandinischen Stadtmauern die Urbanisierung. Vom heutigen Praça Luís de Camões (S. 296) wurden ab 1513 modern anmutende rechtwinklige Parzellen bis zur Travessa da Queimada angelegt. Ursprünglich nach dem Grundbesitzer Vila Nova de Andrade benannt, setzte sich ab 1551 mit der Ankunft der Jesuiten in São Roque (S. 330) der Name Bairro Alto durch. Der Orden betrieb denselben Bebauungsplan nach Norden bis zur Rua D. Pedro V. weiter. In die Jesuitenschule wurden Adelige und Handwerker aufgenommen, auch die Paläste wurden parzelliert, u. a. der Palácio Ludovice bei São Pedro de Alcântara (S. 326). Der Palácio do Cunhal das Bolas, den angeblich im 16. Jh. ein reicher Jude erbauen ließ, verdankt seinen Namen den Kugeln (früher vergoldet), die den Eckpilaster zur Rua da Rosa zieren. Vom Erdbeben weitgehend verschont, war das Bairro Alto nach 1755 für die Aristokratie nicht mehr attraktiv, es sei denn für diejenigen, die vom Marquês de Pombal verfolgt wurden. Der Marquês selbst wohnte am Rande des Viertels (heutige Rua do Século) im Stammhaus der Familie, das nicht das Geburtshaus war.   ▶

Die Nacht gehört dem Bairro Alto: Im Restaurant Luso gibt es seit einem halben Jahrhundert Fado und Folklore.

Karte → *S. 51*

★ Bairro Alto (2)

Der weitläufige Palácio dos Carvalhos (17. Jh.), dessen Hauptportal einem Chafariz von Carlos Mardel gegenüberliegt, präsentiert sich architektonisch unspektakulär, abgesehen vom Bogen (Arco do Marquês), der die Rua da Académia das Ciências das überspannt. Die Paläste im Bairro Alto verfielen oder wurden – wie andernorts – von unteren Schichten zu Wohnungen umfunktioniert. Im dichtbevölkerten Viertel entstanden Läden und Imbißstuben (casas de pasto).

Barato! – das unübersehbare Sonderangebot eines Strumpfgeschäftes.

Ab Mitte des 18. Jh. erlangte das Bairro Alto allmählich seinen Ruf als Glasscherben- und Rotlichtviertel. Von 1833 bis 1963 war hier die Prostitution offiziell reglementiert. Im 19. Jh. nistete sich in den Kneipen und Bordellen der Fado ein, der ab den 40er Jahren v. a. im Zuge des wachsenden Tourismus kommerzialisiert wurde. Eine zusätzliche Note erhielt das Nachtleben ab dem späten 19. Jh. durch Zeitungsredaktionen und -druckereien, die teilweise heute noch bestehen. Früher schwärmten von hier die Zeitungsjungen (ardinas) aus, an die im Park von São Pedro de Alcântara eine Statue erinnert.

Eine aristokratisch-populäre Mischung prägt die Padaria Italiana.

Vom Neuerungseifer des Estado Novo verschont, wurde seit den 70er Jahren dieses alte Viertel zu neuem Leben erweckt. Traditionelle Lokale liegen Tür an Tür mit Restaurants, Bars und Diskotheken, die z. T. schon wieder in die Geschichte des Bairro Alto eingegangen sind.

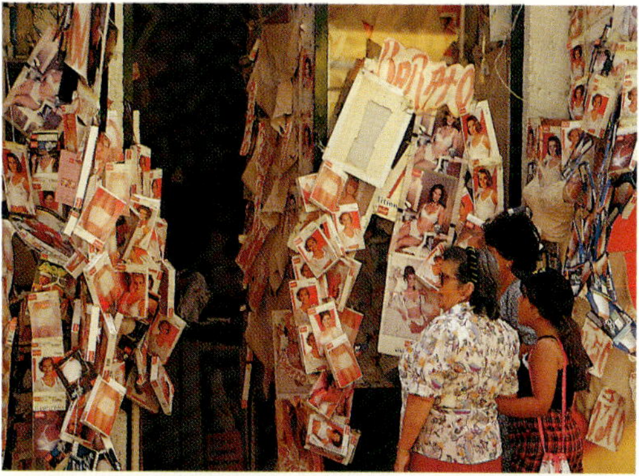

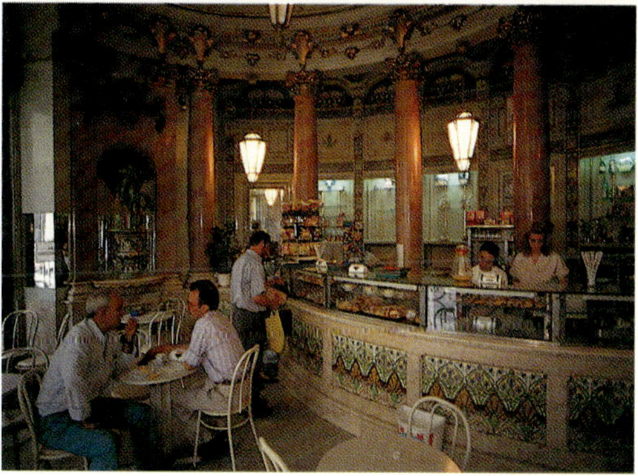

Bairro da Bica

Am Steilabhang zum Tejo-Ufer gelegen, zeichnet sich dieses pittoreske Viertel durch die vielen Treppen und kleinen Terrassen mit spitzen Winkeln aus. Der Geruch nach gegrillten Sardinen und der Anblick üppig bestückter Wäscheleinen umreißen eine traditionelle Lebenswelt, die vom Aussterben bedroht ist.

Die Sonne senkt sich über das volkstümliche Bica-Viertel.

Die Häuser, die teilweise noch aus dem 17. Jh. stammen, sind in die Treppen hineingebaut. Charakteristisch sind ihre brusthohen Türen, die privaten und öffentlichen Raum miteinander verbinden. Das Zentrum bildet die abschüssige Rua da Bica, auf der sich ein niedlicher offener Tramway-Cab von 1923 bewegt. Ursprünglich wurde dieser Elevador 1892 errichtet und mit Wasserkraft betrieben.

Nach Norden hin begrenzt wird das volkstümliche Viertel durch die Calçada do Combro, an der sich Paläste aus dem 18. Jh. befinden (besonders Largo do Calhariz) sowie eine sehenswerte Barockkirche, Igreja dos Paulistas, die vom Erdbeben nur wenig betroffen wurde. Ein großzügiges Atrium führt in den majestätischen Sakralbau, der durch sein vergoldetes Zierwerk (talha dourada) ebenso besticht wie durch manieristischen Stuck (João Grossi) und Rokoko-Malereien (André Gonçalves, Vieira Lusitano u. a.).

Adresse *Straßenbahn 28* **Karte** → *S. 51*

★ Baixa (1)
Unterstadt

Seit dem Mittelalter dominierten Kaufleute und Händler die geschäftige Unterstadt, ein Gepräge, das sich mit der ultramarinen Expansion und der Verlegung des Königshofes noch intensivierte. Der 1. November 1755, als große Teile Lissabons im Erdbeben untergingen, ist das Geburtsdatum der sog. pombalinischen Baixa, die vollkommen die verwinkelten Gassen und die Bausubstanz der früheren Unterstadt ersetzte.

Der Blick vom Elevador de Santa Justa veranschaulicht die rechtwinklige Anlage der Unterstadt. Im Hintergrund der Burghügel.

Die Idee stammt von dem damals fast 80jährigen Ingenieur Manuel da Maia, der eine totale Planierung der Ruinen und des Schutts anregte, um darauf ein modernes Viertel anzulegen. In diesem Sinne wählte der Marquês de Pombal aus sechs vorliegenden Bebauungsplänen denjenigen von Eugénio dos Santos und Carlos Mardel aus, da dieser am rigorosesten der Disziplin und Hierarchie einer Kasernenanlage gehorchte: In dem rechtwinkligen Raster wurden schnurgerade und für damalige Verhältnisse breite Straßenzüge von Nord nach Süd in gleichen Abständen von schmaleren Querstraßen durchbrochen. Die planmäßige Organisation ging sogar so weit, die Straßen nach numerischer Zählung zu hierarchisieren (siehe die alten Steintafeln an den Kreuzungen). ▶

Daten *Ab 1757 nach Plänen von Eugénio dos Santos und Carlos Mardel*
Karte → S. 49

★ Baixa (2)
Unterstadt

Die rationale Modernität dieser Konzeption drückt sich auch in der industriellen Fertigung der Bauelemente aus, die einen raschen Aufbau gewährleistete. Andererseits führt dies zu einer Uniformierung der Häuserblöcke, die sowohl im Grundriß als auch in der Höhe und Bedachung festen Modellen von Carlos Mardel folgten. Die Einheitlichkeit der Baixa wurde später v. a. in den Hauptadern Rua do Ouro, Rua Augusta und Rua da Prata aufgehoben, die der Hierarchie gemäß im Ursprungsplan als Sitz reicher Kaufleute und Banken privilegiert wurden. Sehr auffällig ist der neobarocke Geldtempel an der Rua do Ouro (Ventura Terra, 1905–07) durch wuchtige halbrunde Balkons zwischen massiven Säulen.

Blumenbändlerin in der vornehmen Rua Augusta.

Die geschäftige Mittelachse, die Rua Augusta, öffnet sich vornehm durch den Triumphbogen zum Terreiro do Paço (S. 354). Die engere und hierarchisch niedrigere „Straße der Schuhmacher" (Rua dos Sapateiros) dagegen endet zum Rossio (S. 306) hin im niedrigen und schlichten Arco do Bandeira, benannt nach dem Kapitalisten José Rodrigues Bandeira, der den Marquês de Pombal beim Aufbau unterstützte.

Die traditionsreiche Casa Chinesa in der Rua dos Sapateiros.

In derselben Straße findet man unter einem ärmlichen Ambiente das populäre Milchgeschäft A Camponesa im Art-nouveau-Stil von 1907. Das Fin de siècle ist auch in der Eisenkonstruktion des Elevador de Santa Justa (S. 162) präsent.

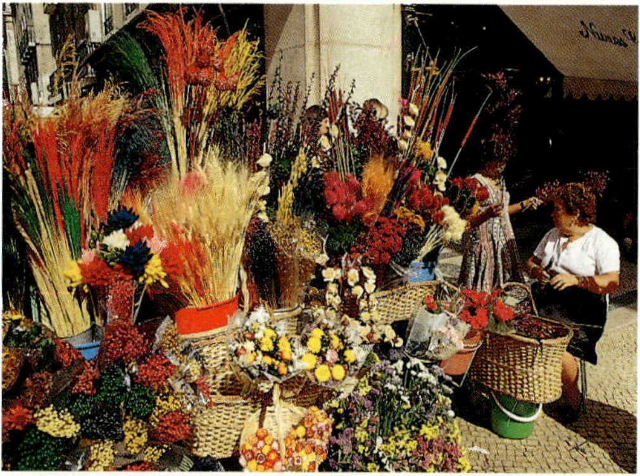

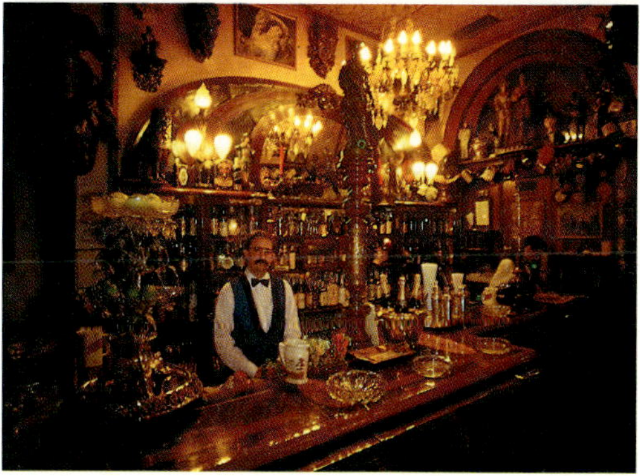

Banco Nacional Ultramarino

Verwaltungsgebäude von Versicherungen und Banken beherrschen in den letzten Jahrzehnten zunehmend die Avenida da Liberdade (S. 86) und die Hauptachsen der Avenidas Novas (S. 90). Dabei fiel so mancher Bau, der dekorationsreich dem Historismus huldigte, der Spitzhacke zum Opfer, um geradlinig-funktional dem amerikanischen International Style mit reinen Glas- und Betonfronten zu weichen.

Eine Wende leitete der kühne Bankenpalast von Tomás Taveira ein. Der rötliche Farbton und die orientalisierenden Formen, akzentuiert durch „Goldknöpfe", treten über die Avenida da República hinweg in Dialog mit der neoarabischen Stierkampfarena des Campo Pequeno (S. 110), während die aufstrebenden massiven Bauelemente, die die Glasfronten durchbrechen, die verhaltene Moderne der Kirche Nossa Senhora de Fátima (S. 244) zitieren, die dem Bankgebäude schräg gegenüber liegt.

Diese Postmoderne steht in Kontrast zur monumentalen Caixa Geral de Depósitos (S. 108) oder zum Edificio Marconi (Raul Martins, 1992) jenseits des S-Bahnhofs Av. Cinco de Outubro. Dessen wellenförmige Fassade und goldener Erzengel Gabriel huldigen der Telekommunikation.

Verspielte, farbenfrohe Monumentalität – die Postmoderne nach Tomás Taveira.

Daten *Zwischen 1983 und 1989 nach Plänen von Tomás Taveira erbaut*
Adresse *Av. de Berna; Metro Campo Pequeno*

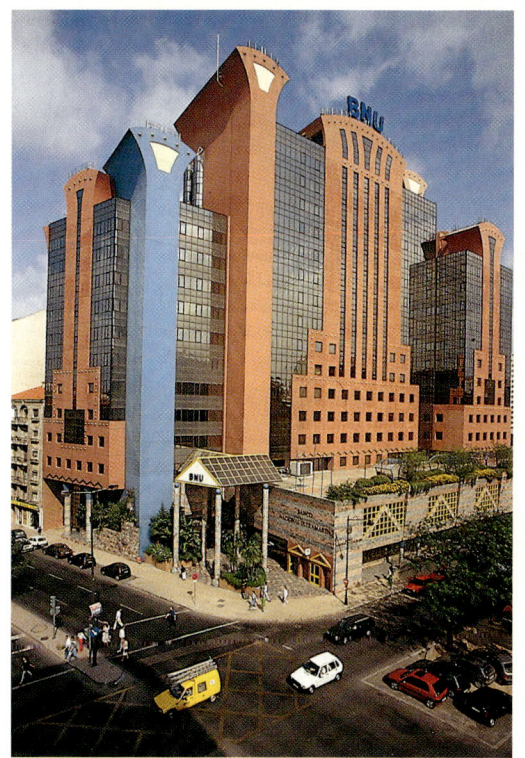

103

Cacilhas

Orange-weiße Barkassen tuckern mit rauchenden Schloten über den Tejo. Diese typischen Verkehrsmittel sind ebenso fest mit dem Lissabonner Alltagsleben verwachsen wie die viel berühmtere Straßenbahn, der Eléctrico (S. 158). Täglich besteigen Tausende von Berufstätigen morgens und abends die Fähren, um ans andere Ufer zu gelangen. Die fleißigen Boote wurden liebevoll „cacilheiros" getauft – nach dem ehemaligen Fischerdorf Cacilhas, von dem die kürzesten Verbindungen zu den zentralen Flußbahnhöfen am Cais do Sodré (S. 106) und am Terreiro do Paço (S. 354) bestehen.

Cacilhas – das prosaische Gegenstück zu Lissabons imposanter Waterline.

Cacilhas liegt für die Lissabonner drüben auf der anderen Seite, „na outra banda", dort wo Cacilhas und Amada zur größten Schlafstadt Portugals zusammenwuchsen (etwa 200 000 Einwohner). Doch in den letzten Jahren versuchten die Stadtplaner, diesem negativen Image durch eine eigene Kulturszene entgegenzuwirken.

Für den Touristen ist der Ausflug nach Cacilhas obligatorisch – wenn möglich gleich am ersten Tag. Bei der Rückfahrt läßt sich nämlich trotz aller moderner Veränderungen und des „Flußaromas" etwas von der Faszination nachempfinden, die Lissabon auf die Schiffsreisenden vergangener Jahrhunderte ausübte.

Karte → *S. 59*

Cais do Sodré

Oh, Cais do Sodré ..."; in volkstümlichen Liedern und im Kollektivgedächtnis ist dieser Ort der Ankunft und des Abschieds von Seeleuten, Reisenden, Emigranten und Flüchtlingen fest verankert. Hier vermischt sich alles in teilweise anrüchigen Lokalen und Nachtclubs. Die ehrwürdigen Hotels des 19. Jh. sind indessen verschwunden.

Die weißgekachelte Kuppel von 1930 verleiht dem Mercado da Ribeira Nova fast eine sakrale Ausstrahlung.

Niemand weiß, wie der Name Cais do Sodré aufkam, als nach dem Erdbeben von 1755 das Flußufer befestigt wurde. 1771 ließ der Marquês do Pombal an der Flußfestung Forte de S. Paulo den Hauptfischmarkt einrichten (Mercado da Ribeira Nova). Damals wie heute war den Behörden der unkontrollierte Straßenverkauf ein Dorn im Auge. Aber die varinas aus Madragoa (S. 186), die riesige Fischkörbe mühelos auf dem Kopf balancieren, sind praktisch verschwunden.

Die 1893 begonnene große Markthalle von Ressano Garcia erhielt erst 1930 ihre charakteristische weiße Azulejo-Kuppel. Schräg gegenüber befindet sich der Kopfbahnhof der Cascais-Linie mit Art-déco-Schmuck (Pardal Monteiro, 1928; Valmor-Preis), daneben liegt die Fährstation. Zur Expo 1998 wird der Cais do Sodré aufgewertet als Ausgangspunkt einer Freizeitzone mit Cafés, Bars und Diskotheken längs des Tejo.

Adresse *Praça Duque da Terceira; Straßenbahn 20, 29, 30; Bus 15, 17, 35*
Karte → *S. 59*

Caixa Geral de Depósitos – Culturgest

Der imposante weiße Gebäudekoloß der Zentralbank beherrscht heute das Stadtbild im Nordosten, ja erdrückt fast die Sozialsiedlung Arco do Cego (S. 84) und den Palácio Galveias (S. 268). Getreu postmoderner Ästhetik vereint er mannigfache Stilelemente und erscheint als Kreuzung zwischen viertürmiger amerikanisierter Festungsanlage, pseudoklassizistischem Tempel und gotisierendem Sakralbau.

Vertikale Linien versuchen dem Mammutkomplex seine Schwere zu nehmen. Vorne links der hufeisenförmige Palácio Galveias.

Die gewaltigen Dimensionen der Säulengänge gemahnen an Monumentalbauten des Faschismus. Weniger gewichtig wirkt dagegen im Inneren das hohe Querschiff der Haupthalle dank des verglasten Deckengewölbes und der farbenfrohen Wandteppiche (Júlio Resende bzw. Júlio Pomar, 1989) an den gegenüberliegenden dreiteiligen Portalen. Im westlichen Trakt gelangt man über lange Rolltreppen hinunter zur Galerie moderner Kunst mit wechselnden Ausstellungen (Culturgest). Der helle Marmor weicht hier tiefrotem Backstein. Er ist ein Relikt der ehemaligen berühmten Keramikfabrik Lusitânia, deren Schornstein wasserumflutet das Zentrum der angrenzenden Parkanlage bildet.

Die Mittelhalle – eine profane Basilika im Geist der Postmoderne.

Daten *1989–94 erbaut nach Plänen von Arsénio Cordeiro* **Öffnungszeiten** *Haupthalle: werktags 9–20 h; Galerie: werktags außer Di 10–17.30 h, Sa, So, Feiertage 11–20 h* **Eintritt** *300–500 Esc* **Adresse** *Av. João XXI und Rua do Arco do Cego; Metro Campo Pequeno*

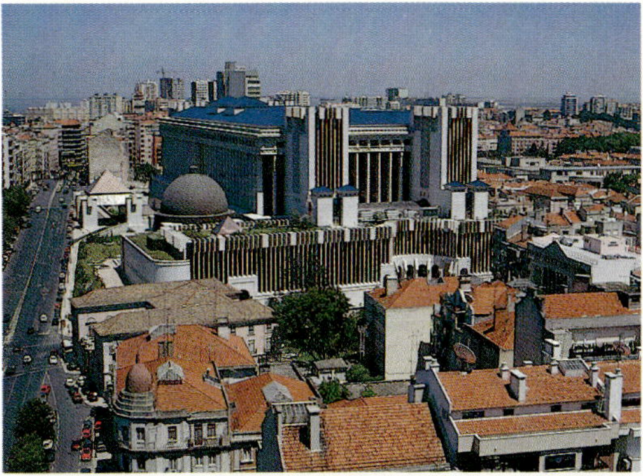

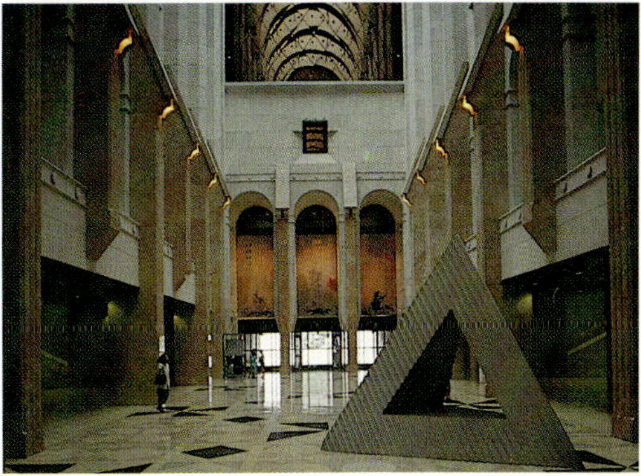

★ Campo Pequeno

Bereits 1740 fanden hier Stierkämpfe statt, und dies nicht nur zur Belustigung des Hofstaates, sondern als populäres, kostenloses Spektakel. Damals gab es am Campo Pequeno allerdings noch kein Gebäude, sondern nur ein weites Feld. Doch die tourada entwickelte sich zu dieser Zeit zum Berufssport mit festen Regeln und Riten. Bald entstanden an verschiedenen Punkten der Stadt Arenen, die bis Ende des 19. Jh. wieder verschwanden.

Vier neoorientalische Kuppeln mit aufgesetzten Türmchen bändigen die Backstein-Arena.

Der tiefrote Backsteinbau am Campo Pequeno mit seinen neoorientalischen Ornamenten und Küppelchen wurde 1892 eröffnet. Er ist bis heute mit 8500 Plätzen Portugals vornehmster Tempel der Stierkampfkunst. In lauen Sommernächten füllen sich die Ränge mit den Liebhabern dieses Sports, der seit 1799 in Portugal nach anderen Regeln als in Spanien praktiziert wird. In historischen Kostümen aus dem 18. Jh. führt man den Kampf vornehmlich vom Pferd aus. Das Tier, dessen Hörner vorher entschärft wurden, muß am Ende nicht sterben, sondern wird von Burschen in Ribatejo-Tracht, die sich dem Stier gegenüber in einer Reihe aufstellen, mit vereinten Kräften zu Boden gezwungen.

Daten *1892 von Dias da Silva erbaut* **Öffnungszeiten** *Nur zu Veranstaltungen* **Adresse** *Av. da República; Metro Campo Pequeno*

Campo de Santa Clara (1)

Der etwas unübersichtliche, abschüssige Platz ist seit 1882 durch die Feira da Ladra besonders populär. Der berühmte Trödelmarkt, der in vergangenen Zeiten an verschiedenen Orten Lissabons stattfand, geht wohl auf die Zeit der Mauren zurück, Herkunft und Bedeutung des Namens sind aber umstritten. Die Stände mit diversen Gebrauchsartikeln und Krimskrams gruppieren sich rings um die niedliche Markthalle von 1870. Um eine ebene Fläche in den Abhang zu bringen, wurde 1604 eine Stützmauer eingezogen und 1870 erneuert. Dies ermöglichte die Einrichtung des kleinen Parks Jardim Boto Machado (1862) mit Aussichtspunkt, der nach dem Marktbummel zum Verweilen einlädt.

Adelspaläste und Marktbuden werden überragt von São Vicente de Fora.

Das Campo de Santa Clara ist geschichtsträchtig: Es diente Afonso Henriques und den verbündeten deutschen und flämischen Kreuzrittern 1147 bei der Belagerung des maurischen Lissabon als Militärbasis. Nach der Einnahme wurde westlich das Kloster São Vicente (S. 336) angelegt, während das Campo de Santa Clara, das sich an der Kirche entlang hinter dem Torbogen Arco Grande de Cima öffnet, bis ca. 1500 seinen ländlichen Charakter bewahrte. Der südliche Teil zur Rua do Paraíso wurde Campo da Forca (Galgenplatz) genannt, da hier Hinrichtungen stattfanden. ▶

Öffnungszeiten *Feira da Ladra jeden Di und Sa* **Adresse** *Straßenbahn 28*

Campo de Santa Clara (2)

Seit der Gründung des Klarissenkonvents unter D. Dinis (1292), von dem der Platz seinen Namen bezieht, und dank der weiteren Förderung des Ordens durch Prinzessin D. Maria (Tochter von D. Manuel I.) Mitte des 16. Jh. wurde das Gebiet allmählich urbanisiert. Das Kloster selbst fiel dem Erdbeben von 1755 zum Opfer und wurde nicht wiederaufgebaut. Erhalten blieb jedoch auf der Südseite der Palácio Resende (Rua do Paraíso), der Ende des 16. Jh. entstand und jetzt kaum noch charakteristische Züge trägt – außer dem Wappen der Grafen von Resende. Im 19. Jh. diente der Palast zeitweise als Theater.

„Ist etwas für uns dabei?" – Auf der Feira da Ladra findet jeder sein Mitbringsel.

An der Nordseite formten eine Reihe von Adelshäusern den Platz: Der Palácio Sinel de Cordes (Ende des 17. Jh.) ist an den neoklassischen Statuen auf der Dachbalustrade leicht erkennbar; der Palácio do Lavradio (Mitte 18. Jh.) beherbergt seit 100 Jahren das Militärgericht, wie entsprechender Fassadenschmuck signalisiert; im barocken Palácio de Barbacena, der kurz vor dem Erdbeben 1755 erbaut wurde (Manuel da Costa Negreiros), ist seit 1925 die Offiziersmesse untergebracht. Sehenswert ist auch die farbige Kachelverkleidung des Wohnhauses Nr. 124–126. Das direkte Nebeneinander von Herrschaftlich-Militärischem und Volkstümlichem macht den eigenen Reiz des Campo de Santa Clara aus.

Der Blick der kleinen Göttin gleitet wohlwollend über Trödel, Kitsch und Plastik hinweg.

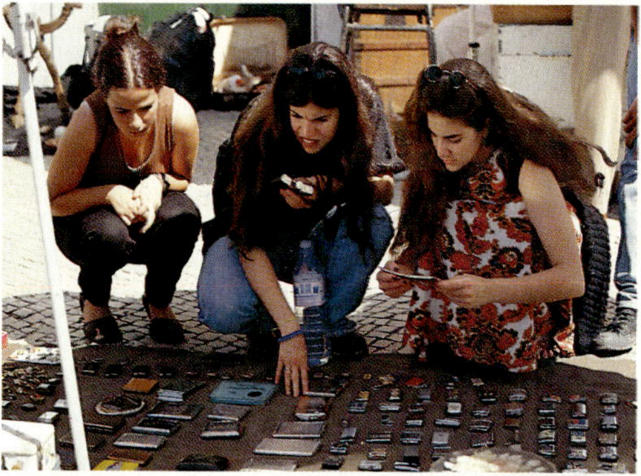

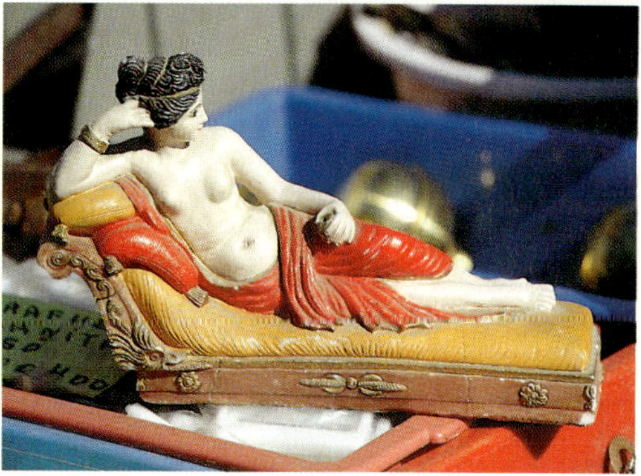

Campo de Sant'Ana (1)

Bis ins 17. Jh. war die Anhöhe zur heiligen Anna (Kapelle) ein ländliches Fleckchen. Hier wurde das Vieh geschlachtet und von Frauen eingesalzen, woran die Travessa das Salgadeiras erinnert. Für andere Frauen war das Franziskanerkloster neben der Kapelle bestimmt, das sich 1562 mit Förderung der Königin D. Catarina bildete.

Das ständig erweiterte Kloster wurde 1755 durch das Erdbeben zerstört. An seiner Stelle entstand 1900 das Bakteriologische Institut, direkt neben der steil abfallenden Calçada do Lavra, deren Aufstieg die Bergbahn Elevador do Lavra erleichtert. Ihre obere Station liegt neben dem vergessenen Sítio do Torel. Der Ort geht zurück auf die Familie Thorel, die im 18. Jh. hier einen Palast errichten ließ. 1875 abgebrannt, wurde er von einem prächtigeren Neubau José Luis Monteiros (1886) ersetzt. Ein Teil des Gartens wurde zum öffentlichen Park mit Aussichtspunkt.

Der Name Campo de Sant'Ana hat sich bewahrt gegenüber der Erinnerung an die „Märtyrer für das Vaterland" (Mártires da Pátria). 1817 wurden hier elf Portugiesen hingerichtet, da sie gegen General Beresford konspiriert hatten. An der Westseite grenzen Adelspaläste aus dem 18. Jh. an den länglichen Platz. In ihnen residieren die deutsche Botschaft und das Goethe-Institut. ▶

Die neoklassizistische Säule mit dem Standbild Dr. Sousa Martins' beherrscht den Campo de Sant'-Ana.

Adresse *Straßenbahn 23; Bus 20, 25, 26*

116

Campo de Sant'Ana (2)

Das Campo de Sant'Ana erstreckt sich von Süd nach Nord zwischen zwei Polen: Südlich befindet sich ein Wallfahrtsort, der dem 1897 verstorbenen Arzt Dr. Sousa Martins gilt. Er wirkte im Instituto de Medicina (José Maria Nepomuceno, 1906), das sich hinter seiner Statue von 1907 in neoklassischem Stil erhebt. An seinen Ruf als Wunderheiler erinnert das Heer von Dankestafeln, Kerzen und Fotografien am Fuße des Sockels.

Wie an so vielen Stellen in Lissabon gilt es auch, zum Campo de Sant'-Ana große Höhenunterschiede zu überwinden.

Durchquert man das Campo de Sant'Ana durch den Park, gelangt man zum abschüssigen Largo do Mitelo, dessen Südflanke von einem Palast aus der ersten Hälfte des 16. Jh. bestimmt wird. Er wurde im 18. Jh. von der Familie Metelo in einen großen Adelssitz mit Atrium, Garten und Palastkapelle verwandelt. Gleich um die Ecke befindet sich der Paço da Bemposta (João Antunes, 1701–04), auch Hof der Königin genannt nach der Tochter von D. João IV., die durch Heirat mit Charles II. englische Königin wurde.

Durch das Erdbeben beschädigt, wurde die Hofkapelle Nossa Senhora da Conceição neu erbaut, wobei Manuel Caetano de Sousa im Inneren die Kapelle S. João Baptista von São Roque (S. 330) zu imitieren suchte. Die Marmorstatuen im Vestibül stammen von José de Almeida (1769). Der Paço de Bemposta diente im 19. Jh. wiederholt als königliche Residenz und ist bis heute Sitz der Militärakademie.

118

★ Carmo (1)

Nicht von ungefähr erhebt sich die Ruine der gewaltigen Karmeliterkirche auf der Anhöhe gegenüber dem Castelo de São Jorge (S. 130). Ihr Gründer, der legendäre Feldherr Nuno Álvares Pereira, wählte 1389 die privilegierte Stelle, um seine Rolle als Garant der Souveränität Portugals und Vorkämpfer des Königshauses von Avis (D. João I.) im Stadtbild zu verewigen. Es war sehr schwierig, die Fundamente der Basilika am nachgebenden Hang abzusichern. Doch Nuno Álvares beharrte auf dem Bauplatz. So entstand direkt über dem Rossio die größte Kirche der Stadt. Sie wurde 1423 dem Karmeliterorden übergeben, dem der einstige Feldherr angehörte.

Blick zur Ruine der Karmeliterkirche, deren Apsis und Nebenkapellen ein Archäologiemuseum beherbergen.

Der königliche Schutz garantierte dem Kloster über Jahrhunderte hinweg prächtige Ausstattung, bis 1755 das Erdbeben und spätere Brände die Anlage zerstörten. Die fünf riesigen Hauptschiff-Joche, die seitdem nackt gen Himmel ragen, und der Ansatz des Rosettenfensters in der Vorderfassade lassen die Größe des gotischen Domes ermessen. Das Wiegengewölbe wurde wohl von gekreuzten Spitzbogen getragen. Die Inschriften am tiefliegenden Portal stammen von 1523, als man bauliche Veränderungen vornahm. ▶

Daten *1389 gegr. von Nuno Álvares Pereira; erbaut von Gomes Martins (?)*
Öffnungszeiten *Tägl. 10–17 h außer So und Feiertage* **Eintritt** *300 Esc*
Adresse *Largo do Carmo*

Auch vom Kirchenschatz ist kaum etwas erhalten. Selbst der Sarkophag von Nuno Álvares, der die Rüstung mit der Mönchskutte vertauschte und sich 1431 im Carmo bestatten ließ, ist nur eine historisierende Nachbildung von 1865. Das Original soll aus Alabaster bestanden haben. Die Nachbildung zeugt andererseits vom romantischen Charakter des Archäologiemuseums, das 1865 von der Nationalen Architektur- und Archäologiegesellschaft eingerichtet wurde und bis heute praktisch unverändert fortbesteht.

Fast irreal wirkt das in den offenen Himmel strebende Langhaus.

Räumlich umfaßt es die Altarkapelle sowie die symmetrisch gegliederten vier Nebenkapellen. Deren gedrungene Anlage ist sicherlich durch die Hanglage bedingt. Die Nebenkapellen liegen auch tiefer, was wohl die Dachverstrebungen so abgestützt hat, daß gerade dieser Teil der Kirche nicht einstürzte. Ihre Ausgestaltung geht auf Erneuerungsarbeiten des 16. Jh. zurück.

Das Archäologiemuseum besitzt durch das museumsreife Restmobiliar der Kirche einen angemessenen Rahmen: Unter den Sarkophagen und Grabestafeln ist das Relief-Brustbild von Afonso Henriques und das Grab D. Fernandos I. hervorzuheben. Darunter mischen sich prähistorische, römische und präkolumbische Exponate, historische Keramiken und Barockskulpturen (Machado de Castro) – ein kulturgeschichtlich interessantes, buntes Antiquitätenkabinett.

Casa do Alentejo

Hinter dem unscheinbaren Eingang unter dem Art-déco-Baldachin verbirgt sich ein Adelspalast aus dem 17. Jh., der den Nachkommen der Grafen von Anadia und Alverca gehörte. In früheren Zeiten verlief hier die Fernandinische Stadtmauer mit dem Tor Portas de Santo Antão, nach dem heute die Straße benannt ist.

Wie bereits der Eingang zeigt, wurde der Palast vollkommen umgestaltet. 1919 sollte hier nämlich nach Plänen von Silva Júnior das exklusivste Kasino Lissabons mit dem pseudo-moriskischen Innenhof entstehen, der nur entfernt an Granadas Alhambra erinnert. Dem Eklektizismus der Zeit entspricht auch die weitere dekorreiche Ausgestaltung v. a. der Säle im ersten Stock nach französischem Klassizismus (Louis XV und XVI), Rokoko, Empire-Stil und Art déco.

Nur in einem Raum sind noch bemalte Azulejos aus dem 17. Jh. erhalten. Ein anderer Raum wurde mit Szenen aus dem Landleben ausgekachelt, als das Kasino 1932 in das Kulturzentrum der Alentejaner umgewandelt wurde. Heute haben eigentlich nur Mitglieder Zutritt, wegen des Restaurants (seit 1988) unterbleiben jedoch bei nicht allzu massivem Auftreten Kontrollen.

Auch ein kitschiger Maurenhof vermag den Gast dem Trubel der Straße zu entrücken. Im Hintergrund das ursprüngliche Palastportal.

Daten *Im 17. Jh. erbaut; 1919 Umbau durch Silva Júnior*
Öffnungszeiten *Tägl. 10–22 h, So und Feiertage geschl.* **Adresse** *Rua Portas de Santo Antão, 58; Metro Restauradores*

Casa dos Bicos
Haus der Spitzen

Nach dem Vorbild des Königs D. Manuel ließen sich viele Adelige im 15. Jh. Paläste im Uferbereich des Tejo anlegen, wobei man die alte Cerca Moura (S. 140) , die ihre defensive Funktion verloren hatte, mißachtete. Der auffälligste dieser Paläste, die ansonsten dem Erdbeben von 1755 zum Opfer fielen, ist das Haus der Spitzen. Es wurde für Brás de Albuquerque, den unehelichen Sohn des Vizekönigs von Indien, erbaut. Das Gebäude verdankt seinen Namen den spitz zulaufenden Steinquadern – eine Mode, die von italienischen Renaissancepalästen ausging.

Deutlich bemerkt man den Unterschied von Original und aufgestockter Rekonstruktion.

Die Casa dos Bicos beeindruckt aus der Ferne. Aus der Nähe betrachtet sieht man dagegen sofort den Unterschied zwischen den beiden unteren Geschossen, die das Erdbeben überstanden, und der allzu künstlichen Nachempfindung der übrigen. Das völlig neugestaltete Innere nutzt die Nationalkommission für das Andenken an die Entdeckungsfahrten u. a. für Ausstellungen. Originalität strahlt das benachbarte Gebäude mit den vielen Balkons, die „Casa de Varandas", aus. Es wurde 1741 nach Plänen von Carlos Mardel errichtet und nach dem Erdbeben im Jahr 1763 wiederaufgebaut.

Daten *1523 erbaut; 1983 rekonstruiert von Manuel Vicente und Daniel Santa Rita* **Öffnungszeiten** *Di–Fr 10–12.30 h und 14–17 h* **Adresse** *Rua dos Bacalhoeiros; Straßenbahn und Bus: Campo das Cebolas*

Casa Fernando Pessoa

So gesichtslos wie die immergleichen Fassaden der pombalinischen Baixa (S. 98), in der Fernando Pessoa als unscheinbarer Buchhalter arbeitete, ist auch das Haus, in dem der Dichter von 1920 bis zu seinem Tod 1935 wohnte. Diese fehlende Identität wird aufgefüllt durch den Reichtum imaginierter Existenzen, v. a. durch die Heteronyme, die eigenes Leben und Werk von ihrem Schöpfer Pessoa einforderten.

Das berühmte Gemälde von Almada Negreiros darf in keinem Pessoa-Haus fehlen.

Die Gedenkstätte, die hier 1993 behutsam eingerichtet wurde, entspricht in ihrer weißen Kargheit der spannungsvollen Ambivalenz: Nur eine Kommode, die Brille, Bücher mit Anmerkungen, ein Notizblock sowie die selbst erstellten Horoskope für sich und seine Heteronyme künden von Pessoa, von dem sich jeder ein eigenes Bild machen kann. In lockerer Folge stellen hier Künstler aus. Bekannte Druckgrafiken, Almada Negreiros' Pessoa-Porträt (1954) und die Spezialbibliothek gehören jedoch zum festen Inventar.

Hinter dem früheren Wohngebäude lädt ein Garten mit Café und Terrasse zum Verweilen ein – „nahe dem Ende", nämlich unweit des Prazeres-Friedhofes, wie Pessoa 1920 bei seinem Einzug ahnungsvoll bemerkte.

Daten *Ende 18. Jh. erbaut; 1993 von Daniela Ermano restauriert und umgebaut* **Öffnungszeiten** *Werktags 13–18 h außer Do 13–20 h* **Adresse** *Rua Coelho da Rocha, 16; Straßenbahn 28*

★ Castelo de São Jorge (1)

Nach der Überlieferung besaßen bereits die Römer im 2. Jh. v. Chr. eine kleine Festung mit rechteckigem Grundriß auf dem Hügel über dem Tejo, dessen Wasser damals weiter ins Land eindrang. Es ist nichts bekannt über weitere Baumaßnahmen der Alanen, Sueben und Goten, die nacheinander von Lissabon Besitz ergriffen.

Die Mauren befestigten die Burg neu und erweiterten sie: Zehn Wehrtürme, robuste Mauern – im Durchschnitt 10 m hoch und 3 m dick – sowie ein vorgelagerter Graben verliehen ihr mit der angeschlossenen Cerca Moura (S. 140) große Widerstandskraft, so daß Afonso Henriques und seine Kreuzritter erst bei der zweiten Belagerung 1147 die Burg einnahmen.

Der Legende nach wurde die Festung durch den heldenhaften Einsatz von Martim Moniz über die nördliche Pforte erobert. Die christlichen Herrscher weihten die Burg dem kämpferischen heiligen Georg (S. Jorge). Die ehemalige Alcáçova (arabisch: Hauptfestung) wurde zum Schloß der portugiesischen Könige, bis D. Manuel I. Anfang des 16. Jh. die Residenz an das Flußufer verlegte (siehe Terreiro do Paço, S. 354). ▶

Von hier blickten bereits vor 850 Jahren die Araberfürsten auf ihre christlichen Belagerer herab.

An der „Rückseite" der Burg geht es hinunter zur vorgelagerten Torre de São Lourenço über der Mouraria.

Daten *Im 2. Jh. v. Chr. Römerkastell, später maurisch; 1147 von Afonso Henriques erobert, portugiesischer Königssitz bis ins 15. Jh.; 1938/39 restauriert* **Öffnungszeiten** *Haupteingang: 9–21 h (Sommer bis 23 h); Porta de Santo André: 9–19 h* **Eintritt** *Frei* **Karte** → S. 47

131

Durch einen neoklassischen Torbogen gelangt man an der Rua de Santa Cruz do Castelo in den Burgfrieden, in den sich im Ernstfall die Bevölkerung zurückziehen sollte (= Recolhimento). Bei der Restaurierung 1938/39 wurde ein abgeteilter Burggarten geschaffen: Dem Vorplatz mit der Statue D. Afonso Henriques und herrlicher Aussicht folgt das Löwenhaus (Casa dos Leões – Restaurant), das auf die Gehege von D. Dinis zurückgeht. Man kann nun entweder den Panoramaweg unterhalb der inneren Burgmauern bis zur östlichen Porta Santo André fortsetzen oder über eine Zugbrücke in die ebenfalls parkartige Alcáçova eintreten.

Der Eroberer und Staatsgründer D. Afonso Henriques beherrscht als martialisches Standbild den Burgvorplatz.

Die Burg ist durch eine mittlere Mauer von 6 m Höhe in einen West- und Ostteil getrennt. Neben dem zentralen Turm (Torre de Menagem) befindet sich eine Verbindungspforte. Besonders massiv sind in derselben Mittellinie nördlich der sog. Odysseus-Turm (Torre de Ulisses) und südlich, neben dem Eingang mit der Zugbrücke, der Schatzturm (Torre de Albarrã/Torre do Haver). Er diente unter dem Namen Torre do Tombo auch als Archiv (seit D. Fernando) und erste Bibliothek Portugals (seit D. João III.). Auf dem hohen südöstlichen Eckturm richtete der Mathematiker José Anastácio da Cunha 1779 Lissabons erstes Observatorium ein, das bis heute als geodätisches Zentrum fungiert. ▶

★ Castelo de São Jorge (3)

Zu den insgesamt elf Wehrtürmen der Hauptburg tritt als zwölfter der vorgelagerte Turm São Lourenço. Zusammen mit dem Adlernest (Ninho das Águias) thront er über der Mouraria (S. 212). Während die Befestigungen an der Westseite stark ausgeprägt sind, gehen sie nordöstlich in den Burgfrieden über. Hier finden sich knapp außerhalb des 1938/39 geschaffenen Burgparks zwei kleinere Kirchen.

Dornröschenatmosphäre im Schatten von Burgmauer und Wehrturm.

Santa Cruz do Castelo ist 1160 an der Stelle einer Moschee entstanden. Nach dem Erdbeben wurde 1776 ein einschiffiger Sakralbau mit sechs Nebenkapellen errichtet. In einer von ihnen befindet sich das Bildnis des heiligen Georg, dessen Kult von den angelsächsischen Kreuzrittern mitgebracht wurde. Seit dem 15. Jh. wird er an Fronleichnam durch den Georgsritt erneuert.

Architektonisch interessanter ist die von João Antunes gestaltete Kirche Menino de Deus, deren Bau von D. João V. 1711 wohl aufgrund eines Gelübdes in Auftrag gegeben wurde. Der rechteckige Grundriß wird durch abgebrochene Kanten zu einer unregelmäßigen achteckigen Form. Die Hauptfassade gibt sich manieristisch mit barocken Elementen. Das Innere, ausgekleidet mit farbigem Marmor, weist Altarbilder von André Gonçalves und Vieira Lusitano auf. Die Kirche gilt als letzter Versuch, italienischen Manierismus mit portugiesischem Barock zu verbinden.

Centro Cultural de Belém (1)

Das monumentale Kulturzentrum ist eines der umstrittensten Eingriffe der letzten Jahre in das Stadtbild. Seine massive, kantige Präsenz mit großen Steinquadern und kleinen Fensterluken, sein festungsartiger Charakter hat dem Komplex sofort den wenig schmeichelhaften Spitznamen „Bunker" eingetragen. Besonders hart wird der Kontrast zum feingliedrigen Mosteiro dos Jerónimos (S. 204) empfunden, das in unmittelbarer Nähe liegt. Wirkungsvoll sind allerdings die Lichtreflexe, die durch die verschiedenen Ocker-Schattierungen der Marmorblöcke erzielt werden und dem Mammutbau eine warme Ausstrahlung verleihen.

Blick über die Praça do Império zum CCB.

Das Centro Cultural de Belém (CCB) sollte eine Verbindung zum Torre de Belém (S. 358) herstellen, wie dies schon einmal kurzzeitig zur Ausstellung der portugiesischen Welt 1940 der Fall war. Nun sollte erneut ein zusammenhängender „Kulturpark" geschaffen werden als Alternative zu dem bislang wenig einladenden Umfeld von Lagerhallen und Verkehrsadern. ▶

Gärten verleihen dem Mammutbau unverhofft Anmut.

Daten *1988–93 erbaut nach Entwürfen von Vittorio Gregotti und Manuel Salgado* **Öffnungszeiten** *Kongreßzentrum: Mo–Fr 8–21 h, Sa, So 10–19 h; Ausstellungszentrum: Tägl. 11–20 h* **Eintritt** *Variiert je nach Einzelausstellung zwischen 300 und 700 Esc* **Adresse** *Praça do Império; Zug Cascais-Linie: Belém; Straßenbahn 15, 17; Bus 27, 28, 29, 43, 49*

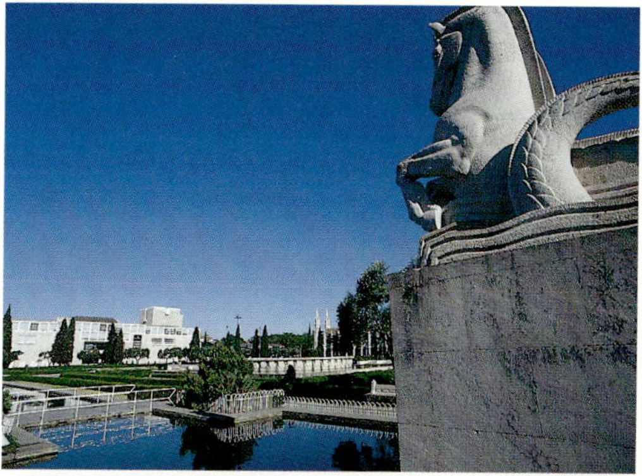

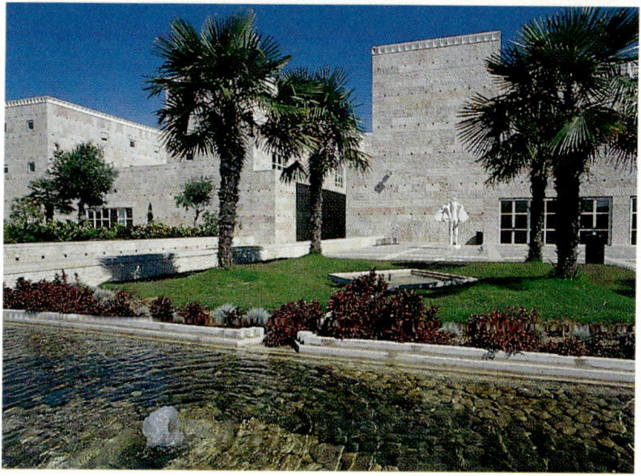

Centro Cultural de Belém (2)

Dieses Projekt ist vorerst aus finanziellen Gründen gescheitert, da von den ursprünglich vorgesehenen fünf Einheiten lediglich drei verwirklicht werden konnten. Das erste „Modul", das an die Praça do Império (S. 292) grenzt, beherbergt das Kongreßzentrum. Es diente 1992 als Tagungsort für die Minister der Europäischen Gemeinschaft, als Portugal zum ersten Mal die Präsidentschaft innehatte. Auf diesen Komplex folgt das Veranstaltungszentrum mit zwei Auditorien, das größere mit 1370 Plätzen. Als vorläufig letzte Einheit umschließt das Ausstellungszentrum einen Innenhof (Praça do Museu). Vier Galerien präsentieren auf unterschiedlichen, miteinander verbundenen Ebenen Ausstellungen, die monatlich wechseln.

Alle drei Komplexe sind durch eine leicht ansteigende Fußgängerzone mit einer Ladenzeile durchbrochen. Außerdem verfügen sie über Gartenterrassen, die auf der Seite zum Tejo hin auch mit Cafeteria und Restaurant verknüpft sind. Trotz anfänglicher Kritik und Skepsis wird das CCB allmählich von der Lissabonner Bevölkerung angenommen und ist zu einer vielbesuchten Sehenswürdigkeit avanciert.

Die wehrhafte Präsenz der Marmorquader wird durch verglaste Partien gemildert.

Durchblicke zwischen den verschiedenen Galerie-Ebenen im Ausstellungszentrum.

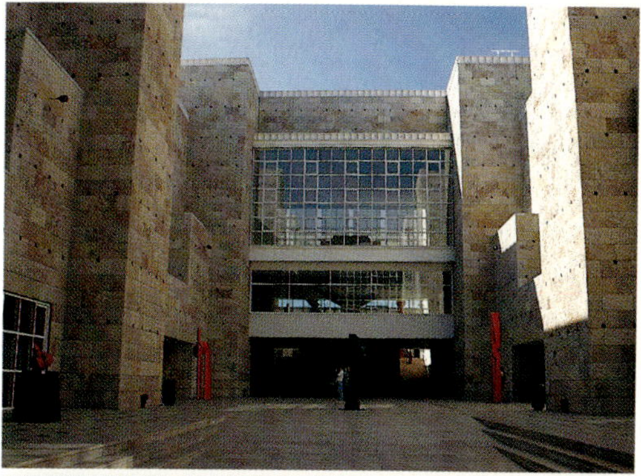

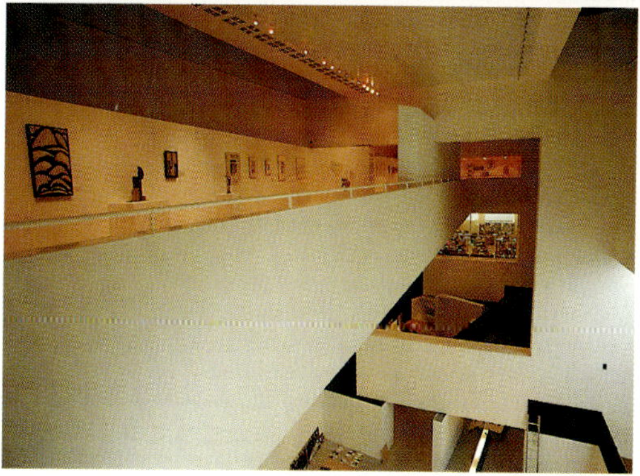

Cerca Moura
Maurische Stadtmauer

Als Afonso Henriques 1142 zum ersten Mal versuchte, das maurische Lissabon zu erobern, scheiterte er an der Wehrkraft der massiven Mauern. Diese Cerca Moura beruht sicherlich auf den Befestigungen der Westgoten, die ihrerseits römische Anlagen in sich aufnahmen.

Die Cerca Moura umschließt von der Stadtburg ausgehend den südlichen Abhang bis zum damaligen, weiter eindringenden Tejo-Ufer. So liegt insgesamt ein Wohngebiet von knapp 16 km^2 innerhalb der Mauern. Nach der im zweiten Anlauf 1147 gelungenen Eroberung wurde die Cerca Moura zunächst von den christlichen Herrschern übernommen. Aber schon im 14. Jh. lagen große Teile Lissabons außerhalb, mit fatalen Folgen: So konnte Heinrich II. von Kastilien bei der Belagerung 1373 ungehindert die reiche Baixa mit dem Judenviertel plündern. D. Fernando ließ daher noch im selben Jahr den Bau einer neuen Stadtmauer beginnen, die 104 km^2 beschützen sollte. 1375 war die Cerca Fernandina mit 77 Türmen und 38 Toren oder Pforten fertig.

Von diesen beiden Stadtmauern sind heute nur noch wenige Reste erhalten, davon die meisten verborgen in späteren Bauten, die sich Teile der ursprünglichen Befestigungen einverleibten.

Ein Stück überwachsener Mauer an der ehemaligen Wehrkapelle S. Brás, heute Santa Luzia. Zugleich ein idealer Einstieg in die Alfama.

Daten *Im 11. Jh. auf westgotischer Basis erbaut; 1373–75 abgelöst durch die Cerca Fernandina*

Chafarizes
Brunnen

Schon seit jeher beeinflußte die Wasserversorgung das Stadtbild. In fast jedem der historischen Viertel gibt es öffentliche Brunnen, für die teilweise eigens geschaffene Plätze wurden. Die ältesten befinden sich in der Alfama: Der Chafariz d'el Rey erhielt wahrscheinlich seinen Namen, als ihn im 13. Jh. König D. Dinis restaurieren ließ (Rua Cais de Santarém); der Chafariz de Dentro am gleichnamigen Platz verdankt seine Bezeichnung seiner Lage innerhalb (dentro) der Stadtmauern. Von den vielen verschwundenen Wasserspendern wanderte der berühmte Chafariz da Samaritana (16. Jh.), der auf Königin D. Leonor zurückgeht, ins Museu da Cidade (S. 224).

Brunnenhaus des 18. Jh. über dem uralten Chafariz d'el Rey.

Im Zuge des Aqueduto das Águas Livres (S. 80) gab es im 18. Jh. einen neuen Bauschub: Schöne Exemplare sind an der Ecke des Rato (S. 304) und freistehend in der Mitte des Largo do Carmo (Miguel Angelo de Blasco, 1796) zu bewundern. Weniger bekannt sind der obeliskartige Chafariz gegenüber vom Palácio das Necessidades (S. 272) und der monumentale Chafariz das Janelas Verdes beim Museu Nacional de Arte Antiga (S. 236), die beide nach Entwürfen von Reinaldo Manuel gestaltet wurden.

Für Interessierte bietet die Stadtverwaltung einen Chafariz-Rundgang an (→ Praktische Hinweise).

Chão Salgado
Gesalzener Boden

Wenige Schritte von der berühmten Konditorei Fábrica dos Pastéis de Belém (1834) entfernt, ragt in einer kleinen Seitengasse eine 5 m hohe Steinsäule auf. Sie erinnert an die Verurteilung des Duque de Aveiro sowie fünf Mitglieder seiner Familie, die an der Säule durch die gleiche Anzahl an Steinringen repräsentiert sind.

Sie alle mußten 1759 sterben, weil sie angeblich eine Verschwörung angezettelt und das Attentat gegen König D. José I. betrieben hatten, wie dies die Inschrift auf dem Sockel besagt. Andere Stimmen dagegen behaupten, daß sich der Marquês de Pombal nur unliebsame Widersacher aus dem Weg schaffen wollte. Wie dem auch sei: Der Palast des Herzogs von Aveiro, der sich an dieser Stelle erhob, wurde zerstört und das Grundstück gesalzen unter der Verfügung, daß auf diesem „schändlichen Boden" nie mehr gebaut werden dürfe. Doch bereits im 19. Jh. setzten sich die Stadtväter über das Verbot hinweg. Deshalb liegt dieses Mahnmal heute so versteckt.

Ein Mahnmal, versteckt in Belém: Die glänzende Machtpolitik des Marquês de Pombal hatte auch ihre grausamen Schattenseiten.

Daten *1759 aufgestellt* **Adresse** *Beco do Chão Salgado zur Rua de Belém; Straßenbahn 15, 16, 17; Bus 27, 49* **Karte** → S. 63

145

★ **Chiado** (1)

Einerseits Kirchen und Klöster, andererseits Theater, Geschäfte und Cafés – im Chiado erreicht die Überlagerung von Sakralem und Profanem, die Lissabon seit dem 19. Jh. kennzeichnet, eine besondere Dichte. Sie beginnt mit der Herkunft des Namens Chiado: António Ribeiro, ein Franziskaner aus dem 16. Jh., soll unter diesem Spitznamen als Dichter und Schauspieler bekannt geworden sein. Seit 1925 ziert eine entsprechende Statue von Costa Mota den danach geschaffenen Largo do Chiado. An der Südseite wird er vom Palácio Pinto Basto (18. Jh.) beherrscht, an der Nordseite ist die Brasileira do Chiado (Norte Júnior, 1905) durch einen Stammgast berühmt geworden: Fernando Pessoa. Durch eine Metallplastik von Lagoa Henriques gesellt er sich seit 1988 unauffällig zu den Cafégästen.

Die Bezeichnung Chiado tauchte erstmals 1587 in Dokumenten auf und setzte sich gegen Ende des 18. Jh., als die Blütezeit des Chiado anbrach, durch. Zentrum ist die mondäne Rua Garrett, die einst zur Pforte der heiligen Katharina hinaufführte. Seit dem 18. Jh. bilden zwei Kirchen den Durchlaß zur Praça Luís de Camões (S. 296). Einer der alten Wehrtürme ist im Espaço Chiado zu sehen, der das Teatro Gymnásio (19. Jh.) in eine noble Ladenpassage verwandelt. ▶

Ein Mönch, der als Schauspieler und Bauchredner populär wurde: António Ribeiro. Nach seinem Spitznamen soll der Chiado benannt sein.

Adresse *Largo do Chiado (ab 1997 Metro); Straßenbahn 28* **Karte** → *S. 51*

★ **Chiado** (2)

Genau gegenüber lädt das Tavares (1784 gegr.), unverkennbar durch den ausladenden dreiteiligen Rundbalkon und den neobarocken Fassadenschmuck, immer noch zum Essen ein. Zwischen den traditionsreichen Geschäften der Rua Garrett, etwa der Livraria Bertrand (seit 1747) oder der Boutique Paris em Lisboa, erhebt sich die pombalinische Igreja dos Mártires (Reinaldo Manuel dos Santos, 1769–74). Die Kirche, beim Erdbeben zerstört, geht direkt auf die Eroberung Lissabons durch Afonso Henriques 1147 zurück. Daran erinnert das Halbrelief über dem Hauptportal und das Deckengemälde.

An dieser Stelle lagerten deutsche und flämische Kreuzritter, die teilweise zu Märtyrern wurden. Im Umkreis der ältesten Kirche Lissabons ließen sich im 13. und 14. Jh. bedeutende Orden nieder, deren Bauten trotz Erdbeben und Säkularisation die urbane Struktur des Chiado mitbestimmen: Neben Trindade (S. 366) und Carmo (S. 120) verdient das Franziskanerkloster (seit 1217) besondere Erwähnung, da es die Gevierte südlich der Rua Garrett formt. Hier finden sich u. a. das Museu do Chiado (S. 222) und das Teatro São Carlos (S. 352). Im unteren Teil der Rua Garrett versteckt sich in einer steilen Nebengasse die Igreja do Sacramento, die 1798–1807 von Remígio Francisco Abreu auf den Mauern des zerstörten Vorgängerbaues (1671) entstand. ▶

Ein architektonisches Kabinettstückchen von Norte Júnior (1907): die Handschuh-Boutique in der Rua Garrett.

148

149

★ Chiado (3)

Musterbeispiele für die Überlagerung von Kirche und Kommerz sind die Kaufhäuser Grandella und Grandes Armazéns do Chiado, die um die Jahrhundertwende miteinander rivalisierten. Sie florierten an derjenigen Stelle, wo seit 1270 das mächtige Kloster Espírito Santo da Pedreira thronte. Tatsächlich diente die Bruderschaft zum Heiligen Geist der kirchlichen Bemäntelung der Geschäfte u. a. jüdischer Kaufleute und besaß vom 15. bis 18. Jh. großen Einfluß.

Das Geschäft Paris em Lisboa erinnert daran, wie sehr sich der Chiado an Pariser Moden orientierte.

Durch den Chiado-Brand vom 25. August 1988 schmolz nicht nur die innovative Eisenträgerstruktur des Grandella (George Demay, 1907) zu bizarren Kurven, sondern es kamen auch die Klostergemäuer zum Vorschein, besonders bei den Grandes Armazéns do Chiado, die 1894 die Bausubstanz aus zweiter Hand übernahmen. Ihr Vorgänger war der berühmte Palácio dos Barcelinhos, in dem die internationale Schickeria feierte und wohnte (Nobelhotel).

Die Ourivesaria Aliança in der Rua Garrett – ein ehrwürdiges Juwel des Chiado.

Diese wechselvolle Vergangenheit fließt in die Renovierung ein, die Álvaro Siza Vieira für die markante Ecke Lissabons entworfen hat. Der stillste Winkel des Chiado ist indessen die Rua António Maria Cardoso hinter dem Teatro D. Luiz von 1914: Der verlassene Palast Nr. 20 war Sitz der Geheimpolizei. Eine Gedenktafel erinnert an jene, die noch am 25. April 1974, am Tag der „Nelkenrevolution", hier erschossen wurden.

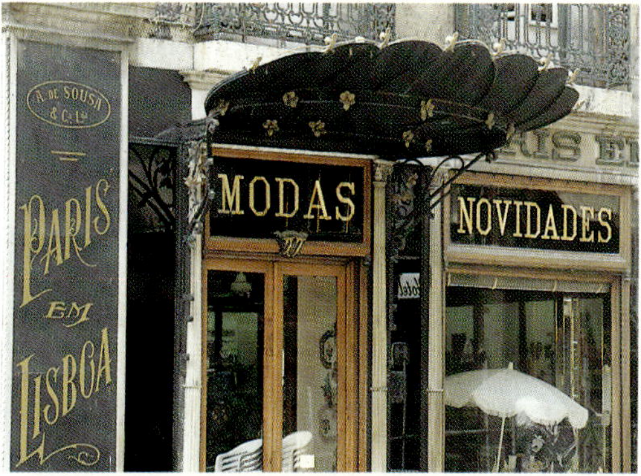
A. DE SOUSA
PARIS
EM
LISBOA
MODAS
NOVIDADES

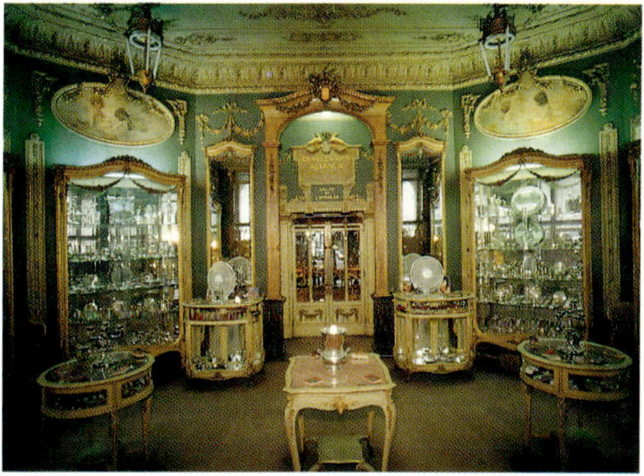

Coliseu dos Recreios

Dank der gründlichen Restaurierung erstrahlt dieses großartige Schauspielhaus des Fin de siècle aufs neue. Glanzstück ist die verglaste Eisenkuppel mit 25 m Durchmesser, die 1889 von der Berliner Firma Heinz Lehmann & Co. als Ganzes gefertigt wurde, ehe man sie mit Kränen in die übrige gußeiserne Dachkonstruktion einsetzte. Der mittlere Kronleuchter mit 3,5 m Durchmesser sorgt zusammen mit seinen zwölf Ablegern für die Illumination, die nun mit neuester Beleuchtungstechnik verbunden wurde.

Ein Vorplatz wäre angebracht, damit die neobarocke Front des Schauspielhauses voll zur Geltung käme.

Die ursprüngliche verkleidende Innendekoration von Eduardo Machado ist teilweise zurückgenommen, um die gut erhaltene Metallkonstruktion besser zur Geltung kommen zu lassen. Das Foyer und der Zuschauerraum mit 7500 Plätzen wurden erneuert und erweitert. Die imposante neobarocke Hauptfassade läßt sich wegen der engen Straße kaum im Ganzen würdigen. Im ersten Stock, wo eigentlich noch ein Theater vorgesehen war, hat seit 1898 die Sociedade de Geografia ihren Sitz (zeitweise Ausstellungen). Gegenüber liegt das gleichfalls restaurierte Artdéco-Theater Politeama (Ventura Terra, 1912).

Daten *1889–90 erbaut unter Leitung von José Castanheira das Neves; 1897 Hauptfassade nach Plänen von Cesare Janz; 1993/94 restauriert* **Öffnungszeiten** *Je nach Veranstaltungen* **Adresse** *Rua Portas de Santo Antão; Metro Restauradores*

★ Conceição Velha

Im Zuge der Judenvertreibung von 1496 wurde auch die Synagoge der großen jüdischen Gemeinde geschlossen und als katholische Kirche der Muttergottes der Empfängnis (Conceição) geweiht und dem Orden der Christusritter übergeben. Da die Kirche nach dem Erdbeben von 1755 ausbrannte, wurde sie abgerissen. 1770 zog man in die wiedererrichtete Igreja da Misericórdia um, von der nur die manuelinische Südfassade das Erdbeben überstanden hatte. Diese Sehenswürdigkeit Lissabons ist als Conceição Velha bekannt geworden.

Eine glückliche Renaissance-Komposition von Halbkreisen hebt das Bogenfeld über der Zwillingstür elegant hervor.

Deren kunstvoll verschnörkelte Renaissance-Ornamente des Portalbogens gipfeln in Kreuzblumen, Armilarsphären und den Kreuzen des Christusritter-Ordens. Besonders interessant ist das Tympanon mit dem großen Halbrelief: Unter dem Mantel der barmherzigen Jungfrau, der von zwei Engeln aufgehalten wird, knien König D. Manuel und Königin Leonor, Papst Leo X. sowie andere Fürsten, Kardinäle und Bischöfe. Das Portal, geteilt durch einen Pfeiler mit der Darstellung des heiligen Michael, wird flankiert von zwei hohen Fenstern mit Zierleisten, die an das Mosteiro dos Jerónimos (S. 204) erinnern.

Daten *Um 1520 u. a. von João de Castilho erbaut* **Adresse** *Rua dos Bacalhoeiros; Straßenbahn und Bus: Campo das Cebolas oder Terreiro do Paço*

Cristo-Rei
Christkönig

Unmittelbar neben der südlichen Auffahrt zur Ponte 25 de Abril (S. 286) ragt auf einem Hügel das Christkönig-Monument auf. Man kann es von nahezu jedem offenen Blickpunkt Lissabons aus sehen, nachts wird es angestrahlt. Der stilisierte Jesus mit den ausgebreiteten Armen erinnert mit gutem Grund an das gleichartige Denkmal auf dem Corcovado von Rio de Janeiro, denn diese Inspiration liegt Portugals Cristo-Rei von 1959 zugrunde. Er soll nach dem Gelübde der portugiesischen Bischöfe in Fátima die Dankbarkeit der Bevölkerung ausdrücken, daß sie von einer Verwicklung in den Zweiten Weltkrieg verschont geblieben ist.

Die überdimensionale, 28 m hohe Marmorstatue des Bildhauers Francisco Franco steht auf einem wuchtigen Sockel von vier miteinander verwachsenen schrägen Pylonen (82 m Höhe). Die Affinität zum Pseudoklassizismus des Estado Novo ist unverkennbar. Über den Aufzug gelangt man zur Aussichtsplattform, von der sich ein berauschender Panoramablick bietet.

Künstlerisch unprätentiös oder gar kitschig – das Denkmal überzeugt nur durch seine Monumentalität in privilegierter Lage.

Daten *1959 errichtet* **Öffnungszeiten** *Tägl. 9–18 h* **Eintritt** *250 Esc*
Adresse *Ausfahrt Almada (ausgeschildert); Bus von Cacilhas 25 min.*

Eléctrico

Das Erlebnis dieser Stadt wäre um vieles ärmer, gäbe es nicht die bunten Wagen, die laut bimmelnd oder in den Kurven kreischend durch das Auf und Ab der engen Straßen rattern. Heute sind sie für den Reisenden eine lebendige Antiquität; um 1901 waren sie eine revolutionäre Neuerung, die nach und nach die damals konkurrierenden öffentlichen Verkehrsmittel verdrängte – nur drei Elevadores konnten standhalten. Auch wenn es schon 1887 erste Experimente mit elektrifizierten Transportmitteln gab, war der Eléctrico der erste, der Strom als Energiequelle planmäßig nutzte und von daher seinen bis heute üblichen Namen bezieht. Zuvor betrieben verschiedene Firmen die Pferde-Straßenbahn (ab 1870). Bald versuchte man eine Umstellung auf Dampfkraft, die sich aber nur sporadisch durchsetzte.

Der Eléctrico hat heute noch sein charakteristisches Aussehen. Nur Details wie Scherengitter verschwanden; eine erlebnisreiche Reise bietet die Linie 28. Das Streckennetz schrumpfte ab 1944 aufgrund der Einführung von Buslinien. Seit 1994 werden behutsam moderne Großraumwagen eingeführt, die den geliebten Eléctrico nie ganz aus dem Straßenbild verdrängen mögen.

Ein unermüdlicher Gefährte in Lissabons Gassen: der Eléctrico. Die berühmte Linie 28 befährt die schönste Strecke.

Daten *Ab 1901 geschaffen* **Fahrpreis** *150 Esc (Einzelfahrt)* **Betriebszeiten** *Tägl. 5.30–24 h, So und Feiertage ab 7 h*

Elevador da Glória

Die großen Höhenunterschiede Lissabons führten Ende des 19. Jh. mit dem Aufschwung der Verkehrstechnik zu originellen Erleichterungen. Dabei zeichnete sich der Ingenieur Raul Mesnier du Ponsard, Sohn französischer Einwanderer, aus. Einige seiner Ideen überlebten die Einführung der elektrischen Straßenbahn (siehe Eléctrico, S. 158) und wurden Wahrzeichen der Stadt: Neben dem Elevador de Santa Justa (S. 162) ist der Elevador da Glória am bekanntesten. Er wurde ein Jahr nach der ältesten Stadt-Bergbahn (Elevador do Lavra, 1884) eingeweiht. Neben dem Palácio Foz fährt der knallgelbe Wagen des Elevador da Glória die steile Straße zur Terrasse von São Pedro de Alcântara (S. 326) hinauf.

Der kleinere Bruder des Elevador da Glória bedient das malerische Bairro da Bica.

Das schräg montierte Fahrwerk paßt sich der Steigung an. Ursprünglich wurde die Bahn durch das Gegengewicht eines Wasserdepots (400 m^3) angetrieben: Während ein Wagen nach unten fährt, wird der andere nach oben „gedrückt". Später erfolgte die Umstellung auf Dampfkraft und schließlich 1914 die Elektrifizierung. Der Elevador da Glória befördert jährlich 3 Mio Fahrgäste. Eine weitere Bergbahn wurde 1892 im Bairro da Bica (S. 96) eingerichtet.

Daten *1885 von Raul Mesnier du Ponsard geschaffen* **Betriebszeit** *Tägl. 7–22.45 h außer So und Feiertage 9–22.45 h* **Fahrpreis** *150 Esc (Einheitspreis Bus/Straßenbahn)* **Adresse** *Praça dos Restauradores*

★ Elevador de Santa Justa

Dieses unverwechselbare Lissabonner Mobiliarstück stellt eine bequeme Verbindung zwischen der Baixa (S. 98) und der Oberstadt her. Der freistehende kuriose Stadtaufzug ist der einzige seiner Art, der die Elektrifizierung der Straßenbahn (siehe Eléctrico, S. 158) überlebt hat, anders als etwa der Elevador de São Julião (1897), der die steile Calçada de São Francisco elegant überwand, aber 1915 der berühmten Linie 28 weichen mußte.

Noch immer in Betrieb: das seltene Exemplar früher Verkehrsarchitektur mit typisch gotisierendem Design.

Beides sind Projekte des Ingenieurs Mesnier du Ponsard, der ebenso die Bergbahnen Lissabons entwarf. Der Elevador de Santa Justa wurde 1899 genehmigt und bis 1901 gebaut. 1907 ersetzte Strom die Dampfmaschine. Die Eisenkonstruktion besteht aus einem 45 m hohen Turm und einem Steg, der nach 15 m hoch über der Calçada do Carmo direkt neben der Ruine des Carmo (S. 120) anlegt. Diese Stelle wird heute durch einen massiven Pfeiler aus Stahlbeton gestützt. Im holzgetäfelten Zimmer des Elevador sitzen sich die Passagiere auf Langbänken gegenüber und entsteigen der geräumigen Kabine an einer vergitterten Plattform. Seit 1994 befindet sich auf der Dachterrasse des Stadtaufzugs ein Café.

Daten *1899–1901 von Raul Mesnier du Ponsard errichtet* **Betriebszeit** *Tägl. 7–22.45 h außer So und Feiertage 9–22.45 h* **Fahrpreis** *150 Esc (Einheitspreis Bus/Straßenbahn)* **Adresse** *Rua de Santa Justa*

Estação Marítima de Alcântara/da Rocha

Jenseits des Schienenstranges, der die Av. 24 de Julho begleitet, stehen verlassene Lager- und Kühlhallen aus den 40er Jahren. Hier herrschte damals reger Betrieb, denn an der Doca de Alcântara legten alle Überseedampfer an. Um 1940 sorgten Judenverfolgung und Krieg für eine dramatische Atmosphäre, die in Texten wie der „Schicksalsreise" von Alfred Döblin oder Erich Maria Remarques „Nacht von Lissabon" deutlich wird. Die Flüchtlinge kämpften um Transitvisa und Schiffskarten wie ums eigene Leben.

Alcântara-Mar – in den 40er und 50er Jahren Treffpunkt der Atlantikfahrer aus aller Herren Länder.

Hier nahm ab 1943 die Estação Marítima de Alcântara ihren Dienst auf: Vom Erdgeschoß aus erfolgte die Verladung, vom ersten Stock aus sollten die Passagiere direkten Zugang zum Oberdeck haben, doch entsprechende bewegliche Landebrücken wurden nie eingesetzt. Weil die Kapazitäten des Stahlbetonbaus nicht ausreichten, wurde 1945–49 am Ostende des Docks ein weiterer eingerichtet. Diese Hafengebäude sind v. a. durch die Gestaltung der zwei hohen Vestibüle sehenswert. Der modernistische Künstler Almada Negreiros entwarf Wandmalereien, die als sein Hauptwerk gelten. In je zwei Triptycha wird das Lissabonner Hafenmilieu in Szenerien umgesetzt, die an den Kubismus gemahnen.

Daten *1940–48 von Porfírio Pardal Monteiro erbaut; Wandmalereien von Almada Negreiros* **Adresse** *Doca de Alcântara (Bahnhof Alcântara-Mar)*

Als 1760 Prinzessin Maria ihren Onkel Pedro heiratete, gelobte sie, den barfüßigen Karmeliterinnen der heiligen Teresa Kirche und Kloster zu stiften. 17 Jahre später bestieg sie den Thron und hatte so freie Hand, ihr Versprechen gebührend königlich durch einen Prachtbau zu erfüllen. Er sollte auf dem Boden entstehen, der Nossa Senhora da Estrela geweiht war. Sie beauftragte den Hofarchitekten Mateus Vicente, der eine Basilika mit Kuppel und zwei Glockentürmen entwarf.

Das Zusammenspiel von Glockentürmen, Kirchenschiff und Kuppel erinnert unwillkürlich an das Kloster von Mafra.

1779 begannen die Bauarbeiten unter Aufsicht von Reinaldo Manuel dos Santos, der nach dem Tod von Mateus Vicente (1786) das ursprünglich relativ schlichte Projekt zu einem barock überladenen Zitat des Klosters Mafra gestalten sollte. So wurde die Basilika von Estrela zum größten Sakralbau Lissabons im 18. Jh.

Aus dem Anfangsplan rührt die Hauptfassade her, die durch eine ionische Ordnung von Pilastern und Säulen strukturiert ist. Die Statuen über dem Vestibül stammen aus der Schule von Mafra, aus der Werkstatt des Bildhauers Machado de Castro, der das Marmor-Halbrelief der Anbetung des Herzens Jesu zwischen den allegorischen Figuren selbst ausgeführt hat. ▶

Daten *1779 begonnen nach Plänen von Mateus Vicente; fortgeführt 1786–90 von Reinaldo Manuel dos Santos* **Öffnungszeiten** *Tägl. 7.30–13 h, 15–20 h; Kuppeltürmchen und Kloster nicht zugänglich* **Adresse** *Straßenbahn 28*

Barock verschnörkelt in Pilasterkapitellen, Altarbaldachinen und gesprengten Giebeln gibt sich der Innenraum der Kirche, in dem polychromer Marmor dominiert. Dementsprechend ist auch die aufgestockte Kuppel mit Balustradenumgang, Rundfenstern und Mitteltürmchen (nicht mehr zugänglich) gestaltet.

Allegorische Gestalten flankieren die Anbetung des Herzens Jesu – ein Werk des Bildhauers Machado de Castro.

Die prunkvolle Ausstattung entspricht nicht mehr der strengen Regel der Karmeliterinnen der heiligen Teresa. D. Maria I. gelang es mit der Basilika, den ersten Kultraum der Welt für die Anbetung des Herzens Jesu beim Papst zu erwirken. Die ab 1781 bei Pompeo Batoni in Rom bestellten Bildwerke sind somit z. T. ikonographische Premieren, die damals gewisse Polemik hervorriefen. Qualitativ geringere Werke stammen u. a. von Cyrillo Volkmar Machado (Deckenfresko). Im Querschiff befindet sich der Sarkophag von D. Maria I., die 1807 vor der napoleonischen Invasion nach Brasilien floh und dort 1816 geistig umnachtet starb. Im Eingangsbereich der Basilika steht eine Krippe von Machado de Castro.

Buchausleihe im romantischen Park von Estrela unter den Augen des „portugiesischen Schopenhauer" Antero de Quental (Statue im Hintergrund).

Der Kirche gegenüber liegt der romantische Jardim da Estrela, der ab 1842 auf Initiative des Marquês de Tomar angelegt wurde. Umgeben von hohen Gittern mit fünf Portalen, besitzt er einen schmiedeeisernen Musikpavillon (coreto) aus dem 19. Jh., der einst den Passeio Público schmückte (siehe Avenida da Liberdade, S. 86).

BIBLIOTECA JARDIM

LISBOA
CULTURA

Fundação Arpad Szénès – Vieira da Silva

Stiftung Arpad Szénès – Vieira da Silva

Maria Helena Vieira da Silva ist eine bedeutende Persönlichkeit für die Entwicklung der modernen Kunst in Europa. Ihr feinziselierter abstrakter Malstil ist unverwechselbar. 1928 ging sie als 20jährige nach Paris, wo sie 1930 den exilierten ungarischen Maler Arpad Szénès (1897–1985) heiratete. Nur kurzzeitig in Lissabon, lebten sie 1940–47 im Exil in Brasilien, um danach wieder nach Paris zurückzukehren, da ihre Kunst vom Salazar-Staat geächtet war.

Die Rosette erinnert an die einstige Seidenmanufaktur.

Trotzdem besaß das Ehepaar ein Atelier im Stadtteil Amoreiras, nicht weit entfernt von der Mãe d'Água (S. 196). Es lag nahe, ein altes Gebäude an der Praça das Amoreiras als Sitz einer Stiftung zu wählen, die das künstlerische Vermächtnis von Szénès und Vieira da Silva bekannt machen will und entsprechende Aktivitäten fördert. Dazu wurde ein Teil der Seidenmanufaktur, die Carlos Mardel im Auftrag des Marquês de Pombal geschaffen hatte, restauriert. Mit einer Fabrikhalle aus den 40er Jahren verknüpft, eröffnen sich reizvolle Ausstellungsräume auf zwei Etagen.

Die Holzverstrebungen kontrastieren mit dem kühlen Marmor der Ausstellungsräume.

Daten *1759 von Carlos Mardel erbaut; 1990 Restauration und Umbau durch Richard Carr und José Sommer Ribeiro* **Öffnungszeiten** *So 10–18 h, Mo–Sa 12–20 h, Di und Feiertage geschl.* **Eintritt** *500 Esc (Mo frei)* **Adresse** *Praça das Amoreiras, 58*

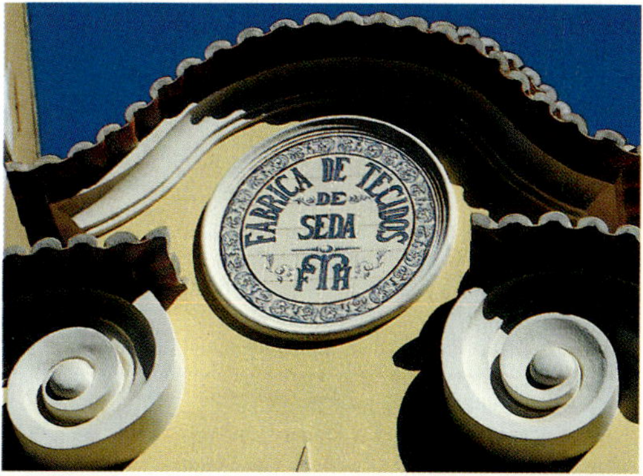
FABRICA DE TECIDOS
DE
SEDA

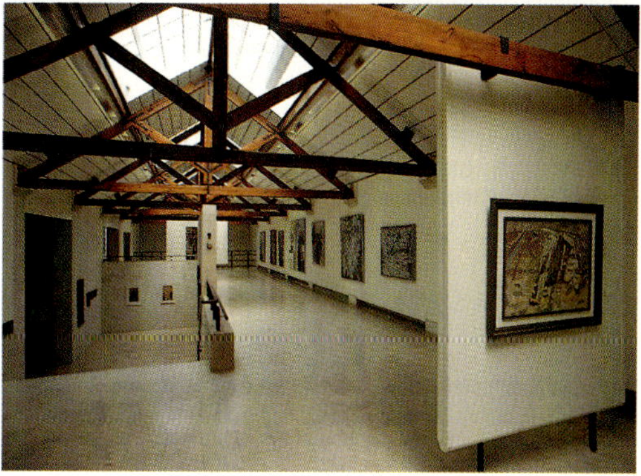

Es klingt wie ein Märchen: Ein pfiffiger junger Mann aus einer reichen armenischen Kaufmannsfamilie erkannte 1891 beim Besuch der Ölfelder von Baku die eminent wichtige Rolle, die Petroleum als Energiequelle spielen könne. So begann der Aufstieg von Calouste Gulbenkian, der als einer der ersten das Ölgeschäft im Nahen Osten betrieb. 1928 verkaufte er Kapital und Aktien seiner Firma an die vier größten Konzerne (Shell, die spätere BP u. a.) und reservierte sich 5%, wodurch er sich den Beinamen „Mister Five Percent" einhandelte. Mit dem Vermögen lebte Gulbenkian in Paris und schuf sich als Kunst- und Antiquitätenfreund eine große Sammlung.

Im Zweiten Weltkrieg zog er sich ins verschlafene Portugal zurück und blieb dort bis zu seinem Tod 1955. Im Testament verfügte er die Gründung einer Stiftung unter seinem Namen in Lissabon. Seitdem ist die Fundação Calouste Gulbenkian mit ihrer Förderung von Kultur und Wissenschaft aus Portugal nicht mehr fortzudenken. ▶

Die Stiftung des Ölmagnaten Calouste Gulbenkian umfaßt Theater-, Konferenz- und Konzertsäle, Bibliothek, Skulpturenpark und das berühmte Museum.

Daten *1966–69 Museum und Hauptgebäude nach Plänen von Ruy Athouguia, Pedro Cyd und Alberto Pessoa; 1983 CAM nach Plänen von Sir Leslie Martin unter Mitarbeit von Ivor Richard, José Sommer Ribeiro und Nunes de Oliveira* **Öffnungszeiten** *Museum: Mo–Fr 9–17.30 h, Sa, So und Feiertage geschl.; CAM (und Restaurant): Di–So 10–17 h, Mo und Feiertage geschl.* **Eintritt** *Museum: 500 Esc; CAM: 500 Esc (So frei)* **Adresse** *Av. de Berna, 45; Metro Palhavã oder S. Sebastião*

Fundação Calouste Gulbenkian

N

Avenída de Berna

Praça de Espanha

Monument für Calouste Gulbenkian

Haupt-eingang

Palácio Palhavã (Metro)

Okzident

Aus-stellungen

Orient

Park mit Skulpturen

großes Audi-torium

Weiher

Kunstzentrum für Kinder

Rua Dr. Nicolau de Bettencourt

Theater Aus-stellungen

Freiluft Amphitheater

Restaurant

moderne Kunst

Rua Marquês de Bandeira

Rua Marquês de Fronteira

Parque Eduardo VII Metro S. Sebastião

Hauptgebäude: Verwaltung/Kongreßzentrum

Museu Calouste Gulbenkian/Bibliothek

Centro de Arte Moderna (CAM) Zentrum für Kunsterziehung (ACARTE)

© Harenberg

Auf dem Areal des großen Gartens neben dem Palácio de Palhavã (S. 274) entstand ab 1960 nach und nach ein kleiner Kulturpark, der von den Portugiesen gern aufgesucht wird. 1969 wurde das Museu Calouste Gulbenkian eröffnet, in dessen Tiefgeschoß aus verschiedenen Nachlässen eine Fachbibliothek für bildende Kunst, Musik, Theater und Literatur zustande kam. Ebenfalls 1969 wurde der Hauptkomplex, der die Verwaltung und das Kongreßzentrum beherbergt, in Betrieb genommen. Das große Auditorium verfügt über 1300 Plätze. Im Tiefgeschoß finden wechselnde Ausstellungen statt.

Den Grundstock des Museums bilden die Sammlungen Gulbenkians. Sie sind in Okzident und Orient gegliedert, so daß sich zwei chronologisch aufsteigende Rundgänge anbieten. Zum westlich-europäischen Teil gehören Elfenbeinaltärchen und religiöse Buchmalerei des 11. bis 14. Jh., Renaissance-Objekte, italienische und englische Malerei des 18. Jahrhunderts. Besonders angezogen fühlte sich Gulbenkian vom französischen Naturalismus und Impressionismus. Neben Manet, Renoir, Monet und Degas finden sich Bilder von Daubigny, Millet und Corot sowie Skulpturen von Bayre, Carpeaux und Dalon. Einzigartig ist die Kollektion von 169 Art-nouveau-Schmuckstücken, die René Lalique z. T. im Auftrag Gulbenkians anfertigte. ▶

Zu den Füßen des Vogels der Weisheit sitzt Portugals wichtigster Mäzen: Calouste Gulbenkian.

An Sonntagen bevölkert sich der Skulpturenpark der Fundação Calouste Gulbenkian – eine grüne Oase in der Stadt.

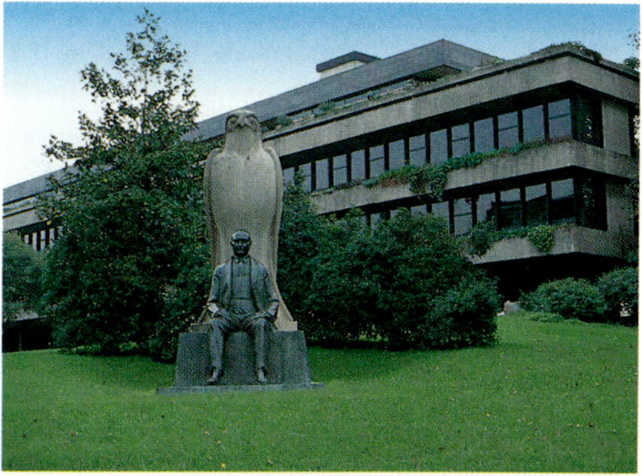

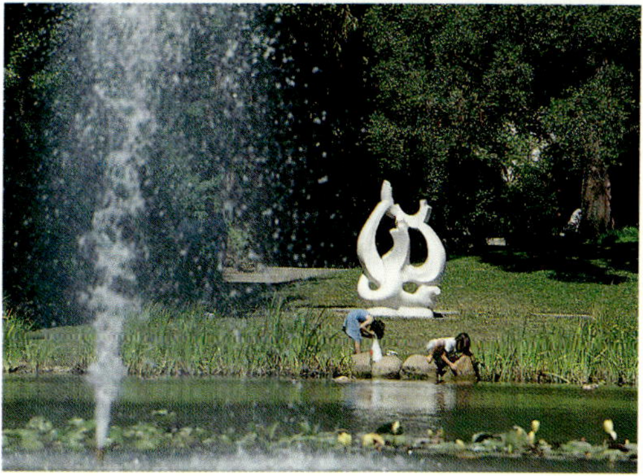

Höhepunkte des östlich-asiatischen Teils sind der altägyptische Totenkult mit einem kompletten Pharaonengrab, Zeugnisse aus griechischer und römischer Zeit sowie die Sammlungen islamischen und fernöstlichen Kunsthandwerks, wobei auch die armenische Heimat der Familie Gulbenkian stark vertreten ist.

In Paris sammelte Gulbenkian italienische und französische Kunst des 18. und 19. Jh.

Seit 1983 bildet das Centro de Arte Moderna (CAM) ein gelungenes Pendant zum Museu Calouste Gulbenkian. Seit 1956 wurden von der Stiftung Werke moderner Künstler angekauft – in einer Zeit, als der Staat nichts dafür übrig hatte. Das CAM bietet daher den besten Einblick, was die Portugiesen zur modernen Kunstentwicklung beigetragen haben (Amadeo de Souza-Cardoso, António Dacosta, Júlio Resende usw.). Auch zeitgenössischen Künstlern wird Raum gegeben.

Die orientalische Sammlung umfaßt auch Objekte aus Armenien, der Heimat Gulbenkians.

Die Galerie setzt sich durch Skulpturen (João Cutileiro u. a.) im gepflegten Park fort. Ihr Zentrum bilden ein verzweigter Weiher und ein Freiluft-Amphitheater, das im Sommer für Konzerte und Bühnenaufführungen genutzt wird. Für das leibliche Wohl sorgt das vielbesuchte Schnellrestaurant, das im Gebäude des CAM integriert ist.

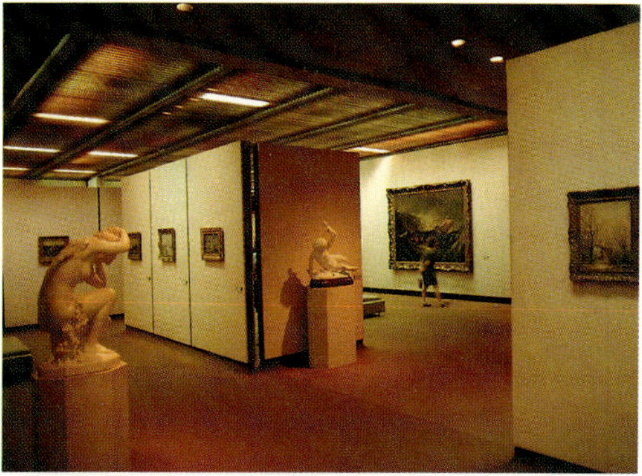

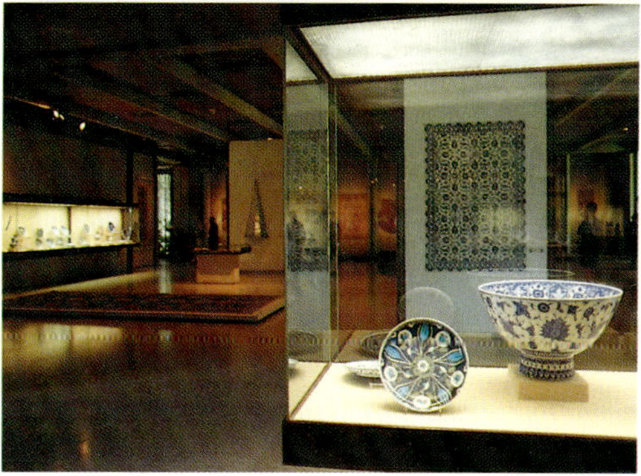

Graça

Lissabon ist die Stadt der sieben Hügel. Gleich zwei könnte das Graça-Viertel für sich beanspruchen: Senhora do Monte (S. 348) und die Anhöhe, auf der 1271 das Augustinerkloster gegründet wurde. Die Kirche, später Nossa Senhora da Graça geweiht, bildet bis heute das weithin sichtbare Zentrum. Um 1565 wurde sie dreischiffig mit diversen Kapellen erweitert. Das Kloster erhielt einen großen Kreuzgang und wuchs zu einem der prächtigsten der Stadt an. Wie viele Anlagen wurde es 1755 Opfer des Erdbebens.

Hoch oben auf einem der sieben Hügel Lissabons thront das Augustinerkloster.

Die Kirche wurde mit langem Querschiff und Altarkapelle im Rokokostil wiederaufgebaut (erst 1905 abgeschlossen). In der Kapelle des Transepts wird bis heute der Leidensmann (Senhor dos Passos) verehrt, der auf die Jesuiten zurückgeht. Am Eingang der Kirche blieb ein manuelinischer Teil mit Grabstätten erhalten. Das Kloster umgibt ab dem 17. Jh ein Viertel, das anfangs aristokratisch, später proletarisch geprägt war. Die noblen Häuser wurden teilweise in Vilas Operárias (S. 370) umfunktioniert. Als Sitz der Vereinigung Voz do Operário (seit 1883) schuf Norte Júnior 1912–32 den sehenswerten neobarocken „Arbeiterpalast" (Rua Voz do Operário).

Daten *Kloster 1271 gegründet; 1565 ausgebaut; nach 1755 unter Caetano Tomás de Sousa und Manuel Caetano de Sousa wiederaufgebaut* **Öffnungszeiten** *Kirche: 9.30–11.35 und 15.30–19.30 h* **Karte** → S. 57

Igreja da Memória
Gedächtniskirche

Mitten im volkstümlichen Viertel unterhalb des Palácio da Ajuda (S. 254) erhebt sich unvermittelt eine spätbarocke Kirche mit vielgliedriger Rundfassade und imposanter Kuppel. Das Bauwerk verdankt seine Entstehung dem mißglückten Attentat auf König D. José I. am 3. September 1758, das von der Familie Távora angezettelt worden sein soll (siehe Chão Salgado, S. 144).

In sich geschlossen wirkt dieser Sakralbau, der barocke und klassizistische Stilelemente vereint.

Zum Andenken an die wunderbare Rettung des Monarchen wurde zwei Jahre später mit dem Monumentalbau begonnen, dessen Vollendung D. José allerdings nicht mehr erlebte. Sein erster Architekt war Bibienna aus Bologna, der auch die vom Erdbeben zerstörte Tejo-Oper konzipiert hatte. Nach dessen Tod (1760) führte Mateus Vicente das Werk im Sinne seines Vorgängers weiter, wenn auch mit klassizistischen Anklängen, insbesondere was die Innendekoration samt Kuppel betrifft. Charakteristisch barock blieben die Proportionen, der füllige Fassadenschmuck und die verspielten Freitreppen. In der Silhouette Lissabons bildet dieser Kuppelbau das westliche Gegenstück zu Santa Engrácia (S. 312).

Daten *1760–84 erbaut nach Plänen von Giovanni Carlo Bibienna und Mateus Vicente* **Öffnungszeiten** *Werktags 10–19.30 h, So 8.30–12 h* **Adresse** *Calçada do Galvão; Bus 27, 29*

181

Jardim Botânico
Botanischer Garten

Das Areal und die Kultivierung des Gartens geht auf die Jesuiten zurück, die hier 1619 ihre Novizenschule einrichteten. Nach ihrer Ausweisung 1759 wurde unter D. José ein laizistisches Kollegium für den Adel geschaffen. Den Garten dieses Colégio dos Nobres gestaltete der Hofbotaniker Domenico Vandelli. Als der Liberalismus 1837 die Adelsschulen verbot, übernahm das Polytechnikum den Ort, zeitweise auch die Akademie der Wissenschaften (1779 durch D. Maria I. gegründet). Auf diese Institutionen gehen zwei Museen zurück, die in dem ab 1843 erneuerten neoklassischen Gebäude untergebracht sind: das Museu Nacional de História Natural und das Museu de Ciência mit Observatorium. Sie unterstehen wie der Garten der Universität Lissabon, die den „Kulturpark" attraktiver gestalten will.

Als öffentlicher Garten wurde der Jardim Botánico 1873–78 auf Betreiben von Andrade Corvo und des Conde de Ficalho angelegt. Er galt rasch als einer der schönsten Südeuropas. Auf einer Fläche von 4 ha zeigt er etwa 2500 Arten mit dem Schwerpunkt auf Palmen und Nacktsamer v. a. subtropischer Gebiete. Die geschützte Hanglage begünstigt die klimatischen Bedingungen.

Der Botanische Garten bietet schon seit mehr als einem Jahrhundert subtropische Vegetation im Herzen der Stadt.

Öffnungszeiten *Garten und Museen (wechselnde Ausstellungen): Tägl. 10–18 h (im Sommer Garten bis 20 h) außer Mo* **Eintritt** *Garten: 200 Esc* **Adresse** *Rua da Escola Politécnica, 58; Straßenbahn 24, 25, 30*

Jardim Zoológico
Zoologischer Garten

Der erste öffentliche Tiergarten wurde 1884 eingerichtet und befand sich auf dem Gebiet der heutigen Fundação Calouste Gulbenkian (S. 172). Allerdings war damals wegen der angespannten Finanzlage des Staates keine angemessene Förderung möglich, so daß der Zoo bald ein Schattendasein fristete. 1904 zog er schließlich in die Quinta das Laranjeiras um, wo er sich – wiederholt erweitert – heute noch befindet.

Der in Deutschland geschulte Raul Lino schuf die unverkennbaren ovalen Eingangstürme.

Von 1912 bis 1964 wurden durch Raul Lino die charakteristischen Bauten geschaffen. Hierzu zählen die runden Eingangstürme, das Affendorf und die Löwenvilla – Zeugnisse eines anthropomorphen Tierverständnisses. Ab den 70er Jahren stagnierte die Entwicklung, Einrichtungen und Tierhaltung wurden vernachlässigt. Ab 1982 setzte eine zögerliche Renovierung ein.

In den 90er Jahren wurde aus dem alten Tiergarten ein privatisierter vielgestaltiger Schau- und Vergnügungspark, der seine wechselnden Programme werbewirksam vertreibt. Nach einem Kombisystem von Grundpreis und Zonen (1–4) muß man für Seilbahn, Reptilarium, Delphinbecken sowie Ausstellungen gesondert zahlen.

Öffnungszeiten *Tägl. 9–20 h* **Eintritt** *700 Esc (Kinder 3–8 Jahre 500 Esc) + Zonen; Höchstpreis 1700 Esc (Kinder 1150 Esc)* **Adresse** *Metro/S-Bahn Sete Rios; Bus 15, 55*

Madragoa

Unter dem exotischen Namen „Mutter von Goa" ist das alte Viertel nördlich des heutigen Largo dos Santos bekannt. Früher hieß es Mocambo, (Dorf der Schwarzen). Hier lebten schwarze Sklaven, die im Hafen arbeiteten, Tür an Tür mit Seeleuten. Im 16. und 17. Jh. entstanden Frauenklöster, die nach der Säkularisation zweckentfremdet oder abgerissen wurden.

So entstand an der Stelle des weitläufigen Convento de Nossa Senhora da Esperança 1889 die Avenida D. Carlos I. und die Kaserne der Feuerwehr, für die Teile des Klosters Verwendung fanden; das Convento das Inglesinhas an der Rua do Quelhas wich 1933 der Staatlichen Rundfunkstation (seit 1992 Radiomuseum); das Convento das Trinas, 1657 von einem flämischen Kaufmann gegründet, ist heute das Hydrographische Institut (Rua das Trinas); das berühmte Convento das Bernardas (Rua da Esperança) wurde im 20. Jh. zur Armensiedlung mit bis zu 750 Bewohnern.

In Madragoa spürt der Besucher noch das dörfliche Milieu, wie es wohl ab 1870 allgegenwärtig war, als Familien von der Nordküste (Aveiro, Ovar) in die Hauptstadt zogen. Sie prägten so die typische Figur der varina, wie man sie vielleicht noch an einem der letzten öffentlichen Waschplätze in der Rua das Francesinhas antrifft.

Nur wenige der Klöster, die einst Madragoa und das vornehmere Lapa bestimmten, haben überdauert, darunter das marianische Kloster mit der Kirche Nossa Senhora dos Remedios.

Adresse *Rua da Esperança und Umgebung* **Karte** → S. 59

★ **Madre de Deus** (1)
Muttergottes-Kloster

Wenn man bei der Zuganreise neugierig durchs Fenster blickt, unterbricht plötzlich die weiße Front des Muttergottes-Klosters die wenig einladende Vorstadtkulisse längs des Schienenstranges. Die abgelegene Sehenswürdigkeit ist doppelt attraktiv: als manuelinische Architektur mit barocker Pracht im Inneren und als Museum für Kachelkunst (Museu Nacional do Azulejo), das ab 1965 im aufgelassenen Klarissenkonvent eingerichtet und stetig erweitert wurde.

Das Muttergottes-Kloster gründete D. Leonor de Lencastre, Gattin des Königs D. João II., im Jahr 1509. Die von ihr erteilten Aufträge sowie zahlreiche Schenkungen führten rasch zu einer beachtlichen Ansammlung von Reliquien, Kirchenschmuck und Altarbildern, die heute in verschiedenen Galerien verstreut sind (v. a. im Museu Nacional de Arte Antiga, S. 236). Lediglich eine Ansicht Jerusalems aus flämischer Schule mit Szenen der Passionsgeschichte, denen ein Porträt der andächtig knienden Königin Leonor eingefügt ist, verblieb im Konvent. ▶

Ausschnitt aus dem Mittelfeld (Anbetung der Hirten) des berühmten Altarbildes Nossa Senhora da Vida. Es besteht aus 1384 Kacheln.

Daten *1509 von Leonor de Lencastre gegründet; erneuert und erweitert im 16. und 18. Jh.; ab 1872 Umbau durch João Maria Nepomuceno u. a.*
Öffnungszeiten *Kirche nur zu Messen u. a.; Museum (mit Teilbesichtigung der Kirche): Di 14–18 h, Mi–So 10–18 h, Mo und Feiertage geschl.* **Eintritt** *350 Esc* **Adresse** *Rua Madre de Deus, 4; Straßenbahn 3, 16; Bus 104, 105*

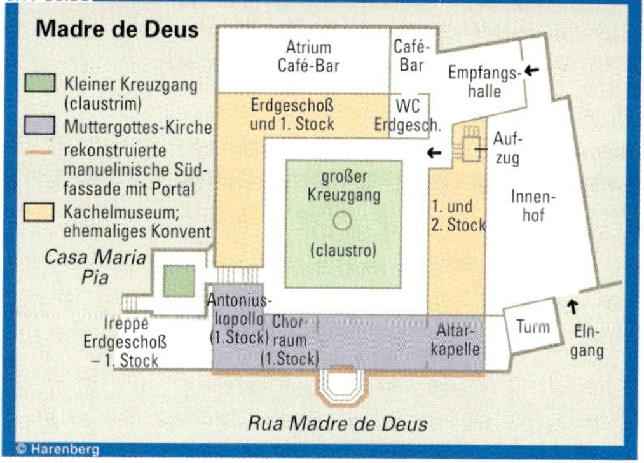

Madre de Deus

- 🟩 Kleiner Kreuzgang (claustrim)
- 🟪 Muttergottes-Kirche
- ▬ rekonstruierte manuelinische Südfassade mit Portal
- 🟨 Kachelmuseum; ehemaliges Konvent

Atrium Café-Bar

Café-Bar

Empfangs-halle

Erdgeschoß und 1. Stock

WC Erdgesch.

Auf-zug

großer Kreuzgang (claustro)

1. und 2. Stock

Innen-hof

Casa Maria Pia

Treppe Erdgeschoß – 1. Stock

Antonius-kapelle (1.Stock)

Chor-raum (1.Stock)

Altar-kapelle

Turm

Ein-gang

Rua Madre de Deus

© Harenberg

189

★ Madre de Deus (2)
Muttergottes-Kloster

Anfangs litt das Kloster häufig unter dem Hochwasser des Tejo. Daher wurde es im späten 16. Jh. unter König D. João III. durch eine höher gelegene Kirche erneuert und durch einen weiteren Kreuzgang vergrößert. Wie in Konventen dieser Zeit üblich, liegt im einschiffigen Gotteshaus ein großer Chorraum für die Nonnen der Altarkapelle direkt gegenüber. Über dem edlen Holzgestühl finden sich religiöse Malereien aus dem 17. und 18. Jh. sowie zwei manieristische Porträts von D. João III. und Catarina von Österreich (Cristóvão Lopes zugeschrieben).

Im Vor-Chorraum, der Antoniuskapelle, künden Azulejos vom Leben des heiligen Antão, während darüber Gemälde von André Gonçalves die Antonius-Vita behandeln. Ebenso dicht überzogen wurden ab Ende des 17. Jh. die Innenwände des Kirchenschiffes und der Altarraum: Gemälde, vergoldeter Holzschmuck (talha dorada) und Kachelbilder flämischer Herkunft. Das große Werk „Jehova ruft Moses" (Willem van der Kloet) wurde im 19. Jh. in zwei Teile gerissen, die jetzt gegenüberliegen (man beachte den abgeschnittenen Kopf des grasenden Schafes). Künstlerisch wertvoller ist das nuancenreiche Kachelbild einer höfischen Landschaft von Jan van Oort. Als Untersatz dienen Putti- und Satyrdarstellungen, die teilweise vom spanischen Maler Gabriel del Barco ausgeführt wurden. ▶

Unten schmücken Azulejos, oben Gemälde das Langhaus der Muttergottes-Kirche.

★ Madre de Deus (3)

Muttergottes-Kloster

Der barocke Prunk wurde ab 1746 unter D. João V. weiter kultiviert. Die prächtige Kanzel von 1753 (Felix Adaúto da Cunha) stammt aus dieser Zeit. Ebenso die Sakristei (1746 begonnen) mit der prächtigen Truhe, die unter vergoldeten Holzschnörkeln von den drei Heiligen Katharina, Luzia und Rita gekrönt wird. Historisch bedeutsamer sind die zwei gegenüberliegenden Kachelbilder mit dem königlichen Wappenschmuck bzw. dem Emblem des Franziskanerordens, da sie die Rückkehr von der blau-weißen zur polychronen Azulejo-Kunst Mitte des 18. Jh. anzeigen. Außerdem schmücken Gemälde zum Leben Josefs in Ägypten (André Gonçalves) die Sakristei. Eine derart luxuriöse Ausstattung widersprach aber dem schlichten Status des Klarissenordens, der nach der Säkularisation 1834 langsam im Convento Madre de Deus ausstarb. Unmittelbar danach begannen 1872 die Umbauten unter José Maria Nepomuceno, um das Kloster in ein Asyl zu verwandeln, das im westlichen Teil der Anlage weiterbesteht (Casa Maria Pia). Der Architekt versuchte auch, die ursprüngliche manuelinische Südfassade, die beim Erdbeben 1755 zerstört wurde, zu rekonstruieren. So stellte er das Portal mit seinen geschwungenen Zierleisten nach der Ansicht des Klosters auf dem Altarbild „Retábulo de Santa Auta" (im Museu Nacional de Arte Antiga) wieder her. ▶

Der kleine Kreuzgang von 1540 wurde im 19. Jh. aufgestockt.

★ Madre de Deus (4)
Muttergottes-Kloster

Das Portal präsentiert die Embleme von D. Leonor und D. João II. (Fischnetz und Pelikan). Fragwürdige Eingriffe sind dagegen die Auskleidung des manuelinischen kleinen Kreuzganges von 1540 mit Azulejos aus dem 17. Jh., die Aufstockung eines neugotischen zweiten Geschosses und der Durchbruch zwischen den beiden Kreuzgängen, den er – genau wie andere Wände des Konvents – bis auf halbe Höhe mit blauweißen Azulejos des 18. Jh. versah.

Dieser heterogene Zustand war ideale Ausgangslage für das Kachelmuseum. Es präsentiert zunächst Materialien und Herstellungsprozesse, gefolgt von Exponaten des 15. und 16. Jh., die hauptsächlich aus Sevilla nach Portugal importiert wurden. Einen weiteren Kern des Museums bilden die manieristischen Kachelbilder aus dem Herzogspalast Vila Viçosa. Sie wurden 1558 für D. Teodosio, Duque de Bragança, in einer Antwerpener Werkstatt angefertigt. Unbestrittener Höhepunkt der Sammlung ist das große Polyptychon „Nossa Senhora da Vida" (Marçal de Matos zugeschrieben), das aus 1384 polychronen Kacheln besteht. Prächtig sind auch die Jagdbilder in barocker Manier (um 1670), die aus dem alten Palácio da Praia in Belém stammen. Im zweiten Stock kann man schließlich eine Stadtansicht bewundern, die auf 23 m Breite Lissabon vor dem Erdbeben von 1755 zeigt.

Wie von einem steingewordenen Tuch bedeckt erscheint der Altar aus dem 17. Jh. Die verschlungenen Ornamente sind vom Orient inspiriert.

Mãe d'Água das Amoreiras

Der Aqueduto das Águas Livres (S. 80) mündet ins Wasserhaus Mãe d'Água. Es sammelt und verteilt das kostbare Naß. Über seinen Zweck hinaus bildet es das monumentale Pendant zum Arco das Amoreiras (1746–48 erbaut), der als der 100. Bogen des Aquädukts zum Triumphbogen gestaltet wurde. Beidseitig verkünden lateinische Inschriften die ersehnte Vollendung des Bauwerks. Zwischen diesem neuen Stadttor, das die Straße überspannt, und dem Wasserhaus liegen neun Bogen, wodurch ein eigenes Ensemble entsteht, das nach Plänen von Carlos Mardel den Eintritt des Wassers in die Stadt feiern sollte.

Die letzten Bogen des Aquädukts bilden eine eigene bauliche Einheit. Angebaut die Kapelle Nossa Senhora de Monserrate.

Von den vielen Entwürfen Mardels für die Mãe d'Água (im Museu da Cidade, S. 224) wurde am Ende keiner verwirklicht, da sich die Arbeiten bis 1834 unter anderen Architekten hinzogen. Heute wirkt das stillgelegte Wasserhaus durch die geradezu sakrale Ausstrahlung seines Innenraumes, den die klassizistisch strenge Außenfassade nicht erwarten läßt. Dazu tragen das dreischiffige Gewölbe, wuchtige Säulen und der durch hohe Fenster gedämpfte Lichteinfall, der im Wasserbecken reflektiert, bei. Die Basilika bildet bei Konzerten und Ausstellungen eine effektvolle Kulisse.

Blick vom wasserspeienden Delfin hinab in die Wasser-Basilika.

Daten *1746–1834 von Carlos Mardel, Reinaldo Manuel u. a. erbaut*
Öffnungszeiten *Di–Sa 10–17 h (im Sommer bis 19 h)* **Adresse** *Praça das Amoreiras; Straßenbahn 10, 25, 26, 29*

Miradouro de Santa Luzia

Einer der berühmtesten Aussichtspunkte ist die schmale Gartenterrasse über den Dächern der Alfama, die dem Lissabon-Forscher Júlio de Castilho gewidmet ist (Büste von Costa Mota, 1925). Überwachsene Säulengänge mit Steinsitzen laden zum Verweilen ein. Hier kann man den Blick über den Tejo und das Häusergewirr schweifen lassen. Genau unterhalb leuchtet weiß die Kirche S. Miguel, ein bißchen weiter östlich erhebt sich S. Esteves (der Turm fehlt), ganz im Osten die Kuppel von Santa Engracia und S. Vicente.

Die Aussicht auf Alfama und Tejo – ein beliebtes Lissabon-Motiv.

Die Kapelle Santa Luzia selbst ist verfallen. Die zwei bekannten Kachelbilder von António Quaresma (18. Jh.) an der Mauer zum Garten zeigen den Terreiro do Paço, wie er vor dem Erdbeben von 1755 aussah, und die heroische Tat von Martim Moniz bei der Einnahme der damals maurischen Stadtburg mit seinen Kreuzrittern um 1147. Tatsächlich befinden sich der Miradouro und die Kapelle auf einem Eckpunkt der Cerca Moura (S. 140), die hier teilweise noch sichtbar ist. Gleich nach der christlichen Eroberung errichteten die Malteser an der Stelle, wo jetzt Santa Luzia steht, die Wehrkirche S. Bras. Sie wurde mehrfach umgebaut und fiel dem Erdbeben von 1755 zum Opfer.

Eine Büste ehrt den Lissabon-Forscher Júlio de Castilho. Dahinter zieren Azulejo-Bilder die Mauern von Santa Luzia.

Adresse *Largo de Santa Luzia; Straßenbahn 28; Bus 37* **Karte** → *S. 47*

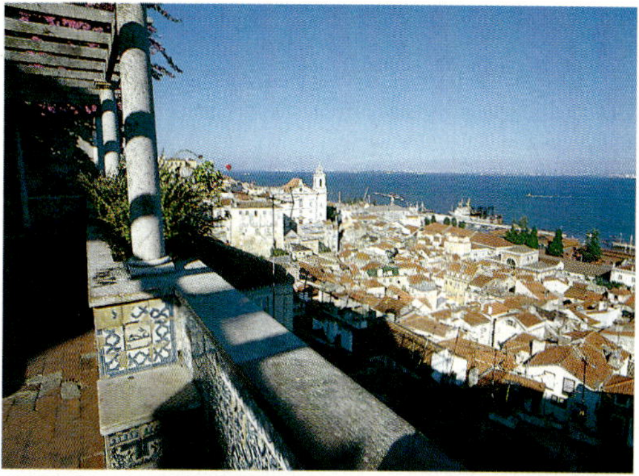

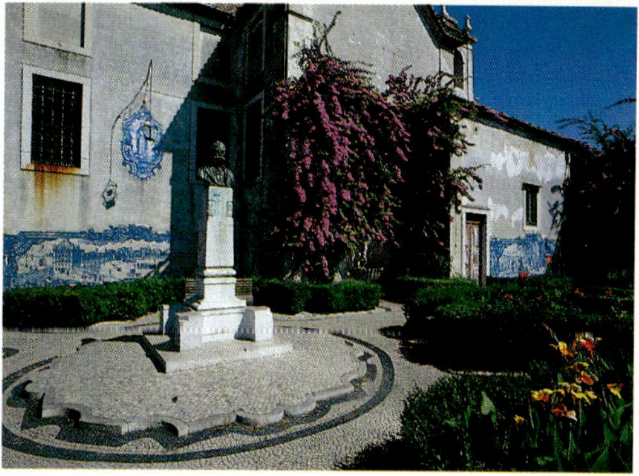

Monsanto (1)
Heiliger Berg

Der „heilige Berg" begrenzt die Stadt im Nordwesten und wurde im 19. Jh. durch zwei Festungen bestückt: Am höchsten Punkt (416 m) Lissabons liegt der Forte de Monsanto (1863–78) und schon nahe dem Tejo bei Algès der Forte do Alto do Duque (1875–90). Schon seit jeher war das Gebiet durch seine Unterschlupfmöglichkeiten berüchtigt – bis in die heutigen Tage. Ansonsten wurde der fruchtbare Basaltboden für den Getreideanbau genutzt, bis man ab 1934 den Stadtwald (Parque Florestal) nach dem Vorbild des Pariser Bois de Boulogne und der Madrider Casa de Campo schuf.

Der mehr als 1000 ha große Stadtwald ist seit den 40er Jahren Lissabons grüne Lunge.

Die charakteristischen Windmühlen verschwanden bis auf wenige Exemplare, die man teilweise in den letzten Jahren wieder reaktivierte (Moinhos de Santana nahe dem Alto do Duque). Nach dem Entwurf von Caetano Keil do Amaral wurde in den 40er Jahren der Berg auf ca. 1000 ha mit Ölbäumen, Zedern, Eichen und Pinien aufgeforstet und danach mit Ausflugszielen (Montes Claros u. a.) sowie Freizeitstätten (Schützen- und Tennisclub) versehen. Über das gesamte Gebiet verstreut gibt es Picknickplätze. ▶

Karte → *S. 61*

Monsanto (2)
Heiliger Berg

Diese Anlage ergänzt im Norden das bestehende Wäldchen Matas de S. Domingos de Benfica, das sich neben dem Anwesen des Palácio Fronteira (S. 262) im 19. Jh. zum populären Ausflugsort entwickelte. Im Süden erstreckt sich das königliche Jagdgehege Tapada da Ajuda, das in seiner heutigen Gestalt auf den Marquês de Pombal zurückgeht. Nachdem 1841 die Jagd eingestellt war, entwickelte sich die Tapada zum Schauplatz von Festlichkeiten und Ausstellungen mit Pavillons, die 1917–34 durch den neoklassischen Komplex des Instituto Superior de Agronomia (Adães Bermudes) abgelöst wurden. Oberhalb des modernen Universitätscampus befindet sich in einem verwilderten Park das astronomische Observatorium, das 1861–67 auf Initiative von D. Pedro V. entstand – u. a. auf Anregung der norddeutschen Astronomenfamilie Struve.

Am Rand des Stadtwaldes wurden in den 30er und 40er Jahren in Fabriknähe Sozialwohnungen errichtet (Benfica, Boavista, Alcântara), darunter das Bairro Social do Alto da Serafina (Paulino Montez, 1933) und das symmetrisch gestaltete Bairro do Alvito vom selben Architekten (1937). In der Umgebung beider Viertel wurden zuletzt Kinderparks mit Abenteuerspielplatz (Alto da Serafina) und Planschbecken (Alvito) angelegt. Unweit des Forte do Alto do Duque gibt es einen Aquaparque.

Typischer Monumentalschmuck des Estado Novo prangt an dem Ausflugsrestaurant Montes Claros, entworfen von Keil do Amaral.

★ Mosteiro dos Jerónimos (1)

Hieronymitenkloster

Am Hafen von Restelo, von dem aus die Seefahrer immer weiter ins Unbekannte vorstießen, ließ Infant D. Henrique (Heinrich der Seefahrer) 1459 die romanische Kapelle Nossa Senhora da Estrela von Grund auf erneuern. Er weihte sie unter päpstlichem Segen (Bulle von Pius II.) der Heiligen Jungfrau von Bethlehem und übergab sie den Christusrittern. Damit war der Keim für Belém und für das Kloster der Hieronymiten gelegt, für dessen Gründung D. Manuel 1495 die Erlaubnis von Papst Alexander VI. erbat.

Kurz nach der glorreichen Rückkehr Vasco da Gamas aus Indien 1499 begannen die Bauarbeiten, die sich bis 1572 hinzogen. Der Gesamtentwurf und die erste intensive Bauphase bis 1517 tragen die Handschrift von Diogo de Boytac. Bis zu diesem Jahr standen Mauern, Pfeiler und Pilaster des Langhauses, die Joche des Gewölbes und der Vierung, die das Transept abschließenden Kapellen und die ursprüngliche Altarkapelle. Um 1517 wurden Haupt- und Südportal vollendet. Bis zu seinem Tode 1521 übertrug D. Manuel das Werk João de Castilho (Juan de Castilho). ▶

Der Klosteranbau verdeckt die ursprüngliche Hauptfront der Kirche, von der nur ein Glockenturm ausgeführt wurde. Die Kuppel wurde erst 1910 aufgesetzt.

Die Muttergottes von Bethlehem über dem Torbogensims ist das zentrale Element des prächtigen Südportals.

Daten *1495 gegründet; ab 1500–02 erbaut unter Diogo de Boytac (1500–17), João de Castilho (1517–28) und Diogo de Torralva (1540–51); Umbau der Altarkapelle durch Jerónimo de Ruão (1569–72)* **Eintritt** *Kloster: 400 Esc (Sommer), 250 Esc (Winter)* **Öffnungszeiten** *Di–So 10–17 h (im Sommer bis 18.30 h)* **Adresse** *Praça do Império*

205

★ Mosteiro dos Jerónimos (2)
Hieronymitenkloster

Von Castillo wurden die Pläne revidiert. Es entstanden Kapitelsaal, Sakristei und Kreuzgang. Unter D. João III. trat 1540 noch ein Baumeister, Diogo de Torralva, hinzu. Das Gewölbe der Vierung wurde geschlossen, der Hochchor mit dem Holzgestühl (60 Plätze) geschaffen und der Kreuzgang vollendet. 1569 setzte die Arbeit aus, obgleich nur ein Viertel des ursprünglichen Plans verwirklicht war. Wichtigster Eingriff war danach die Renaissance-Gestaltung der Hauptkapelle durch Jerónimo de Ruão, dem Sohn von Jean de Rouen (1569–72). Dabei wurden die wuchtigen Sarkophage für D. Manuel und D. Maria (Nordseite) sowie D. João III. und D. Catarina (Südseite) angefertigt, die von indischen Elephanten getragen werden.

Den ersten Eindruck von der gesamten Anlage gewinnt man von der Praça do Império aus. Die homogen wirkende Südfront (315 m) umfaßt den Wohntrakt des Klosters und die 96 m hohe Kirche, geteilt durch die überwölbte Vorhalle zu beiden Bauten. Auffälligstes Element ist zweifellos das reichverzierte Südportal von Santa Maria (Entwurf Boytac; Ausführung João de Castilho), ein in Stein gearbeiteter Hochaltar. Die Zwillingstür verschwindet gleichsam unter der manuelinischen Dekor- und Figurenfülle, die durch ein Spitztürmchen mit Christusritter-Kreuz sogar den Dachsims des Langhauses übersteigt (32 m). ▶

Kühn freistehende Bogen zeichnen den oberen, von João de Castilho gestalteten Kreuzgang gegenüber dem unteren von Diogo de Boytac aus.

★ **Mosteiro dos Jerónimos** (3)

Hieronymitenkloster

Wichtige Figuren des Portalschmucks sind in der Mittelachse der bärtige Infant D. Henrique, der in Rüstung am Trennpfeiler der Türen steht, die Muttergottes von Bethlehem mit dem Jesuskind im Arm, stehend in der Mitte über dem Torbogengesims, dessen Giebelfelder in Halbreliefs die Hieronymus-Legende präsentieren, sowie auf der Höhe des Dachsimses der Erzengel Michael, Beschützer der katholischen Kirche und Portugals. Mit dieser aufsteigenden Ordnung wird die maritime Expansion im Einklang mit Marienkult und Kirche als wertvolles Handeln verewigt.

Eine ähnliche Würdigung von Portugals Mission vermittelt auch das eigentliche Hauptportal, ein bildhauerisches Meisterwerk der Renaissance von Nicolas Chanterène, das durch den Klosteranbau weniger zur Geltung kommt. Das Bogenfeld beherrscht auf einem Wiegensims die Weihnachtsszene, flankiert von der Verkündigung (links) und der Anbetung durch die Heiligen Drei Könige (rechts). Auf beiden reichverzierten Portalstöcken finden sich unter Stein-Baldachinen links auf einem Kissen kniend König D. Manuel, dahinter stehend sein Patron, der heilige Hieronymus, und in gleicher Weise rechts seine zweite Gattin D. Maria von Kastilien, gefolgt von Johannes dem Täufer. Es besticht die realistische Darstellung.   ▶

Detail des oberen Kreuzganges: Spiralig gewundene Spitzen, Tauwerk und reiche Ornamente kennzeichnen den manuelinischen Baustil.

★ Mosteiro dos Jerónimos (4)
Hieronymitenkloster

Von den zwei geplanten Türmen zu beiden Seiten des Westportals wurde nur einer über die Unterbauten hinaus verwirklicht und erhielt 1910 eine unhistorische Kuppel. Der Sakralbau selbst ist eine Hallenkirche, die drei gleich hohe Schiffe vortäuscht. João de Castilho vollbrachte mit dem hohen Gewölbe (25 m), das durch vernetzte Rippen auf zierlichen achteckigen Säulen mit nur 1 m Durchmesser ruht, ein einzigartiges Meisterstück der Statik und baulicher Eleganz, das auch das Erdbeben von 1755 heil überstand. An der Vierung sind in Nischen mit manuelinischen Schweifbogen sechs Altäre aus dem 17. bis 18. Jh. eingelassen. Die Altarkapelle mit einer schweren Kassettendecke aus farbigem Marmor besitzt einen silbernen Heiligenschrein (17. Jh.) sowie einen Altaraufsatz mit fünf Tafelbildern (Lourenço Salzedo, 1577) mit der Anbetung der Könige (2) und der Passion Jesu (3).

Überraschend zierlich sind die achteckigen, reichverzierten Säulen, die das hohe Netzgewölbe tragen.

Im Eingangsbereich der Kirche verstärken die Grabmäler von Vasco da Gama und Luís de Camões (1880 umgebettet) den Eindruck eines Mausoleums, der sich im Klostergebäude fortsetzt (u. a. seit 1985 Fernando Pessoa). Dort besticht der zweistöckige, 55 m lange manuelinische Kreuzgang, der weltweit zu den schönsten zählt. Das untere Geschoß wurde nach Boytacs Plänen realisiert, das obere von João de Castilho.

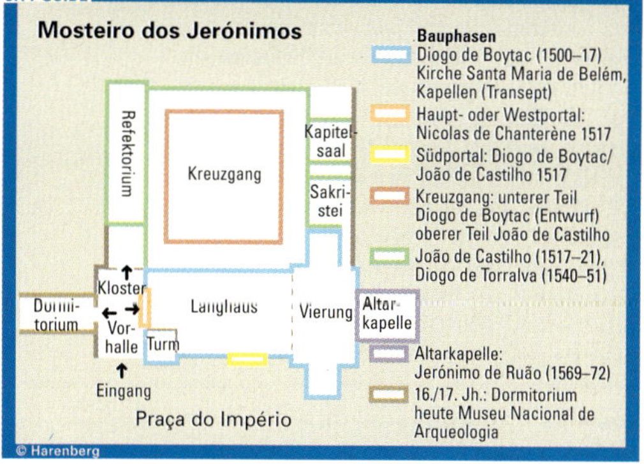

Mosteiro dos Jerónimos

Bauphasen

- Diogo de Boytac (1500–17) Kirche Santa Maria de Belém, Kapellen (Transept)
- Haupt- oder Westportal: Nicolas de Chanterène 1517
- Südportal: Diogo de Boytac/ João de Castilho 1517
- Kreuzgang: unterer Teil Diogo de Boytac (Entwurf) oberer Teil João de Castilho
- João de Castilho (1517–21), Diogo de Torralva (1540–51)
- Altarkapelle: Jerónimo de Ruão (1569–72)
- 16./17. Jh.: Dormitorium heute Museu Nacional de Arqueologia

Refektorium

Kreuzgang

Kapitel-saal

Sakri-stei

Dormi-torium

Kloster

Langhaus

Vierung

Altar-kapelle

Vor-halle

Turm

Eingang

Praça do Império

© Harenberg

211

Mouraria (1)
Maurenviertel

Nach der Eroberung des maurischen Lissabon durch D. Afonso Henriques wurde der moslemischen Bevölkerung 1170 ein Ghetto außerhalb der Burgmauern zugewiesen, wie dies allgemein im Zuge der christlichen Wiedereroberung auf der Iberischen Halbinsel üblich war. Erst mit der Auflösung der Juden- und Maurenviertel im Jahr 1496 durch ein Dekret von König D. Manuel I. verwandelte sich die Mouraria in ein offenes und christliches Viertel.

Das Centro Comercial Mouraria überragt die Wallfahrtskapelle Senhora da Saúde.

Durch die lange Abgeschiedenheit hat sich dort der Charakter einer mittelalterlichen Stadt mit maurischem Gepräge bewahrt, auch wenn in den 50er Jahren große Teile abgerissen wurden, die jetzt eine Wunde im Stadtbild hinterlassen (Largo Martim Moniz). Die liebevolle Wallfahrtskapelle Ermida da Senhora da Saúde, die auf das Jahr 1505 zurückgeht, wird seit 1989 durch das angebaute wuchtige Centro Comercial Mouraria förmlich erdrückt. Ihr barockes Portal stammt aus dem 18. Jh., im Inneren finden sich schöne Kachelbilder aus derselben Zeit (António de Oliveira Bernardes). Wie durch ein Wunder hat sich die volkstümliche Prozession im April zur „Jungfrau der Gesundheit" (erstmals 1570 anlässlich einer Pestepidemie) bis heute gehalten. ▶

Daten *Seit 1170 entstanden; ab 1496 in ein christliches Viertel verwandelt*
Karte → S. 47

Mouraria (2)
Maurenviertel

Die Mouraria, das sind enge Gassen und steile Treppen, die sich unverhofft zwischen baufälligen Häusern zu idyllischen Plätzen öffnen. Hier ist die Heimat des Fado, hier steht das Haus der Maria Severa (seit 1996 das Museu do Fado, Rua do Capelão/Largo Severa). Die unglücklich in den Grafen Conde do Vimioso Verliebte starb als 22jährige 1846 schwindsüchtig mit dem „Fado de Severa" auf den Lippen, mit dem sie im Gedächtnis des Volkes lebendig bleibt.

Den Largo da Rosa überragen die Burgmauern des Castelo São Jorge.

Traditionsreich ist auch der Markt in der Rua da Guia, die an die Stelle der früheren Moschee hinaufführt. Später entstand auf ihren Ruinen das Convento de Santo Antão, das König D. João III. 1542 den Jesuiten schenkte. Diese richteten 1553 nebenan ihr Colégio ein. An die erste Jesuitenschule der Welt erinnert heute eine Inschrift und der Name Quinta do Coleginho. Das große Anwesen, in dem einst auch das Jesuitentheater blühte, wird 1996/97 mit dem reizvollen Teatro Taborda verbunden, das sich dreistöckig an den Hang des Burghügels schmiegt (Costa do Castelo, 75). Das äußerlich unscheinbare Gebäude wurde binnen eines Jahres errichtet (Domingos da Silva Parente, 1870). Seit 1908 verwahrlost, zweckentfremdet und vom Abbruch bedroht, bildet es nun das attraktive Zentrum der Mouraria mit schöner Aussicht (Café-Terrasse) und einem Aufzug zum Castelo São Jorge (ab 1997/98). ▶

214

Mouraria (3)
Maurenviertel

Ein weiteres Zentrum am Rande der Mouraria befindet sich am Largo da Rosa mit der Kirche São Lourenço, deren Gründung seit 1220 bezeugt ist. Sie markiert die Grenze zum moslemischen Ghetto. Zweimalig von Erdbeben in Mitleidenschaft gezogen, wird das heutige Aussehen durch die Rokokofassade des Palácio Marquês de Ponte de Lima (auch Palácio da Rosa) bestimmt, in den das Gotteshaus durch Umbauten in der zweiten Hälfte des 18. Jh. integriert wurde. Neuerdings wurden zwei gotische Kapellen aus der Zeit von König D. Dinis wiederhergestellt und Funde aus maurischer Zeit (Getreidespeicher) freigelegt. Diese historischen Zeugnisse sind zusammen mit dem Kirchenschatz (darunter eine Holzfigur der Virgem dos Partos, 16. Jh.) ab 1997 im Palast zu besichtigen.

Barock überladen ist der Eingang des Palácio Marquês de Ponte de Lima am Largo da Rosa.

Museu da Água
Wassermuseum

Versteckt hinter dem weitläufigen Anwesen des Convento dos Barbadinhos von 1739 liegt die erste Dampfpumpanlage Portugals. Sie wurde 1880 eingerichtet und diente der Wasserversorgung Lissabons aus dem Aquädukt von Alviela. Durch einen gepflegten Vorgarten mit Aussicht auf den Fluß und das Strohmeer gelangt man unter den Augen von Meeresgott Neptun (Kachelbild) in das stillgelegte, aber baulich und technisch gut konservierte Wasserwerk. Industriearchäologisch bietet es den passenden Rahmen für ein Museum zur Geschichte der Wasserversorgung von der Römerzeit bis zur Gegenwart. Auf drei Stockwerken findet sich die technische Entwicklung durch Gebrauchsgegenstände und Apparaturen überzeugend dokumentiert. Den Höhepunkt bildet ohne Zweifel die Halle mit vier Dampfpumpen aus der zweiten Hälfte des 18. Jh. Eine davon wird zu Demonstrationszwecken elektrisch betrieben.

Das Museum ist Manuel da Maia, dem ersten Architekten des Aqueduto das Águas Livres (S. 80), gewidmet und findet eine sehenswerte Ergänzung durch die Mãe d'Água (S. 196).

Dampfpumpen im Maschinenraum des ehemaligen Wasserwerks.

Auch Meßgeräte können Ästhetik ausstrahlen.

Daten *1880 erbaut* **Öffnungszeiten** *Di–Sa 10–12.30 h und 14–17 h, Mo, So und Feiertage geschl.* **Eintritt** *300 Esc* **Adresse** *Rua Alviela, 12 (Sackgasse von der Calçada dos Barbadinhos); Straßenbahn 3, 16, 24*

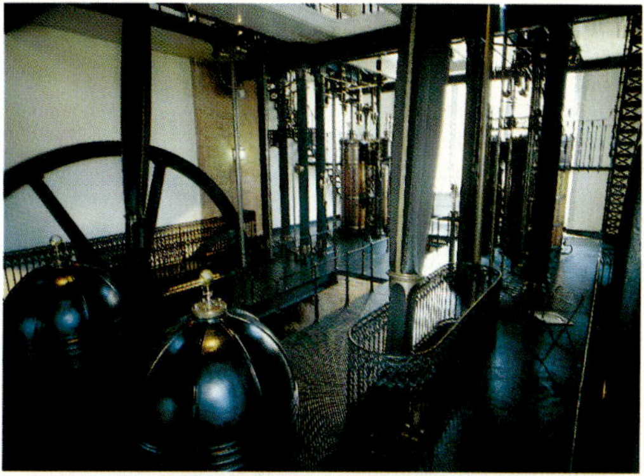

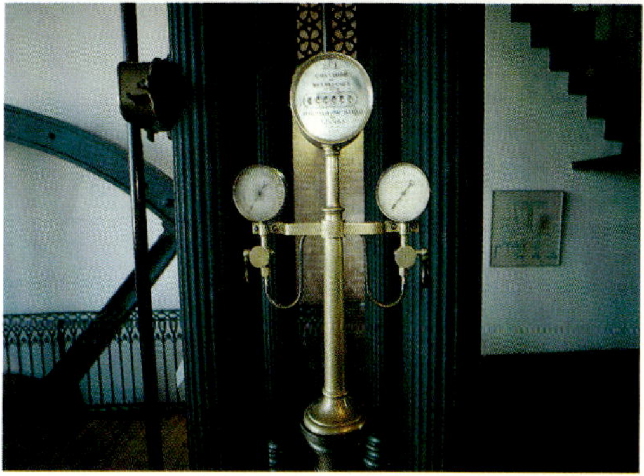

Museu de Artes Decorativas
Museum für Angewandte Kunst

Im Jahr 1918 wurde der erst 18jährige Ricardo Espírito Santo Silva durch den Tod seines Vaters Portugals jüngster Bankier. Bald sollte er neben Geld auch Antiquitäten anhäufen, für die er 1947 den Palácio Azurara wie einen Adelssitz des 18. Jh. gestalten ließ. Bei den Umbauten des vernachlässigten Gebäudes traten außer dem noblen Hauptportal weitere Details des 17. Jh. zutage, etwa ornamentale Wandmalereien und -kacheln. Schließlich wurde auch ein Turm der Cerca Moura (S. 140) freigelegt, der mit der Stadtmauer in die bauliche Grundmasse des Palastes eingegangen war.

Palastinterieur und Museum der dekorativen Künste geben eine harmonische Symbiose ein.

Neben Gemälden und China-Porzellan widmete sich Espírito Santo v. a. der portugiesischen Gebrauchskunst, so daß bedeutende Sammlungen von Mobiliar, Textilien und Silbergeschirr aus dem 17. und 18. Jh. zusammenkamen. Das Museum ist Teil einer Stiftung, die Espírito Santo 1953 unter seinem Namen gründete: Sie soll das kunsthandwerkliche Erbe Portugals nicht nur dokumentieren, sondern über ein Polytechnikum der Dekorativen Künste (Escola Superior de Artes Decorativas), dessen Werkstätten nicht mehr im Palast liegen, auch lebendig halten.

Daten *Im 17. Jh. erbaut; 1947 von Raul Lino umgestaltet* **Öffnungszeiten** *Di–So 10–17 h* **Eintritt** *500 Esc* **Adresse** *Largo das Portas do Sol; Straßenbahn 28; Bus 37*

Museu do Chiado

Dieses Museum besitzt eine wechselvolle Geschichte. Es befindet sich in einem Gebäudekomplex, der im Grundriß auf die prächtige „Franziskanerstadt" zurückgeht (Cidade de S. Francisco, ab dem 13. Jh.). Nach deren Zerstörung beim Erdbeben von 1755 führte das Kloster nur noch ein Schattendasein. Im 19. Jh. zog im südlichen Trakt die Kunstakademie ein, wo sie sich heute noch befindet. Als Ableger entstand aus Ateliers (Carlos Reis, Columbano) 1911 das Nationalmuseum für zeitgenössische Kunst. Als ständiges Provisorium und später unter dem konservativen Salazar-Regime konnte es kaum ein Gegenstück zum Museu Nacional de Arte Antiga (S. 236) bilden: Die moderne Kunst Portugals entwickelte sich im fernen Paris.

Als beim Chiado-Brand 1988 die Kunstwerke vorsorglich evakuiert wurden, ergab sich die Gelegenheit zu einer Neukonzeption, die auch das einstige klösterliche Gepräge wiedererweckt. Das neue Museum zeigt die Entwicklung portugiesischer Kunst von 1850 bis 1950, von Romantizismus, Naturalismus und Akademiemalerei zu den vielfältigen Strömungen seit dem Modernismus, sowie wechselnde Ausstellungen.

Die Neugestaltung des Museums läßt das Klostergemäuer zutage treten.

Daten *1990–94 von Jean-Michel Wilmotte erbaut* **Öffnungszeiten** *Mi–So 10–18 h, Di 14–18 h* **Eintritt** *300 Esc* **Adresse** *Rua Serpa Pinto, 4–6; Straßenbahn 20, 28*

Museu da Cidade
Stadtmuseum

Das herrschaftliche Gebäude, das von 1744 bis 1748 erbaut wurde, ist aus einem Guß – ein gut erhaltenes und restauriertes Musterbeispiel für die Landsitze unter der Regentschaft D. Joãos V., der angeblich den Palácio Pimenta für seine Nonnenliebschaft, die Oberin Paula aus Odivelas, bestimmt hatte. Die Architektur, Kachelbilder und Innenräume fügen sich harmonisch in dieses Stadtmuseum, das hier ab 1979 eingerichtet wurde. Es ist historisch aufgebaut, angefangen von den frühzeitlichen und römischen Funden bis hin zur Stadtgeschichte vom 12. Jh. bis 1910, als man die Republik ausrief, auf deren Initiative auch dieses Museum zurückgeht.

Schwerpunkte bilden die manuelinische Zeit, der Barock und das 19. Jh. mit zahlreichen Panorama-Ansichten. Gut dokumentiert ist auch der Aquädukt (S. 80), das Erdbeben von 1755 mit vielen Stichen deutscher Herkunft sowie die nachfolgende pombalinische Stadtreform.

Das Museu da Cidade ist eine traditionelle Ausstellungsstätte mit heterogenen, lokalpatriotischen und teilweise unhistorischen Exponaten.

Das Stadtmuseum befindet sich in einem typischen Adelssitz des 18. Jh. Angeblich wohnte hier die Oberin Paula, für die D. João V. eine besondere Schwäche hatte.

Daten *1744–48 erbaut (Architekt unbekannt)* **Öffnungszeiten** *Di–So 10–13 und 14–18 h, Mo und Feiertage geschl.* **Eintritt** *305 Esc* **Adresse** *Campo Grande, 245 (Metro)*

Museu da Electricidade

Das Elektrizitätswerk am Tejo (Central Tejo) hat Lissabons Leben von 1909 bis 1950 entscheidend mitgeprägt: als Stromlieferant, der v. a. die elektrische Straßenbeleuchtung und Straßenbahn (siehe Eléctrico, S. 158) ermöglichte. Der Gebäudekomplex aus rotem Backstein mit den vier hohen Schornsteinen ist unübersehbar. Die Haupthalle von 1939 täuscht durch hohe Fenster und den klobigen Turm einen Sakralbau vor. Das 1972 endgültig stillgelegte Kraftwerk gliedert sich historisch gesehen in drei Blöcke:

Der Backsteinbau mit den vier Schornsteinen zählt zu den Wahrzeichen der Lissabonner Waterline.

Von der ersten Betriebsphase (1909–19) ist nur das weiße Haus des Aufsehers übrig geblieben. Die zweite Phase (1919–41) bestimmt den heutigen Gesamteindruck, auch wenn die damaligen technischen Einrichtungen verschwunden sind: Elf Niedrigdruck-Dampfkessel speisten fünf Gruppen von Transformatoren. In der dritten Phase (1939–50) erfolgte die Umstellung von Niedrigdruck auf Hochdruck sowie eine Automatisierung. Diese Energiegewinnung aus Wasserdampf wurde ab 1951 abgelöst durch Wasserkraftwerke. Das Technologiedenkmal entging dem Abbruch durch die Idee eines Elektrizitätsmuseums (ab 1991, 1995/96 umgebaut).

Daten *Ab 1909 eingerichtet; Haupthalle 1939 François Touzet* **Öffnungszeiten** *Di–So 10–12.30 h und 14–17.30 h (So bis 20 h)* **Eintritt** *300 Esc* **Adresse** *Av. de Brasília; Estação Fluvial de Belém*

Museu de Marinha
Marinemuseum

Die Portugiesen sind ein Volk der Seefahrer. Ein entsprechendes Museum findet sich am westlichen Ende des Mosteiro dos Jerónimos (S. 204), dem 1962 eine neue Halle angefügt wurde. So entstand ein weiter, von Ankern gesäumter Vorhof, über dem die goldschimmernde Kuppel des Planetário Calouste Gulbenkian thront.

Galionsfiguren, Steuerräder, Schiffsmodelle finden sich unter dem Klostergewölbe versammelt.

Gleich hinter dem Klosterportal erwartet den Besucher eine Statue des Infanten D. Henrique. Er war Initiator des ultramarinen Abenteuers, das durch Entdeckungsfahrten von Gil Eanes, Diogo Cão, Bartolomeu Dias, Vasco da Gama u. a. im 15. und 16. Jh. zum kurzen Traum vom Weltreich führten. Entsprechende Exponate bilden den Kern des Museums, z. B. die Sammlung von Astrolabien. Die übrigen Säle handeln die Kriegsmarine, die zivile Schiffahrt und die Fischereiflotte in ihrer Entwicklung vom 18. bis ins 20. Jh. umfassend ab. Eine Passage, die mit traditionellen Bootstypen bestückt ist, führt hinüber zum Pavilhão das Galeotas. Dort sind u. a. Luxusbrigantinen des Königshauses (ab 18. Jh.) und das Wasserflugzeug Santa Cruz ausgestellt, mit dem Gago Coutinho und Sacadura Cabral 1922 erstmals den Südatlantik überqueren.

Der Infant D. Henrique (Heinrich der Seefahrer) war der Initiator der portugiesischen Entdeckungsfahrten.

Öffnungszeiten *Tägl. 10–18 h außer Mo und Feiertage* **Eintritt** *300 Esc*
Adresse *Praça do Império*

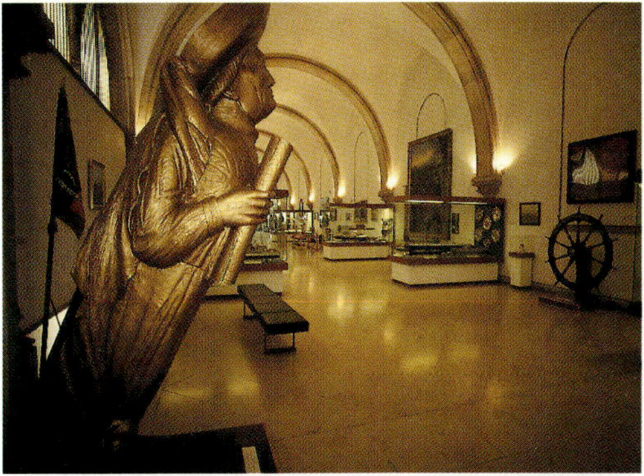

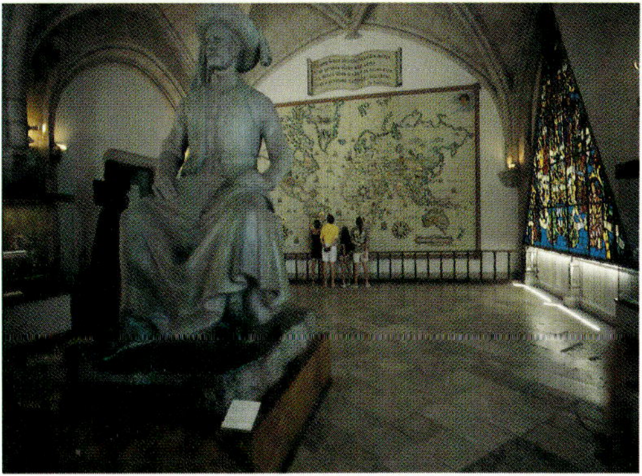

Museu Militar

Wohl jeder Zugreisende, der erstmals Lissabon betritt, wirft den Blick zum neobarocken Portal von Teixeira Lopes (1903) gegenüber dem Bahnhof. Im ehemaligen Arsenal, das der Marquês de Pombal 1760 auf den Ruinen eines Vorgängerbaues errichten ließ, findet sich ein kulturgeschichtlich interessantes Militärmuseum. Durch das rückwärtige Barockportal (Fernando de Larre) gelangt der Besucher in eine nationale Kultstätte, die ab 1890 aus Nostalgie nach dem einstigen Weltreich geschaffen wurde.

Opernhaft ausdekorierte Säle (fortgesetzt im ersten Stock) mit Allegorien auf die ostindischen Entdeckungsfahrten sind angefüllt mit Kanonen und anderem Kriegsgerät aus dem 15. bis 17. Jh. Die Gemälde zur ruhmreichen Geschichte und zum Nationalepos Os Lusíadas stammen u. a. von Columbano, José Malhoa und Carlos Reis. Daneben bewahrte der westliche Gebäudetrakt den Prunk des 18. Jh. mit allegorischen Skulpturen und Historienmalerei – der passende Rahmen für die Eisengießkunst des 18. Jh. (Bartolomeu da Costa) und die Entwicklung der Handfeuerwaffen seit dem 15. Jahrhundert.

Für viele Lissabon-Besucher der erste Eindruck: das neobarocke Portal des Museu Militar (1903) gegenüber dem Bahnhof Santa Apolónia.

Daten *1760 erbaut; spätere Umbauten* **Öffnungszeiten** *Di–Sa 10–16 h, So 11–17 h, Mo und Feiertage geschl.* **Eintritt** *300 Esc* **Adresse** *Largo Museu da Artilharia; Straßenbahn 3, 16, 24; Bus 9, 28, 39, 90*

Museu da Música

Auf dem Alto dos Moinhos trifft man heute nur noch auf die Ruine einer Windmühle („moinho"). Das 1994 geschaffene Musikmuseum, das die kurzlebigen Einrichtungen des 19. Jh. überdauern möge, bildet hier einen der wenigen Anziehungspunkte. Kaum verraten durch kubisch aufragende Belüftungsschächte, fügt es sich harmonisch in die einsame Metrostation ein, die mit Kachelmotiven von Júlio Pomar geschmückt ist.

Die kleine Orgel aus dem 18. Jh. bildet das räumliche Zentrum des Metro-Musikmuseums.

Der ungewöhnliche Ort erklärt sich durch die Patenschaft der kunstsinnigen Lissabonner Metro. Die bescheidene kleine Sammlung gruppiert sich, nach Einzelinstrumenten aufgefächert, rund um einen Miniatursaal für Kammermusik. Die meisten Objekte stammen aus dem 18. und 19. Jh.: Harfen, Lauten, Violen, Blasinstrumente, Spinette und Cembalos. Es gibt aber auch ausgefallene Exponate wie Lyra-Violen und das Melophon (Paris, 1848), Trombonen mit Drachenkopf oder in Schlangenform sowie Violine und Waldhorn aus Porzellan aus dem 18. Jh.

Daten *1994 eingerichtet* **Öffnungszeiten** *Di–Sa 13.30–20 h, So, Mo und Feiertage geschl.* **Eintritt** *300 Esc* **Adresse** *Alto dos Moinhos (Metro)*

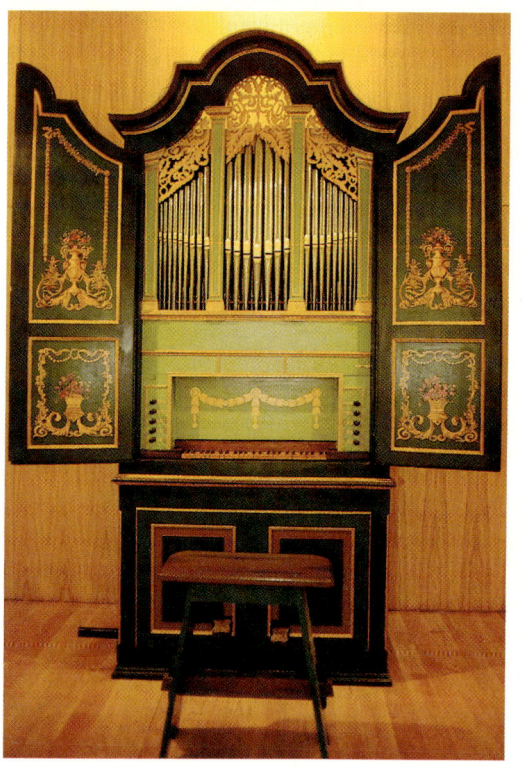

Museu Nacional de Arqueologia
Nationalmuseum für Archäologie

Seit 1989 sind die Nationalmuseen für Völker-
kunde und für Archäologie voneinander getrennt. Diese Änderung bedeutet zugleich den
Abschied von einer traditionellen Präsentation.
Der Wohntrakt des Mosteiro dos Jerónimos
(S. 204), den das frühere gemischte Museum
seit 1902 belegt hatte, wurde jetzt im Innern völlig neu gestaltet für die zeitgemäße Darbietung
der archäologischen Schätze Portugals von der
Eisen- und Bronzezeit bis zu den Römern.

*Das Archäologie-
museum befindet
sich im ehema-
ligen Wohntrakt
des Hieronymiten-
klosters.*

In Wechselausstellungen (mit Leihgaben) erhalten bestimmte Epochen und Kulturen größere
Aufmerksamkeit, während die festen Sammlungen weiterhin zugänglich sind. Zum Andenken an
den Gründer des einstigen Ethnographiemuseums
von 1893 trägt die Einrichtung den Namen von
José Leite de Vasconcelos.

Das seit 1989 unabhängige Museu de Etnologia,
für das 1975 in Restelo ein eigener moderner Bau
geschaffen wurde, entspringt der ethnologischen
Arbeit von Jorge Dias und seinem Team in Afrika
(1957/58) sowie dem Engagement von Ernesto
Veiga de Oliveira. So gelang es diesem Museum,
über den Schatten der Ultramar-Ideologie des
Estado Novo zu springen, der es bis 1974 offiziell
verpflichtet war.

Öffnungszeiten *Di 14–18 h, Mi, Fr, So 10–18 h, Do, Sa 10–19 h, Mo
und Feiertage geschl.* **Eintritt** *350 Esc* **Adresse** *Praça do Império*

★ **Museu Nacional de Arte Antiga** (1)
Museum für Alte Kunst

Die Säkularisierung von 1834 im Zuge der liberalen Revolution legte den eigentlichen Grundstein dieses Museums. Mit der Auflösung der Klöster gingen plötzlich riesige Kunstschätze in Staatsbesitz über und wurden vorerst unter schlechten Bedingungen v. a. im Convento de São Francisco zwischengelagert. In diesem monastischen Gebäudekomplex residierte nämlich die Akademie der Schönen Künste. Als deren Dependance formte sie 1868–84 nach und nach ein Kunstmuseum, allerdings mit unbefriedigenden Räumlichkeiten. Der große Erfolg einer Internationalen Ausstellung 1883 in den Sälen des Palácio Alvor führte dazu, daß die alten Gemälde von nun an in diesem Gebäude verblieben, das der Staat wenige Jahre zuvor erworben hatte. Als die Republik anbrach, erfolgte 1911 die Teilung in Museu de Arte Antiga und Museu de Arte Contemporânea (siehe Museu do Chiado, S. 222). Der Palácio Alvor aus dem 17. Jh. ging durch die Hand verschiedener Besitzer, u. a. des holländischen Diamantenhändlers Gabriel Gildemeester, der 1763–93 große Restaurierungen durchführte, und des Marquês de Pombal. ▶

Das sechsteilige Polyptychon von São Vicente de Fora (15. Jh.) besticht durch seine individualisierte Darstellung, die eine persönliche Identifizierung des Hofstaates von König D. Afonso V. erlaubt.

Daten *1884 gegründet* **Eintritt** *500 Esc* **Öffnungszeiten** *Di 14–18 h, Mi–So 10–18 h, Mo und Feiertage geschl.* **Adresse** *Rua das Janelas Verdes; Bus 27, 40, 49, 60*

236

★ Museu Nacional de Arte Antiga (2)

Museum für Alte Kunst

Im Jahr 1911 wurde der Palast nach Plänen von José Luís Monteiro und Adães Bermudes zum Museum umgebaut, wobei auch die Eingliederung des angrenzenden säkularisierten Klosters der Albertinerinnen (1585 unter span. Fremdherrschaft von Erzherzog Albert von Österreich gegründet) vorgesehen war. Doch erst 1940 wich das verfallene Kloster, von dem noch die dekorreiche Kapelle erhalten ist, dem lange geplanten Museumsbau, der neuerdings durch João de Almeida (1992–94) reformiert wurde.

Das neugestaltete dritte Obergeschoß ist portugiesischer Malerei und Plastik vom 15. bis ins 18. Jh. vorbehalten.

Das Museu Nacional de Arte Antiga ist die bedeutendste Kunstsammlung Portugals. Ihr Schwerpunkt liegt auf der portugiesischen und europäischen Malerei vom 14. bis ins 17. Jh. Hervorzuheben sind Albrecht Dürers „hl. Hieronymus", die „Salomé" von Lucas Cranach d. Ä. und die berühmten flämischen Werke von Hieronymus Bosch („Versuchung des heiligen Antonius"), Hans Memling („Mutter mit Kind") oder Pieter Brueghels „Werke des Mitleids". Auch die portugiesischen Altarbilder gelangten um 1600 unter flämischen Einfluß (Frei Carlos u. a.).

Neben Stein und Ton besitzt die Holzplastik in Portugal besondere Tradition.

Hauptattraktion ist das um 1460 entstandene Polyptychon vom Altar São Vicente de Fora (S. 336), das Nuno Gonçalves zugeschrieben wird. In Detailtreue sind Persönlichkeiten aus Königshof und Kirche dargestellt, die sich um den heiligen Vinzenz gruppieren. ▶

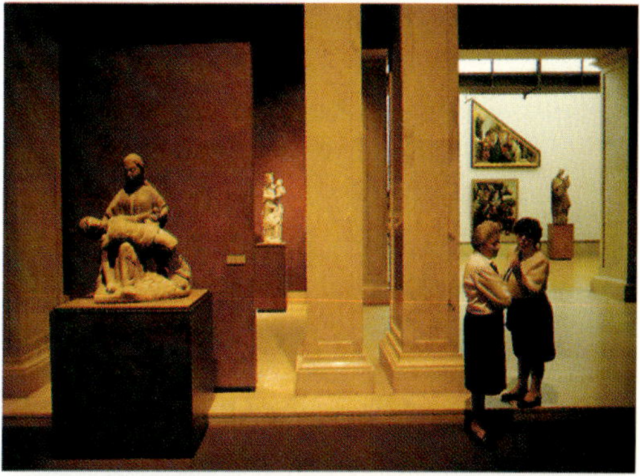

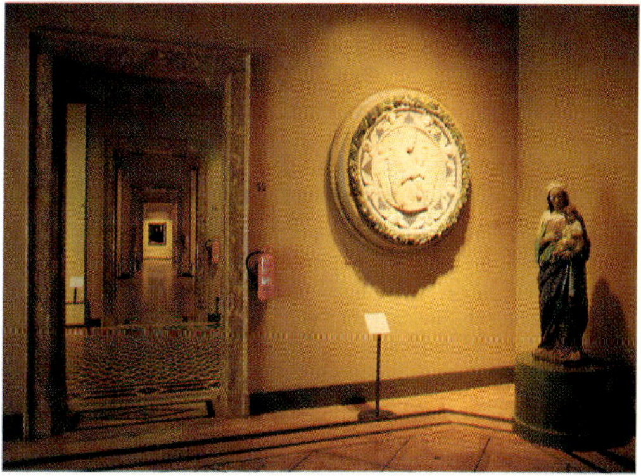

★ Museu Nacional de Arte Antiga (3)
Museum für Alte Kunst

Die manieristische Malerei Portugals im 17. Jh. unter italienischem Einfluß ist noch wenig bearbeitet; herausragende Beispiele sind die „Anbetung des himmlischen Hofes" und die „hl. Catarina unter den Gelehrten" aus dem Carmo (S. 120). Beeinflußt durch den spanischen Tenebrismus erreichten die Werke auf Leinwand von Domingos Vieira und Josepha de Óbidos große Ausstrahlung. Im 18. Jh. zeichnen sich Francisco Vieira Lusitano und Pedro Alexandrino de Carvalho aus – inmitten eines mittelmäßigen Kunstschaffens. Am Übergang zur romantischen Malerei des 19. Jh. erscheinen Vieira Portuense und Domingos António de Sequeira am bedeutendsten für die Entwicklung der portugiesischen Malerei zur Moderne.

Aus den zahllosen Klöstern und Kirchen ganz Portugals wurden nach der Säkularisation sakrale Bildwerke zusammengetragen.

Auch die Skulptur und die Goldschmiedekunst vom 12. bis 19. Jh. ist in diesem Museum für Portugal führend vertreten. Hervorzuheben sind die monumentale Barockkrippe mit bemalten Terrakotta-Figuren von J. Machado de Castro, die feingliedrige manuelinische Monstranz (Custódia de Belém, 1506), das romanische Prozessionskreuz von D. Sancho I. und das Reliquiarium – eher eine Miniaturkapelle – aus Madre de Deus (S. 188). Weitere Bereiche, die sich westlicher und orientalischer Keramikkunst, Tapisserie und dem Mobiliar widmen, lassen das Museum zur universalen Kunstsammlung werden.

Volkstümliche Märtyrer-Darstellung in barockfarbiger Lebensnähe (Relief aus bemaltem Holz).

240

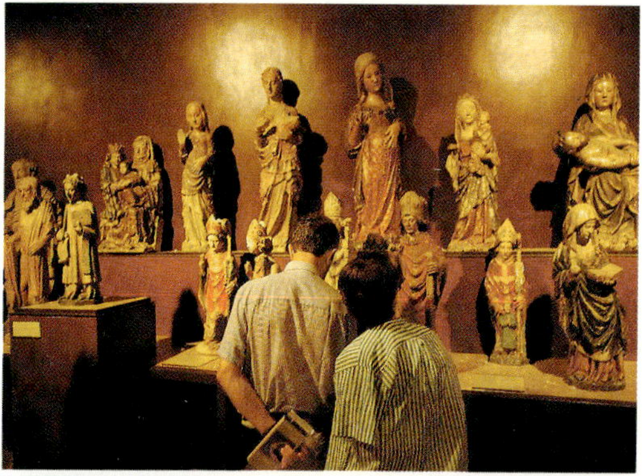

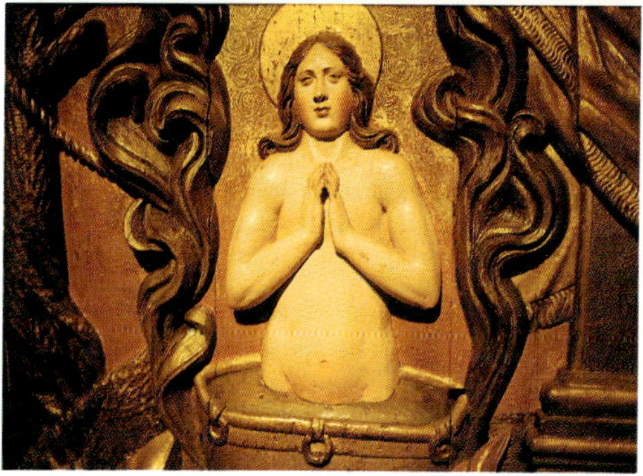

Museu Rafael Bordalo Pinheiro

Wer etwas mehr über das Lissabonner Leben im 19. Jh. erfahren will, sollte diese stille Villa am Rande des brausenden Verkehrs am Campo Grande besuchen. Das Museum widmet sich Rafael Bordalo Pinheiro (1846–1905). Seine künstlerische Vielseitigkeit macht ihn überaus bedeutsam für die Entwicklung der portugiesischen Karikatur, Gebrauchsgrafik und Fayence-Kunst von der Romantik bis zum Fin de siècle. Diese Bedeutung erkannte Artur Ernesto Cruz Magalhães, der aus Liebhaberei um 1890 die Sammlung seiner Werke begann und später in seiner Villa einrichtete, die er 1913 am damals beschaulichen Campo Grande bauen ließ. 1924 schenkte er das Museum der Stadt Lissabon.

Diese schmucke Villa öffnet die Tür zum Portugal des späten 19. Jh.

In Karikaturen und Grafiken wird das volkstümliche Treiben auf der Straße ebenso wie die Salon- und Theaterwelt lebendig. Bordalo Pinheiros Zeichenstift trifft politische Machtkämpfe, gesellschaftliche Intrigen und die soziale Misere, die der „Zé Povinho", der einfache Mann aus dem Volk, duldsam und gewitzt erträgt. Die Galerie populärer Gestalten setzt sich in seiner Figurenkeramik fort, die sich einfallsreich mit der Gebrauchskunst (z. B. Trinkgefäße) verbindet.

Daten *1913 von Álvaro Machado erbaut* **Öffnungszeiten** *Di–So 10–13 und 14–18 b, Mo und Feiertage geschl.* **Eintritt** *235 Esc* **Adresse** *Campo Grande, 382 (Metro)*

Nossa Senhora de Fátima

Muttergottes von Fátima

Auf den ersten Blick gibt sich dieser weiße Bau durch seine klobigen und eckigen Formen als typisches Produkt des Estado Novo Salazars zu erkennen. Er war allerdings 1938 der erste seiner Art und sollte eine Wende in der portugiesischen Sakralkunst einleiten. Doch selbst die gemäßigte Modernität der Stahlbeton-Architektur von Pardal Monteiro ging dem damaligen Patriarchen Gonçalves Cerejeira, einem engen Vertrauten Salazars, zu weit.

Horizontale Linien im unteren und vertikale Linien im oberen Bereich verraten eine moderne Formensprache, die 1938 in Portugal noch Aufsehen erregte.

Hinter dem breiten Eingangsportal, über dem die zwölf Apostel in einem breiten Halbrelief thronen (Francisco Franco), eröffnet sich ein imposanter Innenraum, bestehend aus einem weitläufigen Hauptschiff mit gotisierenden Rippenbogen und flankiert von zwei Nebenschiffen. Die besondere Raumwirkung geht v. a. von den farbenprächtigen Glasmalereien aus, die Almada Negreiros schuf. Im zweiten Seitenfenster rechts hat er sich unten selbst porträtiert. Zu seinen Meisterwerken zählt die Pietá hinter dem Altar, der über der Orgel die Kreuzigungsszene korrespondiert. Vom selben Künstler stammen auch die Mosaike der Taufkapelle.

Daten *1934–38 erbaut von Porfírio Pardal Monteiro; Glasmalereien von Almada Negreiros* **Adresse** *Av. de Berna; Bus 16, 26, 30*

Paços do Concelho (1)
Rathaus

Bis Anfang des 18. Jh. befand sich das Rathaus neben der Kapelle Santo António à Sé (S. 318), danach an verschiedenen Orten, u. a. im Palácio da Independência (S. 270). Ab Januar 1774 versammelten sich dann die Stadtväter in den Paços do Concelho, die Eugénio dos Santos und Reinaldo Manuel im Zuge der pombalinischen Neuordnung der Baixa (S. 98) errichtet hatten.

Der Pelourinho mit der dreifach gedrehten Säule bildet den Mittelpunkt des Rathausplatzes.

Als der klassizistische Bau 1863 abbrannte, planten die Stadtväter sogleich einen Neubau an derselben Stelle von J. P. Pézerat und Domingos Parente da Silva (1867). Letzterer übernahm die Leitung, bis 1876 Querelen zu seiner Entlassung führten. Streitpunkt war die Figurenkomposition des Tympanons. Ressano Garcia und andere plädierten für eine Uhr anstelle des Stadtwappens, flankiert von Patria und Libertas, ihrerseits begleitet vom Genius der Schiffahrt (rechts) und der Arbeit (links). Diese allegorische Komposition wurde schließlich 1880–82 von Anatole Calmels ausgeführt. Der nachfolgende Architekt José Luís Monteiro besorgte v. a. die Innenausstattung: Der herrschaftliche Treppenaufgang, über dem sich eine Kuppel erhebt, führt zu einer Galerie. ▶

Daten *1867–82 erbaut nach Plänen von Domingos Parente da Silva, ab 1876 José Luís Monteiro (Innenarchitektur)* **Öffnungszeiten** *Nur auf Verlangen zugänglich* **Adresse** *Praça do Município*

Paços do Concelho (2)
Rathaus

Von der Galerie gehen verschiedene Säle ab. Alle erfuhren eine prächtige Ausstattung im Historismus des Second Empire, an der sich Leandro Braga, Domingos Sequeira, José Malhoa, Columbano u. a. beteiligten. Den Höhepunkt bildet der Festsaal, den eine Allegorie auf Lissabon krönt (Deckengemälde von José Rodrigues, 1883). Lissabon erscheint dabei als Frau, der die Stadtväter gleichsam als Priester dienen. Somit wird den Paços do Concelho eine pseudo-sakrale Ausstrahlung verliehen, die sich aus der Freimaurerei erklärt, der viele Stadtväter seit Rosa Araújo verpflichtet waren.

Von diesem Balkon des Salão Nobre unter dem umstrittenen Tympanon wurde 1910 die Republik ausgerufen.

Mit der Freimaurerei hängen wohl auch der erwähnte Tympanon-Streit sowie das Anbringen von Sternen und Rosen in den Innenräumen zusammen. Schon während der Monarchie bemühte sich der Lissabonner Senat im 19. Jh. um die Verwirklichung der idealen „Stadtrepublik" und wurde so zum Hort republikanischer Gesinnung. Nicht von ungefähr wurde vom Balkon des Festsaales am 5. Oktober 1910 die Republik ausgerufen. Damals füllte eine unübersehbare Menschenmenge den Rathausplatz, in dessen Mitte sich ein Pelourinho erhebt, die historisierende Nachbildung eines älteren Prangers (18. Jh.), der – so wie in ganz Portugal – über seinen früheren konkreten Gebrauch hinaus die kommunale Gesetzeshoheit versinnbildlicht.

Der herrschaftliche Treppenaufgang zeigt bereits, daß das Rathaus Lissabons prächtigster Profanbau des 19. Jh. ist.

★ **Padrão dos Descobrimentos** (1)

Denkmal der Entdeckungen

Der monumentale Gedenkstein ragt unmittelbar am Tejo-Ufer 50 m in die Höhe. Weithin sichtbar ist der rechteckige Block, die stilisierten Formen von drei geblähten Segeln und eines steil aufsteigenden Buges, der aus dem Sockel hervortritt. Erst aus der Nähe erkennt man die 32 Statuen, die einander überlagernd das „Schiffsdeck" auf beiden Längsseiten des Blocks bevölkern, angeführt von der Figur (9 m) des Infanten D. Henrique mit einer Miniaturkaravelle in der Hand. Der Sohn von D. João I. war mit seiner Seefahrerschule von Sagres Initiator der maritimen Expansion Portugals. Ihm gebührt der Ehrenplatz, gefolgt von Persönlichkeiten wie dem Weltumsegler Fernão de Magalhães und Vasco da Gama, der 1498 den Seeweg nach Indien fand.

Der Entwurf zu diesem Gedenkstein entstand, als Duarte Pacheco, Leitão de Barros und Leopoldo de Almeida beim Architekten Cottinelli Telmo über die Gestaltung des Platzes vor dem Mosteiro dos Jerónimos (S. 204) diskutierten. Der Padrão dos Descobrimentos wurde zunächst als Attrappe ausgeführt und bildete 1940 zusammen mit der Praça do Império (S. 292) das Herzstück der Ausstellung der Portugiesischen Welt. ▶

Ein stilisierter Schiffsbug bildet den Sockel für das weltberühmte Seefahrerdenkmal, das von Cottinelli Telmo 1939 entworfen wurde.

Daten *1939–49 Konzeption von Cottinelli Telmo und provisorische Ausführung; 1958–60 erbaut* **Öffnungszeiten** *Tägl. 9.30–18.45 h* **Eintritt** *Plattform: 300 Esc, Ausstellungen unterschiedlich* **Adresse** *Doca de Belém*

★ **Padrão dos Descobrimentos** (2)
Denkmal der Entdeckungen

Doch die Montage zog sich bis 1949 hin, als der Schöpfer Cottinelli Telmo bereits verstorben war. Erst 1958–60 wurde das Denkmal als integrales Bauvorhaben in Stein und Stahlbeton aus Anlaß des 500. Todestages des Infanten D. Henrique verwirklicht. Leopoldo de Almeida realisierte mit Soares Branco und António Santos die steinerne Lektion heroischer Geschichte, kurz bevor der grausame Kolonialkrieg um die „Überseeprovinzen" des Estado Novo begann.

Von dem Architekten António Pardal Monteiro stammt die Innengestaltung, 1985 wurde sie als Centro Cultural das Descobertas modernisiert und ergänzt (Fernando Ramalho): Unter der Schwertspitze eines riesigen Kreuzes des Christusritter-Ordens, der für die Dynastie von Aviz ebenso wie für die ultramarinen Entdeckungen eine überragende Rolle spielte, gelangt man in den Hohlraum des Gedenksteines. Ein Aufzug führt zur Bar und zur Aussichtsplattform im siebten Stock. Im Erd- und Tiefgeschoß befinden sich Auditorium und drei Ausstellungssäle. Auf dem Vorplatz wurde eine Windrose (Luís Cristino da Silva, 1960) von 50 m Durchmesser in das Pflaster eingelassen. In der zentralen Planisphäre mit eingelegtem Marmor und Granit findet man die Entdeckungsrouten mit ihren Daten.

Der Zierleuchtturm von João Simões gehört zu den wenigen Elementen, die die Ausstellung der Portugiesischen Welt von 1940 überdauerten.

Für den Vorplatz des Padrão entwarf Luís Cristino da Silva die gigantische Windrose (50 m Durchmesser), in der die Karte der portugiesischen Entdeckungsfahrten eingelassen ist.

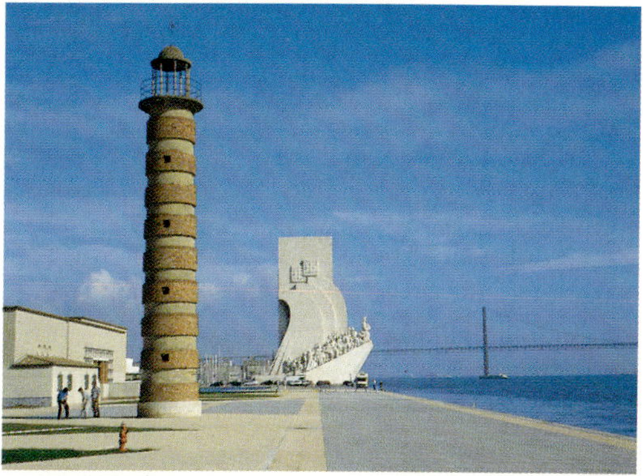

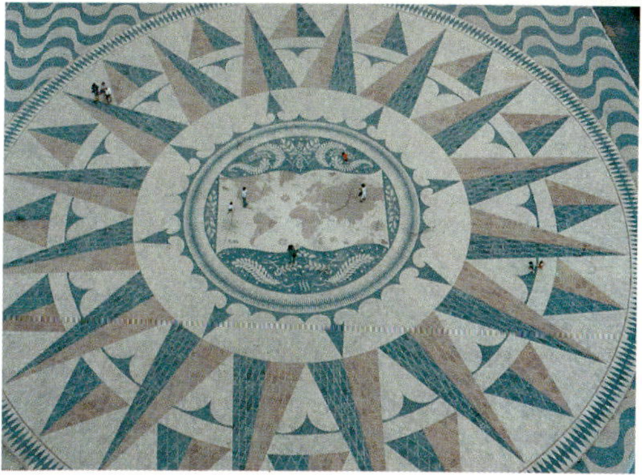

★ **Palácio da Ajuda** (1)

Das Schloß ist eine der gewaltigsten Bauruinen Europas. Es verdankt seine Entstehung dem Erdbeben von 1755, das den Königspalast am Terreiro do Paço (S. 354) zerstörte. Der Monarch D. José wollte fortan nur noch in Holzgebäuden residieren. Die Vorsichtsmaßnahme bewirkte jedoch, daß die prächtige „Königliche Baracke" (Real Barraca) 1794 völlig ausbrannte. Es wurde mit einem barocken Neubau von Manuel Caetano de Sousa begonnen, doch 1802 durch ein neoklassisches Projekt von Francisco Xavier Fabri und José da Costa e Silva ersetzt.

Die Nebenfassade wurde zur Hauptfront – Eingang zum unvollendeten Palácio da Ajuda.

1807 erzwang die napoleonische Invasion eine Unterbrechung. Als die Königsfamilie 1821 aus Brasilien zurückgekehrt war, verstrichen noch fünf Jahre, bis die Ost- und Südflügel bewohnbar waren. Sie wurden mit Gemälden (Cyrillo Volkmar Machado, Domingos Sequeira) und Skulpturen (Machado do Castro, João José de Aguiar) ausgestaltet. Unter D. Luís und D. Maria Pia setzte Hofarchitekt Possidónio Narciso da Silva ab 1862 die Bauarbeiten fort, die künstlerische Gestaltung besorgten Giuseppe Cinatti, António da Fonseca und Anatole Calmels (Skulpturen). ▶

Überall prangt das königliche Wappen: die Sala dos Archeiros.

Daten *1756–94 als Holzbau; ab 1795 nach Plänen von Manuel Caetano de Sousa; ab 1802 Francisco Xavier Fabri und José da Costa e Silva* **Öffnungszeiten** *Tägl. 10–16.30 h (auch Feiertage) außer Mi (Führungen alle 30 bis 60 Min.)* **Eintritt** *200 Esc* **Karte** → S. 63

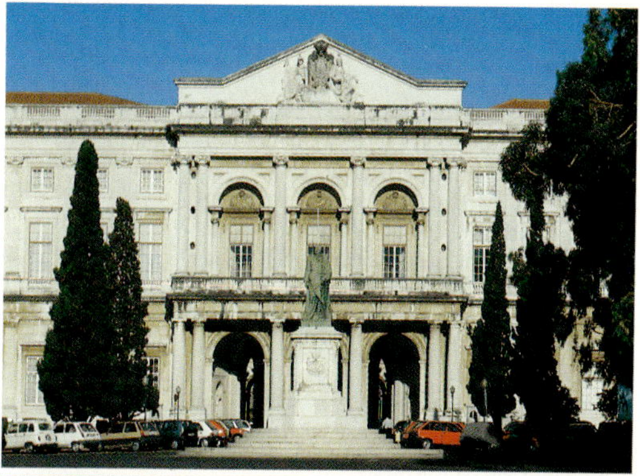

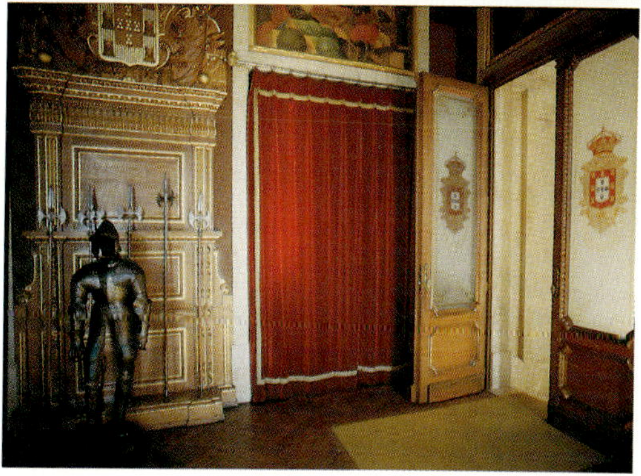

Bürgerlicher Lebenskomfort (z. B. sanitäre Anlagen) und königlich-kosmopolitische Kultur bestimmen die Innenausstattung, die seit 1938 als Museum (wiederholt erweitert) zu besichtigen ist. Im übrigen Ost- und Nordflügel sind die Bibliothek und eine staatliche Kulturbehörde untergebracht. Von den 34 Räumen beeindrucken im Parterre der Salon Spanischer Gobelins von 1785 u. a. nach Motiven von Francisco de Goya, der orientalisch wirkende Wintergarten von 1862 mit einem Marmorbrunnen und der Sachsener Salon, der mit Gegenständen aus Meißener Porzellan bestückt ist. Im Obergeschoß erweckt das Malatelier König D. Luís' Interesse, dessen neugotisches deutsches Gepräge auf D. Fernando II. von Sachsen-Coburg zurückgeht.

Die Westfassade des Königspalastes blieb Bauruine – zu gigantisch war das Vorhaben, zu wechselvoll die Geschichte.

Besonderen Prunk stellen Thron-, Tanz- und Speisesaal zur Schau. Diese Räumlichkeiten dienen bis heute Staatsempfängen und -banketten. Trotz seiner Monumentalität umfaßt das vorhandene Schloß nur ein Viertel der einst geplanten Anlage. Ein Seitenportal wurde zum Haupteingang mit einem Atrium, das klassizistische Statuen schmückt. Versuche, die vorhandene Bausubstanz zu einem würdigen Abschluß zu führen (Raul Lino, 1944–48; Gonçalo Byrne 1987), konzentrieren sich auf die Erweiterung des Hofgartens, dessen bisheriger Teil (Domenico Vandelli) noch vom Schloß abgetrennt ist.

★ **Palácio de Belém** (1)

Der Aufstieg zur königlichen Residenz begann unter D. João V. Er kaufte 1726 die Palastanlage, die D. Manuel de Portugal ab 1559 auf der Basis eines älteren Landhauses erbauen ließ. Unter dem Barockkönig erhielt der Palast seinen heutigen lachsfarbenen Anstrich, den Hofgarten mit Brunnen und Skulpturen (u. a. „Tod der Kleopatra" von José Mazzuoli) und große Stallungen für Pferde und Kutschen.

Von der Praça Afonso de Albuquerque aus erkennt man die terrassenartig abgestufte Struktur des Palastes.

D. José I. logierte als erster König in Belém und überstand dort auch das Erdbeben von 1755 schadlos. Seine Tochter D. Maria I. verbesserte den Palast und fügte einen kleinen Rokoko-Garten mit Pavillons hinzu. Auf Betreiben des Prinzen D. João ließ sie 1787–99 die Stallungen zur prächtigen Reitschule (Picadeiro de Belém) ausbauen. Ihre zentrale Einheit ist eine zweistöckige Halle (Salão Nobre) mit umlaufender Balustrade und Galerie. Die Decke zieren drei ovale Kompositionen mit Triumph-Symbolik, umschlungen von allegorischen Darstellungen in acht Medaillons (vier Künste, vier Jahreszeiten). ▶

Daten *Palast ab 1559 geschaffen, seit 1726 Residenz des Königs, seit 1910 des Präsidenten; 1789–99 Reitschule geschaffen durch Giacomo Azzolini, 1905 durch Rosendo Carvalheira zum Museum umgebaut, 1942–44 durch Raul Lino erweitert (Salão Novo)* **Öffnungszeiten** *Tägl. 10–17.30 h, Mo geschl.* **Eintritt** *450 Esc* **Adresse** *Praça de Afonso de Albuquerque*

Im 19. Jh. wählte die königliche Familie den Palácio de Belém immer wieder als Wohnsitz, insbesondere D. Carlos und D. Amélia, die 1887 ein weiteres Geschoß aufsetzen ließen. Für illustre Gäste wie den deutschen Kaiser Wilhelm II. wurde 1903 ein eigener Trakt im Pátio das Damas angefügt. Nach der Ausrufung der Republik wurde der Palast bruchlos zur offiziellen Residenz des Präsidenten und rückte bei Staatsbesuchen ins Rampenlicht der Öffentlichkeit.

Die ehemalige Reitschule wurde zu Europas wichtigstem Kutschenmuseum.

Während dieser Teil des Anwesens in der Regel nicht zur Besichtigung freigegeben ist, befindet sich im östlichen Trakt der einstigen Reitschule das interessanteste Kutschenmuseum Europas. Das Museu dos Coches geht zurück auf Initiative von D. Amélia, die durch die Pariser Weltausstellung von 1900 angeregt wurde. Bis in die Gegenwart kontinuierlich erweitert, läßt sich über vier Jahrhunderte hinweg die Entwicklung von Sänften und Tragsitzen zu ausgefeilten Pferdefuhrwerken und ausgesuchten Details herrschaftlicher Repräsentanz beobachten. Prunkstücke der Sammlung sind die prunkvollen Barockkutschen aus der Zeit von D. João V., darunter drei Fahrzeuge, die er 1716 für Papst Clemens XI. anfertigen ließ. Sie tragen an den Aufhängungen der Vorder- und Hinterräder spektakuläre Kompositionen aus vergoldetem Holz (José de Almeida), Allegorien auf Lissabon als „Rom des Westens".

★ **Palácio Fronteira** (1)

Schon im 16. Jh. gab es in den Gefilden von Benfica eine Kapelle (Inschrift: 1584), die später in eine der schönsten Schloßanlagen Portugals integriert werden sollte. Dieser Landsitz geht auf D. João de Mascarenhas zurück, der sich 1640 im Kampf um die Restauration Portugals und durch seine Treue zum Infanten D. Pedro auszeichnete. Dieser verdrängte 1668 seinen Bruder D. Afonso VI. vom Thron. Der Prinzregent entlohnte seinen Getreuen 1670 mit dem Landgut und machte ihn zum Marquês de Fronteira. Wohl geht die Palastanlage, die in den nächsten fünf Jahren entstand, auch auf Initiative des Infanten und späteren Königs D. Pedro II. zurück.

So manche Jagdgesellschaft traf sich in den Parks und in den Sälen des Landschlosses im Stil italienischer Renaissance. Der unbekannte Architekt schuf eine Komposition mit klassischen Elementen und Proportionen, die in der dreiteiligen Hauptfassade mit ihrer dorisch-ionischen Pilasterordnung in den zwei Geschossen exemplarisch zum Ausdruck kommen. ▶

Hinter geometrisch gestutzten Hecken erhebt sich pagodenhaft die Casa do Tanque, über und über mit Azulejos ausgekleidet.

Daten *1670–75 erbaut; ab 1755 umgebaut und erweitert* **Eintritt** *1000 Esc (Sa 1500 Esc); nur Garten 300 Esc* **Öffnungszeiten** *Führungen halbstündlich 10.30–12 h (Sommer), 11 h und 12 h (Winter) außer So und Feiertage* **Adresse** *Largo São Domingos de Benfica*

★ Palácio Fronteira (2)

Bauliches Kernstück ist der Schlachtensaal (Sala das Batalhas) mit gekachelten Wandbildern, die Szenen aus den Restaurationskriegen zeigen. Die Genauigkeit und die erklärenden Legenden deuten an, daß sie unter Aufsicht von D. João de Mascarenhas entstanden, der im lebensgroßen Stuckbild hoch zu Pferde plastisch dargestellt ist. Land-, Jagd- und Meeresszenen füllen die Wände des Speisesaales bis auf halbe Höhe – angeblich die ersten Kacheln, die aus Holland importiert wurden. Darüber befinden sich Porträts von Domigos Sequeira u. a., abgeteilt durch Rocaille-Stuck, der auf spätbarocke Umgestaltungen des Palastes nach dem Erdbeben von 1755 verweist (ebenso Treppenaufgang und Atrium).

Doch die opulente Ausstattung mit Azulejos bildet die eigentliche Sehenswürdigkeit. Die größtenteils weiß-blauen Kachelbilder und -ornamente nicht nur portugiesischer Herkunft treten in ein Wechselspiel mit der Architektur, plastischen Bildwerken (Statuen, Büsten, Halbreliefs) und dem üppigen Garten, der teilweise geometrischer Ordnung unterworfen wurde. Ihren Höhepunkt erreicht dieser Dialog im berühmten Gartenteich (Tanque do Jardim), begrenzt von einer hohen Mauer, die mit zwölf Kachelbildern (sowie zwei weiteren an den Eckpunkten) ausgekleidet wurde. Die Reiterporträts bilden lebensgroß Vorfahren des Marquês de Fronteira ab. ▶

Detail der Casa do Tanque: Reiterporträts der Familie Mascarenhas unter der Balustrade.

Allegorische Azulejo-Bilder (hier: die Dichtkunst) und Skulpturen säumen den Weg zur Palastkapelle.

Gekrönt wird diese Komposition durch eine Balustrade, die – von Götterstatuen und Blumenvasen flankiert – ein freistehendes manieristisches Portal trägt. Das Geländer begrenzt die Terrassengalerie, die in Nischen Marmorbüsten der portugiesischen Könige von D. Afonso Henriques bis D. Pedro (noch ungekrönt) darbietet. Seltene vielfarbige Azulejos aus Andalusien verkleiden die Galeria dos Reis, deren Abfolge den Dreierschritt der Reiterporträts wiederholt.

Die Sala dos Painéis: Oberhalb der Kachelbilder aus dem 17. Jh. sind Wände und Decke mit Rocaille-Schmuck verziert.

Die beiden gleichartigen Treppenaufgänge zur Galerie befinden sich unter den zwei Pavillons, die sich symmetrisch an den Enden des Teiches wie chinesische Pagoden erheben. Eine weitere bemerkenswerte Komposition bildet die Veranda im Obergeschoß, die von den Sälen des Palastes zum manieristischen Portikus der Kapelle hinüberführt. Ganz mit weiß-blauen Azulejos ausgekleidet, wechseln allegorische Kachelbilder (Musen, Sinne, Künste und Wissenschaften) mit Götterstatuen ab. Über den Nischen befinden sich Fayence-Medaillons, die mit Früchten und Blumen umkränzt die Florentiner Werkstatt der Della Robbia als Vorbild anzeigen. So genießt der Palácio Fronteira zu recht den Ruf eines einzigartigen (Freiluft-)Museums der Keramik- und Stuckkünste. Die Stiftung Casas de Fronteira e Alorna ermöglicht eine Besichtigung von Garten und Palast, der sich in Privatbesitz befindet.

In diesen Sälen des Palastes hielt die gelehrte Marquesa de Alorna, Portugals Madame de Staël, ihre Soirées ab.

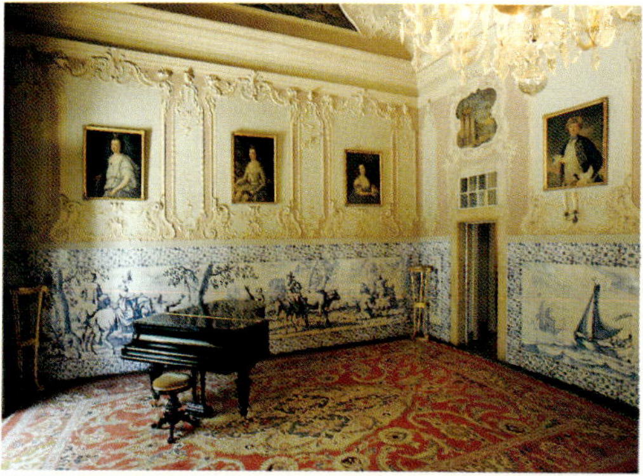

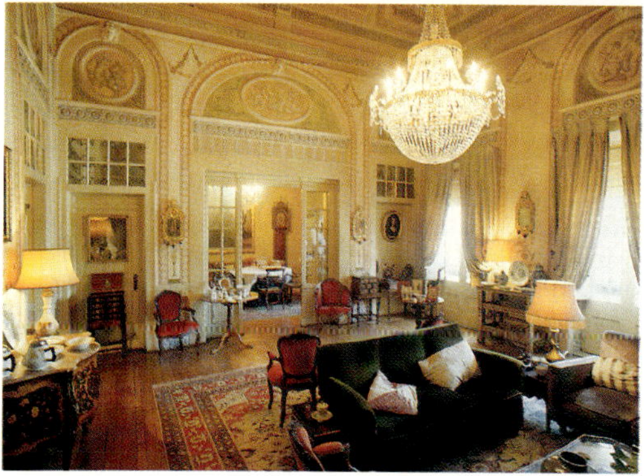

Palácio Galveias

Kaum zu glauben, daß dieser prächtige Palast Mitte des 17. Jh. noch Landsitz war. Er gehörte der Familie Távora, deren Hab und Gut 1759 konfisziert wurde (siehe Chão Salgado, S. 144). Die damals innovative U-Form des Grundrisses, die auf französischen Einfluß zurückgeht, verbreitete sich im 18. Jh. in ganz Portugal. Die symmetrische Anlage wird nach vorn abgeschlossen durch eine Mauer, in die zwei Fenster und das martialisch geschmückte Portal eingelassen sind. Auf diese Weise entsteht ein Atrium.

Die Gartenfront bestätigt die harmonische Komposition des Palastes.

Die Front ist durch Pilaster harmonisch gegliedert. Die Torbogen des dreifachen Eingangsportals korrespondieren über Kreuz mit den Abschlüssen der darüberliegenden Fenster. Die übrigen tragen eine stilisierte Muschel im Giebelfeld, wie dies bei Klöstern üblich war. Im Inneren befinden sich seit 1931 Stadtarchiv und -bibliothek. Das halbrunde Vestibül, zu dem zwei geschwungene Aufgänge hinaufführen, sowie der dreigliedrige Salão Nobre sind nur zeitweise zugänglich. Die Südfassade mit Terrasse und zwei Seitenflügeln weist zum Garten hin – eine Oase der Ruhe, durch Mauern abgeschirmt.

Der elegante Halbkreis des Atriums wiederholt sich im Obergeschoß als Vestibül zum Salão Nobre.

Daten *Im 17. Jh. erbaut* **Öffnungszeiten** *Werktags 9.30–17h; Abweichungen mögl. bei Ausstellungen u. a.* **Adresse** *Campo Grande (Metro)*

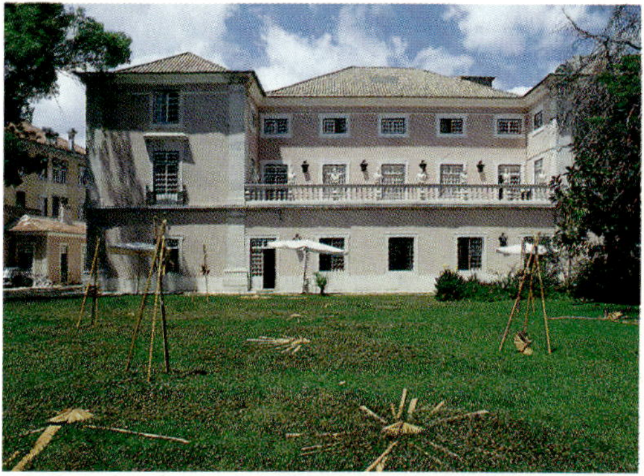

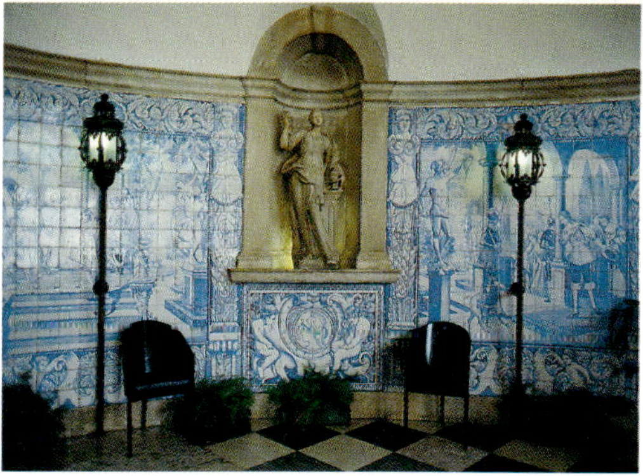

Palácio da Independência
Palast der Unabhängigkeit

Unter den Grafen von Almada trafen sich die Adeligen im Palácio de Almada, um gegen die spanische Fremdherrschaft zu konspirieren, bis 1640 die Unabhängigkeit wiedererlangt wurde. Diese Tatsache gab dem Palast seinen zweiten Namen, unter dem er heute bekannt ist. Seit dem 15. Jh. befand sich hier der Familiensitz der Almadas. Die heutige überwiegend klassizistische Gestalt geht wohl im wesentlichen auf Baumaßnahmen um 1740 zurück. Da sie beim Erdbeben 1755 kaum beschädigt wurde, bewahrten sich Elemente früherer Epochen: zwei oktogonale, sich verjüngende Küchenschornsteine, zwei manuelinische Portale und eine manieristische Fassade mit toskanischem Doppelportal.

Das Mittelfenster über dem klassizistischen Portal ziert das Wappen der Grafen von Almada.

Im alten Garten steht der Pavillon, in dem sich angeblich die Verschwörer trafen. Daran erinnert das Kachelbild (1770–80) über dem manuelinischen Brunnen. In den seitlichen Arkaden zur Rua das Portas de Santo Antão befindet sich eine Verkaufsstelle der Historischen Gesellschaft der Unabhängigkeit Portugals, die seit 1861 unter anderem Namen den Palast nutzt und das Denkmal an der Praça dos Restauradores (S. 300) errichtete. Im Palast kann man ab 1996/97 das Museu da Identidade Lusíada besuchen.

Daten *Bauten v. a. des 18. Jh.* **Adresse** *Largo São Domingos; Metro Rossio*

Palácio das Necessidades

Den Anfang machte eine Kapelle, die nach den Pestepidemien von 1580 und 1599 um eine wundertätige Marienfigur (Nossa Senhora das Necessidades) entstand. Seit D. João IV. suchten auch Portugals Könige bei dieser Muttergottes Hilfe, insbesondere D. João V., der 1742 das Nachlassen seiner partiellen Lähmung gütiger marianischer Intervention zuschrieb. Zum Dank ließ er bis 1750 die Kapelle zur Schloßkirche erweitern und gliederte ihr Kloster, Hospiz und Königspalast an. Von dem monastischen Komplex überstand nur der Uhrenturm die späteren Umbauten, die v. a. unter D. Maria II. erfolgten, um aus dem hybriden Klosterpalast ein echtes Königsschloß zu formen (1844–46, Possidónio da Silva).

Seit 1951 hat das portugiesische Außenministerium seinen Sitz in dem ehemaligen Königspalast.

Nach der unglücklich-kurzen Regentschaft von D. Pedro V., der als 24jähriger dem Typhusfieber erlag, fiel der Palast in Ungnade. Auch der schöne Schloßgarten verfiel in einen Dornröschenschlaf. Der Palácio das Necessidades wurde erst wieder von D. Carlos und D. Amélia de Bourbon als Residenz genutzt, bevor 1910 die Republik monarchischer Repräsentanz ein Ende machte. Große Teile der Inneneinrichtung kamen ins Museum des Palácio da Ajuda (S. 254).

Das Zimmer des unverheirateten Monarchen D. Manuel II. nach seiner Flucht aus dem Palácio das Necessidades am 5. Oktober 1910 (historisches Foto).

Daten *Kapelle ab 1607; 1742–50 Kloster und Palast; 1844–46 umgestaltet*
Öffnungszeiten *Nicht zur Besichtigung zugänglich* **Adresse** *Bus 13*

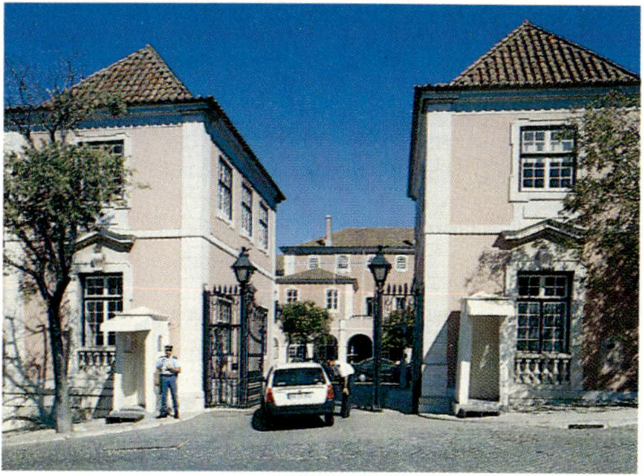

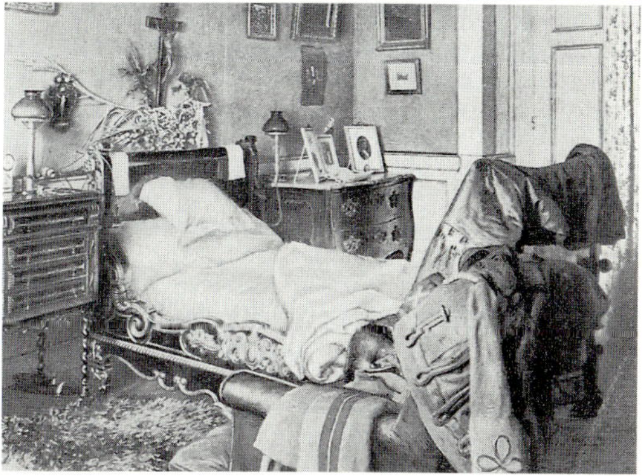

Palácio de Palhavã

Unbeirrt vom tosenden Verkehr auf der riesigen Praça de Espanha erhebt sich das Portal mit gesprengtem Giebel, bekrönt von den allegorischen Figuren der Gerechtigkeit und Weisheit. Dahinter liegt ein großzügiger Landsitz aus dem 17. Jh., den die Grafen von Sarzedas über drei Generationen hinweg anlegen ließen.

Pagodenhafte Spitzdächer markieren die Eckpunkte des quadratischen Grundrisses.

Hier wohnten die „drei Jungen von Palhavã" (os três meninos de Palhavã), uneheliche Söhne von D. João V. Sie traten in Konflikt mit dem Thronfolger D. José I. und wurden für 17 Jahre in die Verbannung geschickt. Später verkam der Palast im Zuge der napoleonischen Invasion und der Bürgerkriege. Schließlich wurde die Anlage 1918 im Auftrag der spanischen Regierung erworben, restauriert und im Innern (Säle, Privatkapelle) prächtig ausgestattet.

Mythologische Skulpturen schmücken den Ehrenhof zwischen den beiden Gebäudekomplexen.

Das Portal führt in den Ehrenhof, der – ebenso wie der Garten – mit mythologischen Statuen geschmückt ist. Auf der rechten Seite gelangt man durch eine elegante Loggia in den Palast. Sein quadratischer Grundriß wird an den Ecken durch hohe Spitzdächer akzentuiert – Ecktürme vortäuschend. Auf der südlichen Flanke des Ehrenhofes ahmen Stallungen den Palast nach, um so eine Symmetrie zu schaffen.

Daten *17. Jh. erbaut* **Öffnungszeiten** *Nicht zur Besichtigung zugänglich*
Adresse *Praça de Espanha; Metro Palhavã*

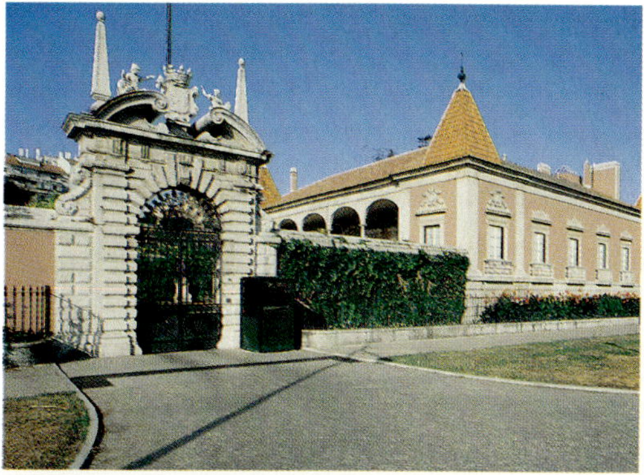

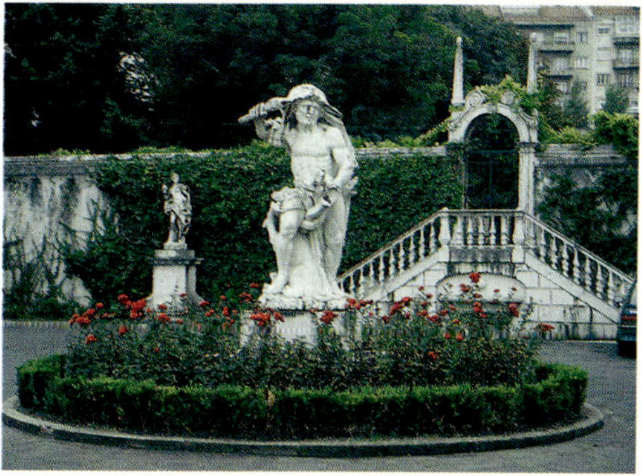

★ **Parque Eduardo VII.** (1)

An die Avenida da Liberdade (S. 86) schließt geradlinig eine geometrisch abgezirkelte Grünanlage an, die wohl derzeit Lissabons berühmteste ist. Ursprünglich war der Park – ebenso wie die Avenida – der Freiheit gewidmet, erhielt jedoch 1903 den Namen des englischen Königs Edward VII., der damals gerade einen Staatsbesuch abstattete (Erinnerungsbüste am Eingang zur Estufa Fria). Doch wurde erst 1910 mit der planmäßigen Gestaltung des Gartens begonnen, dessen heutiges Aussehen auf Keil do Amaral (1945–49) zurückgeht. Von diesem Architekten stammen ebenfalls die beiden pseudo-klassizistischen Zierpylonen an der Nordseite, denen eigentlich ein Stadtpalast folgen sollte.

Tropische Vegetation wuchert in der Estufa Quente.

Doch der Bauplatz blieb bis heute leer. Von hier oben kann man eine herrliche Aussicht auf die Stadt und den Tejo genießen. Dabei wird unweigerlich das hohe Monument an der Rotunda Marquês de Pombal in den Blick geraten. Die Rotunda ist der Endpunkt der Avenida da Liberdade und hat ebenso wie diese ihr einstiges Aussehen weitgehend verloren. ▶

Daten *Ab 1910 geschaffen* **Öffnungszeiten** *Estufa Fria: tägl. 9–18 h; Estufa Quente: tägl. 9–17.30 h* **Eintritt** *85 Esc* **Adresse** *Rotunda (Metro)*

Das Monument, 1926 nach einem Entwurf von Adães Bermudes begonnen, besteht aus allegorischen Szenen (Volk, Nation) zu Füßen des massiven Sockels. Auf seiner Spitze erhebt sich über 9 m hoch eine Statue des Marquês de Pombal in Begleitung eines Löwen, eine Allegorie der Macht (Francisco dos Santos, 1934). Die Blickrichtung fällt auf die Unterstadt, die er als despotischer Staatsminister nach dem Erdbeben prägte.

Wie eine spätbarocke Kirche erhebt sich die Mittelfassade des Sportpavillons von 1932.

Im Parque Eduardo VII. gibt es außer Mobiliar im Stil des Estado Novo einen Sportpavillon (Guilherme und Carlos Rebelo de Andrade, 1932), der 1984 in Pavilhão Carlos Lopes (Marathonläufer) umbenannt wurde. Das Gebäude, das für die Weltausstellung von 1921 in Rio de Janeiro bestimmt war, erscheint durch pombalinische Bedachung, Rocaille-Elemente und patriotische bis folkloristische Kachelbilder wie ein lusitanischer Nostalgietempel.

Eigentliche Attraktion des Parks ist allerdings das Gewächshaus, zu dem man derzeit nur über die Rua Castilho gelangt. Diese schattige Oase entrückt den Besucher in subtropische bis tropische Gefilde. Die zweistöckige, mit Strohmatten abgedeckte Estufa Fria (Kaltes Gewächshaus) wurde ab 1910 angelegt. Seitliche Tunnel-Durchgänge führen zur später eingerichteten kleineren Estufa Quente (heißes Gewächshaus), die eine Kakteenabteilung besitzt.

Parque Expo 98

Die Weltausstellung 1998 bedeutet für Lissabon den ehrgeizigen Versuch, ein neues attraktives Stadtzentrum im Osten zu schaffen – gleichsam als Gegenstück zu Belém. Hier entstehen ein neuer Bahnhof (Estação do Oriente) und eine zweite Tejo-Brücke (Ponte Vasco da Gama), die mit 13 km die längste Europas sein wird.

Die Expo 98 bietet eine einzigartige Chance zur gezielten Stadtentwicklung in Lissabons Osten.

Das Areal der Weltausstellung und die Pavillons befinden sich im Umkreis der Doca dos Olivais, überragt von einem Aussichtsturm. Im ehemaligen Hafenbecken bildet der ungewöhnliche Pavilhão dos Oceanos von Peter Chermayeff die Hauptattraktion. Er wird als größtes Ozeanium Europas nach der Expo 98 bestehen bleiben. In kleinen Habitaten werden Antarktis, Indischer, Atlantischer und Pazifischer Ozean in ihrer Flora und Fauna vorgeführt. Der Pavilhão de Portugal mit der eher schlichten Architektur (Álvaro Siza Vieira) ist den Entdeckungsfahrten gewidmet. Dieser kulturhistorischen Darstellung schließen sich der Pavilhão do Conhecimento dos Mares und der Pavilhão do Futuro an. Sehr eigenwillig ist der Pavilhão da Utopia entworfen, ein überdachtes Amphitheater mit Multimedia-Spektakel. Auf dem internationalen Areal, das später Messegelände bleibt, stellen 115 Teilnehmer aus aller Welt ihre Ideen zum Thema Meer vor.

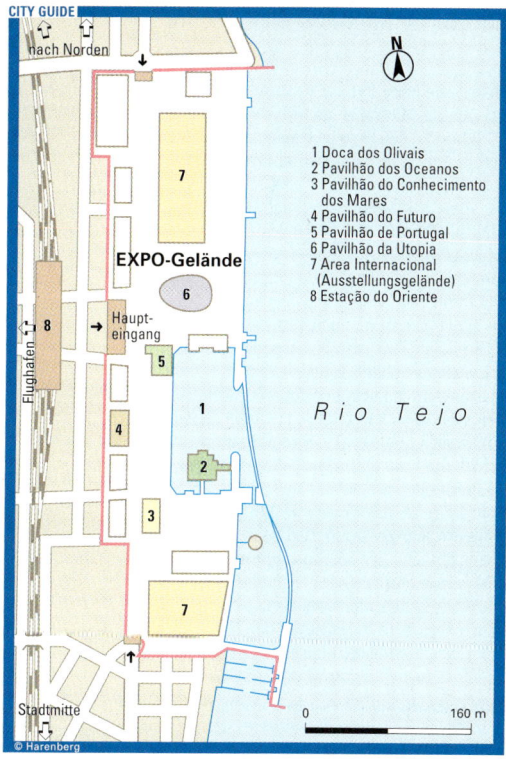

nach Norden

N

EXPO-Gelände

Haupt-
eingang

Flughafen

Stadtmitte

© Harenberg

1 Doca dos Olivais
2 Pavilhão dos Oceanos
3 Pavilhão do Conhecimento
  dos Mares
4 Pavilhão do Futuro
5 Pavilhão de Portugal
6 Pavilhão da Utopia
7 Area Internacional
  (Ausstellungsgelände)
8 Estação do Oriente

Rio Tejo

0   160 m

Parque do Monteiro-Mor

Schon seit jeher war dieser Ort etwas Besonderes. Als im Mittelalter die Könige D. Dinis und D. Afonso IV. den Paço do Lumiar anlegten, stand bereits São João Baptista. Die Kirche ist wege des alten Kultes (10. Jh.) der heiligen Brigida (Reliquie und Markt an Lichtmeß) hochinteressant. Ab dem 18. Jh. entstanden dicht daneben ummauerte Adelssitze, umgeben von einem botanischen Garten, den sich der Marquês de Angeja von Domenico Vandelli schaffen ließ.

Eingang zum Trachtenmuseum im Palácio Angeja-Palmela.

So findet man heute im Schutz von riesigen, seltenen Baumarten subtropische Pflanzen, die im feuchten Mikroklima gedeihen. Um 1840, als der Marquês de Palmela den Besitz erwarb, wurde der Park vom Österreicher Friedrich Welwitsch romantisch gestaltet. 1975 vom Staat erworben, erhielt das Ensemble seinen jetzigen Namen, der an den uralten Hoftitel des Jagdmeisters erinnert. Seit 1976 ist das Trachtenmuseum Museu do Traje in dem größeren Palácio Angeja-Palmela untergebracht, der ebenso eine Rokoko-Kapelle und einen Wintergarten (Restaurant) besitzt. 1985 trat in dem kleineren Palácio do Monteiro-Mor neben dem Rosengarten das Theatermuseum (Museu do Teatro) hinzu.

Bühnenbildnerische Modelle sind ein Schwerpunkt des Museo do Teatro im Palácio do Monteiro-Mor.

Öffnungszeiten *Di 14–18 h, Mi bis So 10–18 h, Mo und Feiertage geschl.*
Eintritt *400 Esc (insgesamt)* **Adresse** *Estrada de Lumiar; Bus 1, 7, 36, 101 oder Anfahrt über A 8 Loures (Ausfahrt beschildert)*

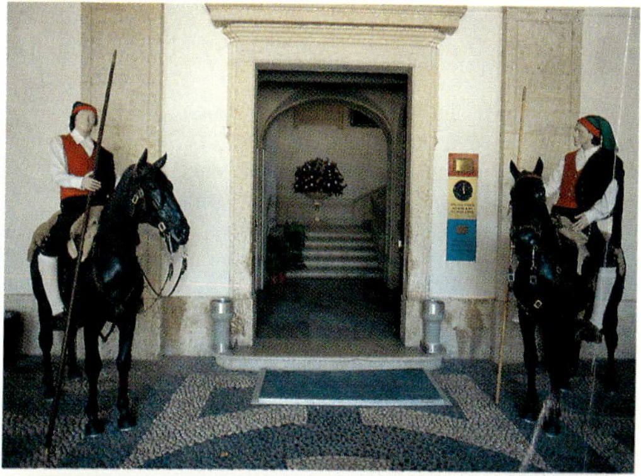

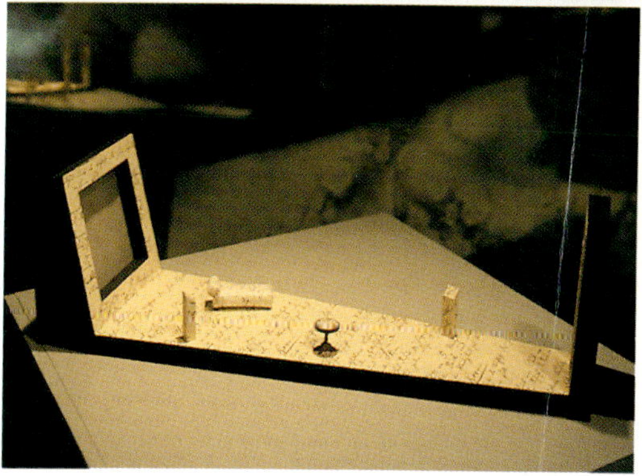

Pátios

Innenhöfe

Verborgen hinter einer Toreinfahrt eröffnet sich unverhofft eine Welt, die man als Fremder nur zaudernd betritt: ein zugleich öffentlicher und privater Raum für Familien, die ringsherum dicht gedrängt in ein- bis zweistöckigen Häusern zusammenleben. Als Ende des 19. Jh. mit der Industrialisierung ärmliche Bevölkerung in die Hauptstadt strömte, wurden die Pátios zu Lissabons „Milieu". Sie lösen bis heute auf organisch-ungeordnete Weise das brisante Wohnproblem (siehe auch Vilas Operárias, S. 370).

Einem Heimatfilm entsprungen scheint der Henkershof (Pátio do Carrasco).

Ein anschauliches Beispiel ist der malerische Pátio do Carrasco (Henkershof). Nicht erst seit Wim Wenders' Film „Lisbon Story" (1994) erfreut sich der Pátio D. Fradique großer Berühmtheit. Obgleich er nicht gerade die typische gedrängte Form besitzt, demonstriert er doch die historisch vielschichtige, vornehm-populäre Mischung, die den Pátios eigen ist: Die Portalfront gehört zum Palácio de Belmonte (ab 16. Jh.), der wiederholt umgebaut und teilweise vom Erdbeben zerstört in den Pátio D. Fradique aufging. Hinter einem finsteren Durchgang öffnet sich ein weiter Platz mit dörflichen Behausungen. Auf der Südseite bietet die ehemalige Palastterrasse eine herrliche Aussicht auf Burgviertel, Alfama und Fluß.

Adresse *Pátio do Carrasco an der Rua Augusta Rosa; Pátio D. Fradique an der Travessa do Funil bzw. Rua dos Cegos (Bus 37)* **Karte** → S. 47

Ponte 25 de Abril
Brücke des 25. April

Beim Nachtbummel zwischen Cais do Sodré und Belém verspürt man ein eigentümliches Brummen im Ohr. Ursache sind die Autos, die auf dem genoppten Fahrbahnbelag in 70 m Höhe den Tejo überqueren. Bis 1966 war jeder, der ans andere Ufer wollte, auf Fähren angewiesen (siehe Cacilhas, S. 104). Den Brückenprojekten, die seit 1876 immer wieder präsentiert wurden, folgten keine Taten. Erst 1962–66 ließ die United States Steel Company die damals größte Brücke Europas mit einer Länge von 2300 m entstehen. Die beiden Hauptmasten, 82 m tief verankert, ragen 190 m über dem Wasser auf. Jeweils einen halben Kilometer vom Ufer entfernt, tragen sie das 1013 m lange Mittelstück über Stahlseile, von denen vertikal Stangen abgehen. Als letzte monumentale Architektur des Estado Novo erhielt die elegante rote Hängebrücke den Namen Salazar, der nach 1974 durch das Datum der „Nelkenrevolution" ersetzt wurde. Das stark gestiegene Fahrzeugaufkommen von 6 Mio (1970) auf 45 Mio (1993) überfordert die Brücke. Die neue Ponte Vasco da Gama neben dem Parque Expo 98 (S. 280) soll sie entlasten. Der Ponte 25 de Abril wird aber 1996–98 verstärkt und erweitert. Eine neue Ebene für den Schienenverkehr sorgt für die direkte Zugverbindung zur Algarve.

Immer noch beeindruckt Lissabons Hängebrücke, die Erinnerungen an San Francisco weckt.

Daten *1962–66 erbaut nach Plänen von Edgar Cardoso* **Karte** → *S. 59*

Praça Afonso de Albuquerque

Dem Palácio de Belém vorgelagert ist die Praça Afonso de Albuquerque. Seine Existenz verdankt das Karree dem Revivalismus der Jahrhundertwende, als man die heroische Entdeckerzeit wiederaufleben lassen wollte. Den Mittelpunkt der Parkanlagen bildet das 24 m hohe Denkmal zu Ehren von Afonso de Albuquerque (Silva Pinto und Costa Mota, 1901). Der neomanuelinische Stil drückt sich im Sockel des Monuments aus. Hier findet sich mit Armillarsphären, Tauwerk und Tieren (v. a. Elefanten) das bekannte Repertoire der Manuelinik.

Stolz präsentiert sich der legendäre Vizekönig von Indien auf der Ehrensäule vor dem Palácio de Belém.

Tatsächlich war das Gebiet entlang des Flusses schon seit den Zeiten von D. Dinis für die Schiffsindustrie bedeutsam, als bereits die Rua da Junqueira existierte. Im Auftrag des Marques de Pombal schuf wohl Reinaldo Manuel dos Santos 1771–88 die Cordoaria Real, die Fertigungsstätten für die Schiffsmarine. Mit 394 m Längsseite und 125 m Breite ist sie trotz wiederholter Brände und des Baus der Av. da India ein außergewöhnliches Beispiel von Industriearchitektur. Auf der gegenüberliegenden Seite säumen Adelspaläste die Rua da Junqueira, etwa der Palácio dos Condes da Ribeira Grande (Nr. 66) mit der großen Palastkapelle (18. Jh.), der Palácio Burnay (Nr. 86) mit den zwei Eingangstürmen oder das Haus Nr. 190–196 (heute Sitz der Universidade Lusíada; Entwurf von Carlos Mardel).

Praça da Figueira
Feigenbaumplatz

Seine Entstehung verdankt das große Karree dem Untergang des Hospital Real de Todos-os-Santos von 1492, das bis zum Erdbeben 1755 die Breitseite des Rossio (S. 306) beherrschte. Da bei der urbanen Neuordnung unter dem Marquês de Pombal auf den Wiederaufbau verzichtet wurde, entstand nach Plänen von Eugénio dos Santos und Carlos Mardel ein orthogonal geplantes Pendant zum traditionsreichen Rossio, den der despotische Staatsminister als potentiellen Hort von Volksaufruhr möglichst zu degradieren suchte. Er verlegte auch per Dekret den Markt vom Rossio auf den neuen „Platz des Feigenbaumes".

Die Ansicht von oben macht die Geburt des Platzes aus der recht-winkligen Planung nach dem Erd-beben von 1755 deutlich.

Der Hauptmarkt wurde 1834 illuminiert und mit Bäumen bestückt, die Buden wichen 1885 einer gußeisernen Halle, die zum Wahrzeichen Lissabons wurde. 1949 fiel sie dem Neuerungseifer des Estado Novo zum Opfer, der sich auch hier monumental inszenieren wollte, aber nicht über das Planungsstadium hinausgelangte. So fristet der Platz, seiner Funktionen beraubt, als künstlicher Zwillingsbruder des Rossio im Schatten des Burghügels sein prosaisches Dasein, zweifelhaft verschönert durch das pseudo-klassizistische Reiterdenkmal von D. João I. (Leopoldo de Almeida, 1950), das erst 1971 aufgestellt wurde.

Das Reiterstand-bild von D. João I. beherrscht die Praça da Figueira.

Daten *Um 1760 nach Entwürfen von Eugénio dos Santos und Carlos Mardel geschaffen* **Adresse** *Metro Rossio*

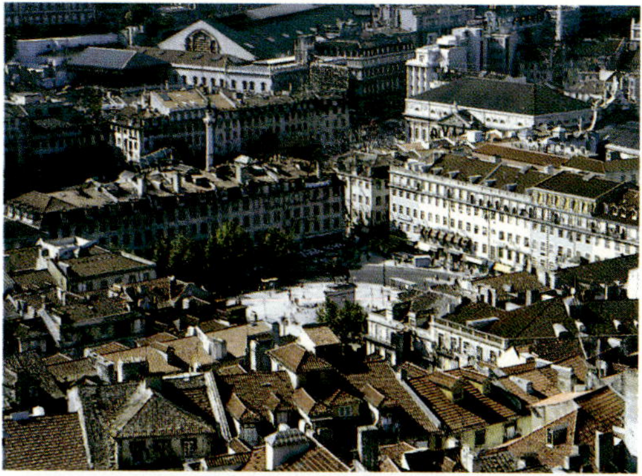

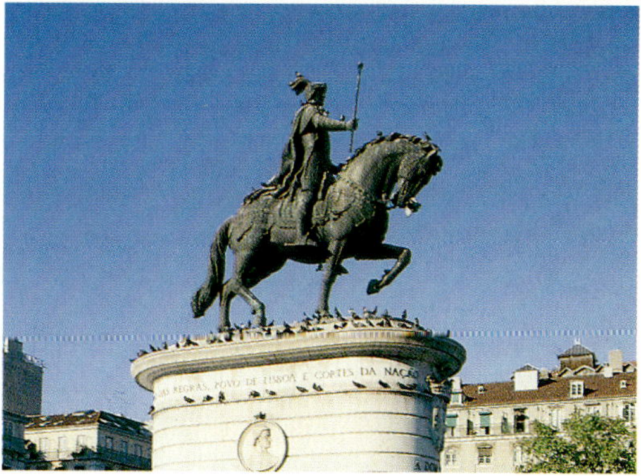
REGRAS, POVO DE LISBOA E CORTES DA

Praça do Império

Zum doppelten Gedenken der Staatsgründung 1140 und der Restauration 1640 sollte nach dem Willen Salazars und Duarte Pachecos eine Ausstellung der Portugiesischen Welt (Exposição do Mundo Português) 1940 den Estado Novo als Erneuerer des Übersee-Imperiums präsentieren. Dazu wurden die manuelinischen Baudenkmäler in ein Ensemble von Pavillons und Monumenten eingebettet. Von den meist provisorischen Bauten sind nur wenige Teile dauerhaft geworden. Kernstück ist die ausgedehnte Praça do Império mit Skulpturen (António Duarte, 1940) und dem nachts beleuchteten Monumentalbrunnen (Fonte Luminosa). Er steht zwischen Mosteiro dos Jerónimos (S. 204) und Padrão dos Descobrimentos (S. 250) am Tejo. Weitere Relikte der Ausstellung von 1940 sind im Uferbereich der Espelho d'Água (António Lino), das Museu de Arte Popular (Veloso Reis, Jorge Segurado), das immer noch das Blut-und-Boden-Gepräge des Estado Novo bewahrt, und dahinter die verfallene Galerie moderner Kunst neben dem Sternleuchtturm. Diagonal gegenüber an der Nordostecke des Platzes zeigt der 1912 angelegte Jardim Tropical exotische Fauna. Er wurde 1940 als Kolonialgarten mit entsprechendem Mobiliar bestückt.

Blick vom Seefahrer-Denkmal über die Praça do Império zum Hieronymitenkloster.

Das Museu de Arte Popular ist eines der wenigen Relikte der propagandistischen Ausstellung von 1940. Im Vordergrund der Espelho d'Água.

Daten *1940 von Cottinelli Telmo geschaffen* **Karte** → *S. 63*

Praça de Londres
Londoner Platz

Mit der Ausstellung der Portugiesischen Welt an der Praça do Império (S. 292) wurde ab 1939 unter Duarte Pacheco eine großzügige Neuordnung im Nordosten der Stadt eingeleitet. Nach dem Vorbild der faschistischen Metropolen Berlin und Rom sollten künftige Lissabon-Besucher gleich nach ihrer Ankunft auf dem neuen Flughafen von Portela von einer monumentalen Reichshauptstadt empfangen werden. Neben der Mustersiedlung Arco do Cego (S. 84) entstanden repräsentative Bauten und Plätze an den Achsen Av. Almirante Reis und Av. Guerra Junqueiro, fortgesetzt als Av. de Roma.

Die Suche nach einem portugiesischen Baustil zeigt sich deutlich in der Formensprache dieses Hochhauses von Cassiano Branco an der Praça de Londres.

Exemplarisch sind an der Praça de Londres der Wohnturm von Cassiano Branco und die Kirche S. João de Deus (António Lino, Skulpturen von Leopoldo de Almeida). Ähnliche Ensemble bilden unweit die Praça do Areeiro (Luís Cristino da Silva, 1938–49) und die Alameda D. Afonso Henriques mit dem Cinema Império (Cassiano Branco, 1940). Die etwas leer wirkende Prachtallee wird östlich durch einen Monumentalbrunnen (Carlos Rebelo de Andrade, 1939–48) mit mythologischen Figuren abgeschlossen – ein Pendant zu dem Instituto Superior Técnico (1929–36) von Porfírio Pardal Monteiro.

Daten *1938–49 geschaffen* **Adresse** *Metro Alameda und Areeiro; Bus 22, 33, 40* **Karte** → *S. 53*

Praça Luís de Camões

Das Standbild des Renaissance-Dichters Luís de Camões bildet den Mittelpunkt des Platzes oberhalb des Chiado (S. 146). Das Werk von Vítor Bastos (1867) zeigt den Schöpfer des Nationalepos der „Lusiaden" gemäß dem romantischen Ideal als Krieger für die Sache des Volkes und als „Sänger" eines verlorenen goldenen Zeitalters, das in den acht Nischen des hohen Sockels durch weitere Figuren repräsentiert ist.

Das Camões-Denkmal von Vítor Bastos war wiederholt Sammelpunkt zur nationalen Identitätsfindung.

Das erste Denkmal bürgerlicher Provenienz war 1880 und 1890 Sammelpunkt der Republikaner. Im Westen wird der romantische Platz von zwei Kirchen abgeschlossen, deren Portale wie bei einem Durchlaß gegenüberliegen. Hier standen bis ins 16. Jh. hinein die Portas de Santa Catarina der Fernandinischen Stadtmauer. Die Wehrtürme wurden durch die späteren Sakralbauten in Anspruch genommen. Nach dem Erdbeben von 1755 entstanden die neoklassischen Stirnseiten, die indessen auch Rocaille-Elemente aufweisen. Das Bildnis der Jungfrau von Loreto über dem Architrav bezeichnet die Invokation der nördlichen Kirche, die 1785 von José da Costa e Silva wiedererrichtet wurde. Der spätbarocke Innenschmuck des einschiffigen Langhauses mit zwölf marmorverkleideten Nebenkapellen hat sich großenteils bewahrt. Die Kirche geht zurück auf die italienische Gemeinde, die seit dem 13. Jh. in Lissabon ansässig ist.

Praça do Príncipe Real
Platz des königlichen Prinzen

Nichts erinnert mehr daran, daß an dieser Stätte jahrhundertelang Großprojekte scheiterten: Um 1720 wollte der Graf von Tarouca einen grandiosen Palast errichten; nach dem Erdbeben sollte hier der neue Dom des Patriarchats entstehen, der zwar 1757 als Provisorium eingeweiht, aber oft ein Raub der Flammen wurde. 1790–95 versuchte man ebenso erfolglos, das königliche Schatzhaus einzurichten (José da Costa e Silva). In den Trümmern hausten bis Mitte des 19. Jh. Obdachlose, Straßenhunde und Katzen. Ab 1852 bildete sich einer der romantischsten Plätze Lissabons, der seinen Namen zu Ehren des Sohnes von D. Maria II., Prinz D. Pedro, erhielt.

Hauptattraktion des Gartens ist eine schattige Laube, die durch das Geäst einer riesigen Zeder entstand. Der kleine Park mit seltenen Baumarten, einem Weiher und Café ist umgeben von Palastbauten aus dem späten 19. Jh., die sich entlang der Rua da Escola Politécnica am Jardim Botânico (S. 182) vorbei in Richtung Rato (S. 304) hinziehen. Der Palácio Ribeiro da Cunha im neoarabischen Stil besitzt auffällige orientalisierende Kuppeln und ist heute das Rektorat der Universidade Nova. Auf der gegenüberliegenden Seite besticht der harmonische Bau des Palácio dos Anjos von 1875 (Hausnummer 20–22).

Im neoarabischen Palácio Ribeiro da Cunha befindet sich heute das Rektorat der Universidade Nova.

Adresse *Straßenbahn 25; Bus 15, 39*

★ Praça dos Restauradores (1)

Ein hoch aufragender Obelisk prägt den langgestreckten Platz. Das Monument soll an die Wiederherstellung (Restauração) der Souveränität Portugals am 1. Dezember 1640 (Nationalfeiertag) nach spanischer Fremdherrschaft erinnern. In die vier Seiten des Obelisken sind die Daten der Restauração und nachfolgender Militäraktionen eingemeißelt. Dieses Nationaldenkmal entstand 1882–86 auf Betreiben einer patriotischen Gesellschaft, die auch heute noch ihren Sitz im Palácio da Independência (S. 270) hat. Ihr Spendenaufruf von 1870 hatte so großen Erfolg, daß das Monument prachtvoll ausfallen konnte. So finden sich am Fuße des Obelisken allegorische Skulpturen: an der Südseite der Génio da Independência (Alberto Nunes), an der Nordseite die Siegesgöttin (Simões de Almeida). Die Praça dos Restauradores avancierte so Ende des 19. Jh. mit der neugeschaffenen Avenida da Liberdade (S. 86) zum Herzstück der Metropole. Bis ins 18. Jh. befanden sich nördlich des Rossio die Felder und Nutzgärten von Valverde. Erst mit der urbanen Neuordnung des Marquês de Pombal wurde diese Zone städtisch. ▶

Die Siegesgöttin huldigt mit ihrem Kranz den Helden, die 1640 für Portugals Souveränität stritten.

Daten Ab 1778 konzipiert; Monumento dos Restauradores 1882–86 von António Tomás da Fonseca; Palácio Castelo Melhor bzw. Palácio Foz ab 1778 nach Plänen von Francisco Xavier Fabri; 1890 Umbau durch José António Gaspar **Karte** → S. 51

★ Praça dos Restauradores (2)

Dazu mußte viel Grundbesitz der Grafen von Castelo Melhor aufgekauft werden, welche – dadurch bereichert – ab 1770 einen Palast errichten ließen. Seine Vorderfront beherrscht noch heute die Praça dos Restauradores. Nach einer großen Unterbrechung von 40 Jahren wurde der klassizistische Bau erst 1858 abgeschlossen, überdies mit deutlichen Abstrichen gegenüber dem Entwurf des Italieners Fabri: Das zweite Geschoß und die Seitentürme fehlen.

An der Südostecke der Praça dos Restauradores befindet sich ein Jugendstil-Kiosk der Jahrhundertwende, der heute als Ticketshop genutzt wird.

Das heutige französische Gesicht, v. a. hervorgerufen durch das hohe Mansardendach, geht auf Umgestaltungen zurück, die ein späterer Besitzer des Palastes, Marquês de Foz, ab 1890 vornehmen ließ. Auch das Innere steht ganz im Banne von Versailles oder Chantilly, gestaltet durch den Schnitzer und Vergolder Leandro Braga. Alle Kostbarkeiten wurden aus Frankreich importiert und machten den Palácio Foz zur prächtigsten Privatresidenz der Stadt. Hervorzuheben sind Vestibül und Treppenaufgang sowie die reichgeschmückten Räume, insbesondere der Spiegelsaal im Stil von Louis XV (zu Veranstaltungen geöffnet).

Die aufwendigen Pflasterungen in Portugals Hauptstadt erfordern handwerkliches Geschick.

Eine weitere Fassade, die die Praça dos Restauradores seit 1932 prägt, ist der modernistische Kinopalast Éden Teatro (Cassiano Branco u. a.), für den sich Regisseur Wim Wenders begeisterte. Seit 1996 beherbergt er ein Luxushotel.

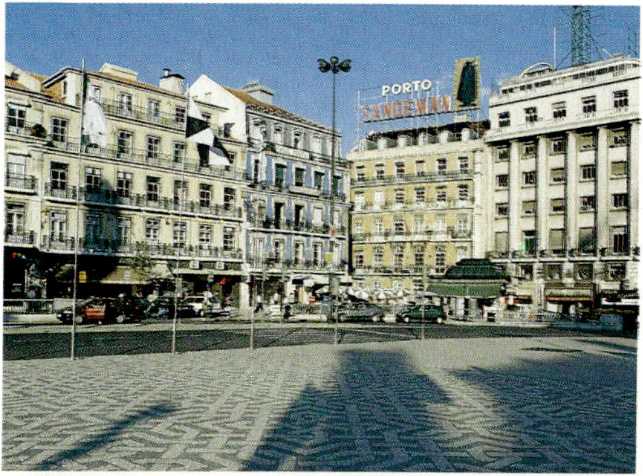
PORTO
SANDEMAN

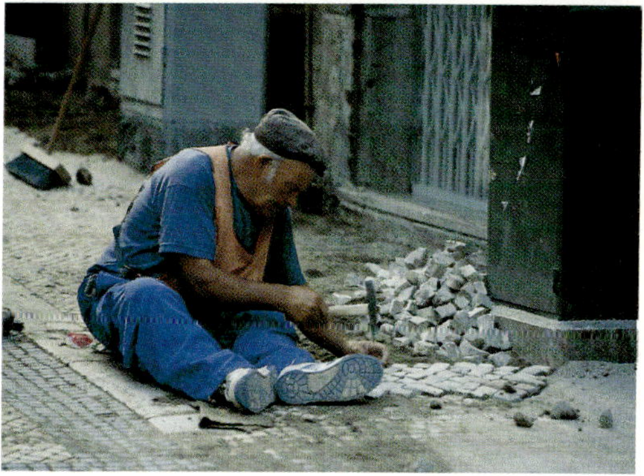

Rato

Auf den ersten Blick wirkt der verkehrsreiche Largo do Rato wenig einladend. Doch Baulichkeiten aus verschiedenen Epochen machen diesen Mittelpunkt eines populären Stadtviertels interessant. Die Bezeichnung Rato rührt von dem Militär Luís Gomes de Sá e Meneses mit Spitznamen „Maus" (= rato) her. Mitte des 17. Jh. forcierte er die Einrichtung des Konvents der Trinitarierinnen (Trinas). Das riesige Klostergebäude (Baltasar Álvares) mit neoklassischer Hauptfassade aus dem 19. Jh. (Pedro de Ávila) thront noch heute über dem länglichen Platz.

Der prächtige Brunnen bildet einen markanten Eckpunkt des Largo do Rato.

Diagonal gegenüber sprudelt Wasser aus dem Chafariz (S. 142), der sich in die Gartenmauer des Palácio de Palmela (Ende 17. Jh.; Marcelo Caetano de Sousa) einfügt. Wie das Klostergebäude wird auch dieses Haus an der Rua da Escola Politécnica von staatlichen Stellen genutzt, so daß die reichdekorierten Innenräume kaum zugänglich sind. Dem Palast vis-à-vis erstreckt sich über 114 m ein symmetrischer Bau, der von 1738 bis 1835 die Seidenmanufaktur (Real Fábrica das Sedas) beherbergte. Im westlichen Anschluß der Rua Alexandre Herculano liegen der Auto Palace von Viellard und Touzet (1907) und das Wohnhaus von Ventura Terra (1903) – beides Zeugnisse der Art Nouveau.

Adresse *Largo do Rato; Bus 6, 15, 20, 22, 27, 38, 58*

★ Rossio (1)

Praça de D. Pedro IV.

Schaltstelle zwischen städtischem und ländlichem Leben war der Rossio noch bis ins 18. Jh., selbst als die Praça dos Restauradores (S. 302) die Gärten von Valverde weiter nach Norden abgedrängt hatte. Die heutigen Blumenstände sind ein schwacher Widerhall des einst populären Marktplatzes, der ab Mitte des 15. Jh. von der Nachbarschaft des mächtigen Dominikanerklosters (Largo de São Domingos) profitierte.

An der Nordseite diente der Palácio dos Estaus der Unterbringung von Beamten und Botschaftern, zeitweise sogar als Hof König D. Sebastiãos und ab 1540 als Sitz der Inquisition. Heute befindet sich hier das Teatro D. Maria II. (S. 350). An der Ostseite entstand ab 1492 das Hospital Real de Todos-os-Santos, das erste echte Krankenhaus Portugals, das D. João II. gründete. Seine von der Renaissance bestimmte Idee war, die unzulänglichen Krankenstuben der Klöster durch eine zentrale Stätte „aller Heiligen" zu ersetzen. Der riesige Komplex im Grundriß eines ebenmäßigen Kreuzes mit Kapelle in der Mitte ging im Erdbeben unter und wurde nicht wiederaufgebaut. Unter dem Marquês de Pombal sollte der Rossio als rechteckiger offener Platz die Baixa abschließen, gegenüber dem Terreiro do Paço (S. 354) aber eine sekundäre Rolle spielen. ▶

Gelassen blickt D. Pedro IV. von seiner Säule auf das großstädtische Treiben herab.

Lebendige und zeitlose Figuren erfrischen sich am Belle-Epoque-Brunnen von José Luís Monteiro.

Daten *1760 durch Carlos Mardel gestaltet* **Karte** → S. 51

★ **Rossio** (2)

Praça de D. Pedro IV.

Dies änderte sich mit dem aufkommenden Liberalismus, als der Rossio zum Forum des Volkes wurde. Seit 1821 gab es Denkmal-Projekte. Doch die hohe Säule mit der Statue des liberalen D. Pedro IV., nach dem der Platz 1836 benannt wurde, stammt von 1870. Das schmucklose Karree wurde 1848–1919 romantisch mit Bäumen und Bänken zur Promenade verschönt und erhielt 1889 zwei Monumentalbrunnen nach dem Entwurf von José Luís Monteiro.

Seit jeher geteilt sind die Meinungen über die ästhetische Qualität des neomanuelinischen Bahnhofspalastes: Kitsch oder gelungenes Revival?

Vom selben Architekten stammen die Estação do Rossio (1886–87) und das Hotel Avenida Palace (1890–92). Obwohl als Gesamtkomplex konzipiert, unterscheidet sich der ehemalige Hauptbahnhof durch geschwungene Neomanuelinik deutlich vom klassizistischen Historismus der Luxusherberge. Das dritte Stockwerk des Rossio-Bahnhofes, von dem heute die Sintra-Linie ausgeht, wurde 1994/95 renoviert, die unteren Geschosse weisen schmucklose Ladenpassagen auf. An alten Glanz erinnert die Tabacaria Monaco (Rosendo Carvalheira, 1894) mit Kachelmotiven von Rafael Bordalo Pinheiro neben dem traditionsreichen Café Nicolá (1787). Es geht auf eine Schenke (Botequim) zurück, die der gleichnamige Italiener 1787 gründete. Der Wirt José Pedro da Silva sollte dadurch zu Ruhm gelangen, daß er den berühmten Dichter Bocage tatkräftig unterstützte. ▶

★ **Rossio** (3)

Praça de D. Pedro IV.

Eine Statue des Dichters Bocage (dessen Konterfei heute noch die Kaffeemarke Nicolá ziert) von 1929 und Gemälde mit phantasievoll ausgeschmückten Szenen aus seinem Leben schmücken das Innere des Café Nicolá, das 1935 von Raul Tojal umgestaltet wurde. Nach dem derzeitigen Umbau ist noch unklar, in welcher Form dieses Traditionslokal weiterbestehen wird.

Zu den beliebten Treffpunkten am Rossio zählt auch das traditionelle Café Suiça.

Seit 1902 kämpft dagegen die Loja das Meias (Ecke Rua Augusta), die einst den Herzog von Windsor und Baron Rothschild zu ihren Kunden zählte, tapfer gegen moderne Modegeschäfte. Sie war einer der ersten Läden mit Schaufenster und der erste mit Aufzug (Raul Lino).

Die niedliche Tendinha neben dem Arco do Bandeira ist schon lange keine Stehkneipe mehr, in der man Kirschlikör schlürfen kann. Dazu sollte man unbedingt die Ginjinha am Nordwestende des Platzes aufsuchen, die seit 1840 Familienbetrieb ist. Und der Animatógrapho do Rossio von 1907 bietet hinter einer der schönsten Jugendstil-Verkleidungen keineswegs eine Reliquie der Siebten Kunst, sondern eine primitivere Peep-Show (hinter dem Arco do Bandeira).

★ Santa Engrácia (1)

Die Bauarbeiten zur Engrácia-Kirche („obras de Santa Engrácia") wurden im Volksmund zum Inbegriff des Unvollendeten. Die erste Kirche entstand auf Geheiß der Prinzessin D. Maria (Tochter von D. Manuel I.), die den Klarissenorden auf dem Campo de Santa Clara (S. 112) förderte. Am 15. Januar 1630 wurden die Hostien durch frevlerischen Einbruch entweiht, was für den Klerus den Abriß der Altarkapelle notwendig machte. Der folgende Umbau stürzte 1681 bei einem heftigen Sturm ein. So entschied sich die Bruderschaft der Kirche für den Bau eines völlig neuen Gotteshauses. Der beauftragte Architekt João Antunes orientierte sich an den Entwürfen Peruzzis für den Petersdom in Rom.

Der Grundriß ist von schlichter Harmonie: Ein griechisches Kreuz mit abgerundeten Armen ist in ein Quadrat eingeschrieben, dessen Eckpunkte durch vier quadratische Türme markiert werden. Dadurch entsteht eine Außenfassade aus geschwungenen und eckigen Formen. Sie ist horizontal gegliedert durch umlaufendes Gesims und Balustrade sowie vertikal durch Pilaster. ▶

Das genau abgezirkelte Zusammenspiel von runden und eckigen Formen zeigt sich in der beeindruckenden Hauptfassade.

Daten *Ab 1570 unter Jerónimo de Ruão; ab 1631 Umbau unter Mateus do Couto; 1681 unter João Antunes; 1956–66 (Raul Lino) vollendet als Nationalpantheon* **Öffnungszeiten** *Tägl. 10–17 h außer Mo* **Eintritt** *150 Esc (u. a. Ausstellungen)* **Adresse** *Campo de Santa Clara*

Die zwischen zwei Ecktürmen hervortretende barocke Hauptfassade wird von vier Säulen beherrscht, die nach oben in Pilaster übergehen. Zwischen ihnen öffnen sich drei Torbögen, über denen Statuen in Nischen eingelassen sind: Santa Engrácia in der Mitte wird flankiert von Santa Isabel und Santo Condestável (= Nuno Álvares). Ein Hauptportal, verziert durch barocke Skulpturen (Claude Laprade), und zwei Nebenportale führen in den monumentalen Innenraum.

Hier setzt sich der Wechsel von kantigen und geschwungenen Formen fort. In jeder der abgerundeten Arme des griechischen Kreuzes öffnen sich symmetrisch drei stumpfe Bogenkapellen. Den krönenden Abschluß der marmorverkleideten Wände durch die riesige Kuppel konnte der Baumeister João Antunes nicht mehr erleben, denn die Arbeiten gingen nur allzu schleppend voran, sei es aus mangelndem Geld oder Interesse.

Erst 1966 erhielt die ewige Ruine, die auch das Erdbeben gut überstanden hatte, endlich ihre Kuppel. Der markante Sakralbau in der Silhouette Lissabons wurde nach einer Idee, die 1916 in der ersten Republik aufgekommen war, zu einem Nationalpantheon umfunktioniert. Neben Staatspräsidenten sind hier auch Dichter bestattet. Dem Besucher bietet sich ein meditatives Raumerlebnis kühler Leere, das an betriebsamen Sommertagen willkommen sein kann.

Vom Campo de Santa Clara mit Park und Trödelmarkt öffnet sich der Blick zum Pantheon, das diesem weltlichen Treiben entrückt scheint.

314

Santo Amaro

Neben der Ponte 25 de Abril (S. 286) befindet sich die Kapelle Santo Amaro, umgeben von einer Terrasse mit herrlichem Ausblick. Steile Treppen führen zur Renaissance-Kirche hinauf, die 1549 unter Obhut des Papstes und des Königs D. João III. entstand. Die Einsiedelei geht auf die galicische Besatzung eines Schiffes zurück oder auf 14 Mönche des Christusritter-Ordens, die von einer Rom-Pilgerschaft zurückkehrten.

Einer der beiden polychromen Azulejo-Altäre, die dem hl. Amaro (hier als Pilger – dort als Bischof) im Atrium geweiht sind.

Der Bau besitzt einen polygonen Grundriß mit sieben Außenseiten, von denen drei für die Portale durchbrochen sind. Durch ein kleines Peristyl gelangt man in die Rundkirche, der sich eine ebenso kreisförmige Altarkapelle mit nur 8 m Durchmesser anschließt, flankiert von Sakristei und ehemaligem Wohnhaus. Hauptkirche und Apsis werden jeweils von Kuppeln bekrönt. Die gebogenen Innenwände sind bis auf halbe Höhe mit Darstellungen über die Gründung der Kirche ausgekachelt (18. Jh.). Älter sind die vielfarbigen Kacheln mit Engeln und Symbolen des heiligen Amaro (Beine und Arme) u. a. an den Wänden des Atriums. Der volkstümliche Nothelfer bei Arm- und Beinbrüchen (22. bis 25. Juni Wallfahrten) ist auf zwei Azulejo-Seitenaltären als Pilger und als Bischof in Naturgröße dargestellt.

Daten *1549 erbaut* **Öffnungszeiten** *Unregelmäßig* **Adresse** *Rua Primeiro de Maio (Treppenaufgang); Straßenbahn 15, 16, 17; Bus 27, 49*

317

Santo António à Sé

Der hl. Anton ist Lissabons liebster Patron – überall findet man ihn als gutmütigen Mönch mit dem Jesuskind auf dem Arm dargestellt, während die eigentliche Bedeutung des Franziskaners in seiner großen Redekunst lag. An der Stelle seines Vaterhauses, in dem er um 1190 geboren wurde, entstand bald nach seinem Tod 1231 in Padua und seiner Kanonisierung durch Papst Gregor IX. das Haus des heiligen Anton, das seither dem Heiligen Stuhl untersteht. D. João II. leitete einen neuen Sakralbau ein, der unter D. Manuel abgeschlossen wurde und beim Erdbeben 1755 bis auf die Grundmauern zerstört wurde.

Der Neubau wurde durch Spenden finanziert. Zu diesem Zweck zogen Kinder mit tragbaren Altären durch die Gassen, seither Tradition am Antoniusfest im Juni. Die einschiffige Kirche mit Tonnengewölbe ist mit Marmor ausgekleidet, den die bemalte Holzdecke imitiert. Die vier Nebenkapellen wurden mit vergoldetem Holz (talha dourada) und Malereien von Alexandrino de Carvalho ausgestaltet. Die lebensgroße Antonius-Figur aus Holz konnte beim Erdbeben gerettet werden. Über den bis heute populären Antonius-Kult gibt eine ikonographische Sammlung im angegliederten Museu Antoniano Auskunft.

Vorplatz mit Antonius-Brunnen und spätbarocker Portalfront mit typisch geschweiftem Giebel sowie Rocaille-Portalfront des Neubaus (Mateus Vicente de Oliveira, 1767–87).

Öffnungszeiten *Museum: tägl. 10–13 h und 14–18 h außer Mo und Feiertage* **Eintritt** *150 Esc* **Adresse** *Straßenbahn 28; Bus 37*

São Bento

Sogleich nach der Säkularisierung von 1834 wurde das einstige Benediktinerkloster unter der liberalen Monarchie von D. Pedro IV. als Parlament der Ständeversammlung (Cortes) genutzt. Seit 1975 ist es Sitz der Assembleia da República. An das Kloster erinnern nur noch der Kreuzgang und die Proportionen des Gebäudes. 1867 wurde der Senatssaal mit Skulpturen von Anatole Calmels und dem Königsporträt Leandro Bragas eingeweiht, nach dem Brand von 1895 gestaltete Miguel Ventura Terra São Bento völlig neu.

Erst nach und nach wurden die neoklassischen Entwürfe Ventura Terras realisiert, um den Parlamentspalast hellenischer Größe anzunähern.

1942 erhielt die weite Freitreppe zwei emblematische Steinlöwen. Hinter der Hauptfassade, der vier allegorische Statuen vorgelagert sind, öffnet sich ein Atrium mit dem Boden der alten Klosterkirche. Die marmorne Ehrentreppe (1936, António Lino) führt zum Hauptgeschoß, dessen Galerie dem Kreuzgang entspricht. Ventura Terra schuf hier die Galerie der „Verlorenen Schritte" (Passos perdidos), die Columbano mit Porträts dekorierte, sowie 1903 die Deputiertenkammer mit drei elliptischen Abteilungen. Der Ehrensaal (Salão Nobre), dessen Balkon über den Haupteingang führt, stammt von Porfírio Pardal Monteiro. Zwischen 1920 und 1936 wurden weitere Räumlichkeiten und eine Bibliothek eingerichtet.

Daten *Ab 1598 erbaut; ab 1834 zum Parlamentspalast umgewandelt von Ventura Terra u. a.* **Adresse** *Rua de S. Bento; Straßenbahn 28; Bus 39*

São Jerónimo

Versteckt in dem Villenviertel von Restelo steht die Kapelle des hl. Hieronymus. Als sie 1514–17 innerhalb der alten Ländereien des Hieronymiten-Ordens erbaut worden war, beherrschte die manuelinische Kirche mit quadratischem Grundriß noch ganz allein die Anhöhe über Belém, wie die alten Stadtansichten beweisen. Als Baumeister fungierte sicherlich Diogo de Boytac, der Schöpfer des Mosteiro dos Jerónimos (S. 204), vollendet wurde die Kapelle von Rodrigo Afonso. Die Hauptfassade ist über dem Portal mit manuelinischen Emblemen verziert (Wappen mit Krone und Armillarsphäre), der Altar mit Kacheln aus dem 16. Jh. geschmückt.

Erst 1967 wurde bei Planierarbeiten rund um das Stadion von Belém eine andere Kirche der Hieronymiten nebst ummauerten Gärtchen wiederentdeckt. Die manuelinische Kapelle Santo Cristo besteht wie São Jerónimo aus einfachem Schiff und Altarkapelle und wird an den Ecken von sechs konisch zulaufenden Spitztürmchen abgeschlossen. Ihre Fassade ist noch nüchterner. An den Innenwänden zeigen hingegen Kachelbilder des 18. Jh. religiöse Szenen der Mönche. Die zwei durchlaufenden Wandbänke sind mit hispano-arabischen Azulejos verkleidet.

Schlichte Eleganz strahlt die manuelinische Kapelle aus. Man erkennt spiralförmig zulaufende Ecktürmchen und das charakteristische Tauwerk als Dachsims.

Daten *15. Jh.* **Adresse** *Rua Pêro de Covilhã bzw. Rua de Alcolela*
Karte → *S. 62*

São Paulo

In Reiseberichten des 17. und 18. Jh. erscheint das Viertel von São Paulo als bevorzugter Wohnort fremder Kaufleute. Beim Erdbeben vollkommen zerstört, gehörte es zu den Lieblingsprojekten pombalinischer Stadtplanung. Die bauliche Geschlossenheit ist im 19. und 20. Jh. etwas verlorengegangen. Die einschiffige Kirche (Remígio Francisco de Abreu) erweist sich durch ihr klassizistisches Äußeres und ihre Rokoko-Innengestaltung (acht Seitenkapellen) als ein typisches Produkt pombalinischer Zeit.

Das vom Marquês de Pombal so geliebte Bairro São Paulo entwickelte sich zum Rotlicht-Viertel Lissabons.

Ihre Hauptfassade mit den zwei Glockentürmen krönt den Langplatz des Viertels, in dessen Mitte sich ein schöner Chafariz (S. 142) befindet: Vier Becken werden von einem Obelisken mit Armillarsphäre abgeschlossen (1774 geplant, 1848 ausgeführt). Seine Funktion als Markt trat der Platz 1835 an den nahen Mercado da Ribeira Nova ab (siehe Cais do Sodré, S. 106). Der weitläufige neoklassische Gebäudekomplex der Banhos de São Paulo war bei seiner Entstehung 1854 (Jean Pierre Pézerat) eine der modernsten Badeanstalten Europas. Seit 1975 ist das Bad, das sich aus schwefelhaltigen Quellen an der Av. Ribeira das Naus speiste, geschlossen.

Daten *1760–70 geschaffen* **Adresse** *Rua de São Paulo/Ribeira Nova; Straßenbahn 16, 19, 25, 26*

★ São Pedro de Alcântara (1)

Bei diesem Namen denkt nicht nur der Zugerei-
ste, sondern auch der Lissabonner v. a. an die
Parkterrasse, von der man einen herrlichen Ausblick über die Stadt genießt. Doch eigentlich galt
die Anrufung des heiligen Petrus einem franzi-
kanischen Kloster, das 1680 gegründet wurde.
Teilweise 1755 vom Erdbeben zerstört, stehen
bis heute Kreuzgang, Refektorium und Wohngebäude. Die kompakte Anlage befindet sich am
Nordende der Rua de São Pedro de Alcântara. Da
sie meist geschlossen ist, kann man nur einen
Blick in den Vorhof werfen, zu dem ein doppelter
kachelverzierter Aufgang hinaufführt.

*Blick vom
berühmten Aus-
sichtspunkt über
die Unterstadt
zum Burghügel.*

Von der Säulenhalle aus gelangt man gleichzeitig
in die Klostergebäude und in die Kapelle der Grafen von Lencastre, die nachträglich in den Komplex eingefügt wurde. Wegen der strengen Regel
des Ordens fällt die einschiffige Kirche äußerst
schlicht aus. Das ummauerte Kloster wahrt seine
Abgeschiedenheit gegenüber der lauten Betrieb-
samkeit, die der schmale Park des Aussichts-
punktes nur spärlich abschirmen kann. ▶

Daten *Kloster: 1680 gegründet von António Luís de Menezes, 1878 restau-
riert von Pierre Bordes; Terrasse: Mitte 18. Jh; Palast: 1747 von Johann
Friedrich Ludwig erbaut, seit 1945 im Erdgeschoß Solar do Vinho do Porto*
Öffnungszeiten *Di–Fr und So 10–23.45 h, Sa 11–22.45 h* **Karte** → S. 51

★ São Pedro de Alcântara (2)

Abgesehen vom romantischen Rundbrunnen findet sich hier ein Denkmal auf den Gründer des „Diário de Notícias" (1863), Eduardo Coelho. Dabei wurde auch der Zeitungsjunge (ardina) nicht vergessen, der früher zum Lissabonner Straßenbild gehörte. Wenn man auf einer der Parkbänke sitzt und den Blick über die Balustrade hinweg zum Castelo de São Jorge schweifen läßt, denkt man kaum daran, welche Mühen nötig waren, um diese Terrasse zu schaffen.

Tatsächlich gehört die Befestigung des steilen Abhanges über der Praça dos Restauradores zu den großen Bauwerken, die während der Regentschaft von D. João V. entstanden. Über seine Ausmaße wird man sich bewußt, wenn man mit dem Elevador da Glória (S. 160) hinauffährt. Oben angelangt, steht man vor dem Palácio Ludovice. Mit dem italienischen Namen ist kein anderer als der süddeutsche Baumeister Johann Friedrich Ludwig gemeint, der über Italien an den Hof von D. João V. gelangte. Wie die Inschrift über dem Mittelfenster verkündet, wurde der Wohnsitz des Baumeisters 1747 errichtet. Die Fassaden werden belebt durch wechselnde Fensterordnungen. Vom Grundriß und der Ausführung her ist der Palácio Ludovice ein Wohnblock, der sich um einen Innenhof gruppiert. Er wurde 1944/45 umgestaltet (Jorge Segurado), um dort den Solar do Vinho do Porto einzurichten.

Den engen Straßengevierten des Bairro Alto unterordnen mußte sich der Palácio Ludovice, herrschaftliche Wohnstatt des süddeutschen Architekten J. Fr. Ludwig.

★ São Roque (1)

Zwei Organisationen, die bis heute aktiv sind, prägen Kirche und Museum von São Roque: zum einen die Bruderschaft zur Barmherzigen Muttergottes (Misericórdia), die 1498 unter D. Manuel entstand (siehe Conceição Velha, S. 154), zum anderen die Jesuiten, die seit der Gründung ihres Ordens um 1540 Portugal als Hauptbasis ihres Wirkens wählten. Nach der Ausweisung der Jesuiten unter dem Marquês de Pombal wurde São Roque 1768 der Casa da Misericórdia übergeben, die noch heute dort ihren Sitz hat.

Die steile Rua da Misericórdia führt zur Anhöhe von São Roque hinauf, wo sich einst ein Tor der Fernandinischen Stadtmauer befand.

Auch die Verehrung des heiligen Rochus geht auf D. Manuel zurück. Nachdem eine schwere Epidemie Portugal heimgesucht hatte, gründete er 1506 die Ermida de São Roque. Zeugnisse der manuelinischen Wallfahrtskapelle (1525–27), besonders die Tafelbilder zur Vita des Märtyrers (unbek. Meister 1520), befinden sich im angegliederten Museum. Der volkstümliche Notheilige wird vielerorts in Begleitung eines Hundes dargestellt, der ihm eine Wunde in den Oberschenkel gerissen hat. ▶

Die lebensgroße Skulptur eines Zeitungsverkäufers grüßt den Flaneur auf dem beschaulichen Largo Trindade Coelho vor São Roque.

Daten Ab 1566 von Afonso und Baltasar Álvares erbaut; Kapelle S. João Baptista 1742–50 von Luigi Vanvitelli und Nicolá Salvi, montiert durch Alexandre Giusti **Öffnungszeiten** Kirche: tägl. 8.30–17 h, Feiertage 8.30–13 h; Museum: tägl. 10–17 h außer Mo und Feiertage **Eintritt** Museum: 150 Esc **Adresse** Largo Trindade Coelho

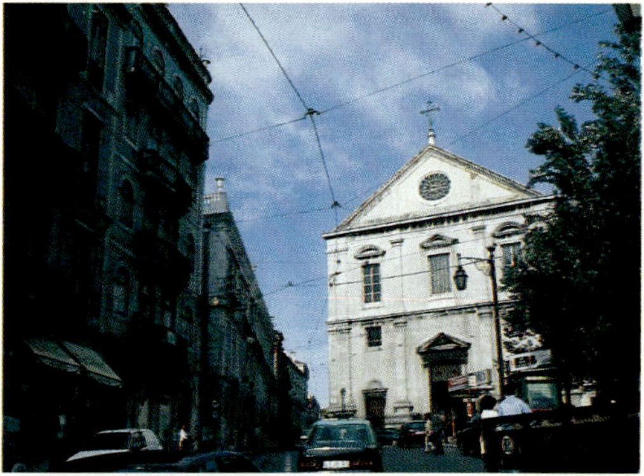

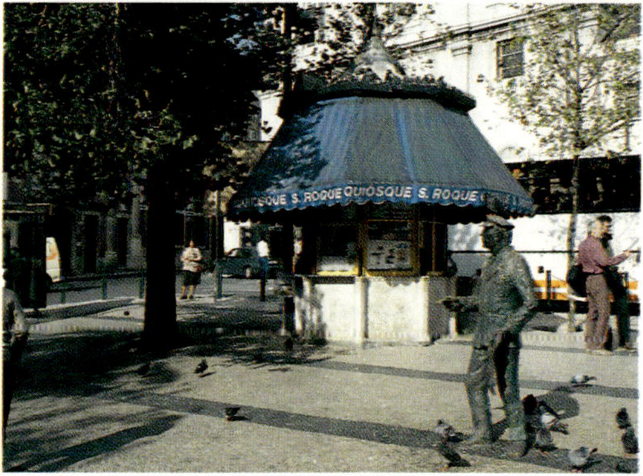
QUIOSQUE S. ROQUE QUIOSQUE S. ROQUE

Diese Popularität mag dazu beigetragen haben, daß die Jesuiten vom Colégio de Santo Antão (siehe Mouraria, S. 212) herüberkamen, um im Hof der Rochus-Kapelle zu predigen. Auf Initiative von D. João III. wurde São Roque 1553 den Jesuiten übergeben. Sie ließen ab 1566 nach den Richtlinien des letzten Trienter Konzils (1563) eine Musterkirche der Gegenreformation bauen. Die Architektur konzentriert sich auf eine weite Halle mit Tribünen oder Galerien über Nebenkapellen und Wandaltären. Den Abschluß bildet eine weitgespannte Kassettendecke aus Holz. Das Querschiff ist nur angedeutet – alle Aufmerksamkeit gilt dem Altarraum. Die typische Anordnung im „Jesuitenbarock" fand nicht nur in Portugal, sondern auch im damaligen Herrschaftsbereich (Brasilien, Asien) Verwendung.

Der Altarraum selbst (1625–28) ist didaktisch aufbereitet durch Darstellungen der vier größten Jesuitenheiligen: Neben dem Ordensstifter Ignatius von Loyola sind es Francisco Xavier, Luis de Gonzaga und Francisco de Borgia. Abgeteilt durch zwei Ordnungen korinthischer Säulen flankieren sie das Altarbild, das auf unterer Ebene der eingelassenen Statue Nossa Senhora da Visitação (18. Jh.) weicht. Im oberen Teil wird die Kammer für das Allerheiligste, den „Thron", durch ein Gemälde verdeckt, das gemäß den sieben Phasen des liturgischen Jahres wechselt. ▶

Der typische „Jesuitenbarock" bestimmt den Raumeindruck im Innern von São Roque.

★ **São Roque** (3)

Der Hauptkapelle beigeordnet sind Reliquien-altäre des 19. Jh.; die Reliquien selbst gelangten 1588 in einem feierlichen Zug von Madrid nach Lissabon, geleitet von D. João de Borgia (Sohn des Francisco de Borgia), der in der Krypta unter der Altarkapelle (Ende 17. Jh.) bestattet ist.

Die acht Nebenkapellen, die sich beidseitig längs der Kirchenhalle gruppieren, besitzen höchst unterschiedlichen Charakter: Vollkommen nach portugiesischer Manier mit vergoldeten Holz-schnitzereien (talha dourada) ausgekleidet wie die Kapelle Senhora da Doutrina (17. Jh.) oder archaisierend-schlicht wie die Kapelle von Francisco Xavier (1623). Die Rochuskapelle neben-an ist auch mit vergoldetem Holz ausgeschmückt und besitzt alte Kachelbilder (Francisco de Matos, 1584), während in der Kapelle des Aller-heiligsten (1636) Marmor dominiert.

Genau gegenüber liegt die Hauptattraktion von São Roque, jene Kapelle, die D. João V. 1742–50 komplett in Italien fertigen und in Einzelteile zer-legt auf drei Schiffen nach Lissabon kommen ließ. In ihrem perfekten Prunk von Marmor (Lapislazuli, Alabaster, Amethyst u. a.), vergolde-ter Bronze und Weißsilber vereint die Kapelle São João Baptista italienischen Barock mit Klassizismus. Das portable Projekt ist eines der bedeutendsten Zeugnisse romanischer Sakral-kunst im 18. Jh.

Mit bemaltem Stuck überladen gibt sich das barocke Altarbild der Kapelle Nossa Senhora da Piedade (1613–1711) neben São João Baptista.

Kirche und Kloster des heiligen Vinzenz bilden eines der markantesten Monumente Lissabons. Seine Existenz ist unmittelbar mit der „Geburt Portugals" verknüpft, denn auf dem späteren Campo de Santa Clara (S. 112) lagerten 1147 die Truppen von Afonso Henriques und der Kreuzritter, um die Stadt den heidnischen Mauren zu entreißen. Der erste König Portugals gelobte, nach dem Sieg an der Stelle, wo die Gefallenen bestattet wurden, eine Kirche der Jungfrau Maria (Nossa Senhora da Enfermaria) und dem heiligen Vinzenz zu weihen. Im selben Jahr legte er den Grundstein und richtete wenig später ein Augustinerkloster ein.

Einer der beiden gewaltigen Kreuzgänge des Augustinerklosters.

Von Beginn an war die Kirche außerhalb der Stadtmauern (= de fora) mit besonderen Privilegien ausgestattet. Im Mittelalter wurde sie zum bedeutenden Wallfahrtsort, da den Reliquien des heiligen Vinzenz wunderbare Wirkungen zugeschrieben wurden. Sie sollen von Afonso Henriques selbst auf dem Schiff nach Lissabon gebracht worden sein, wobei der Legende nach zwei Raben Wacht hielten. Diese emblematische Situation ist ins Stadtwappen eingegangen. ▶

Daten *1147 gegründet; Kirche 1582–1629 erneuert nach Plänen von Felipe Terzi (?) und Juan de Herrera; Kloster ab 1670* **Öffnungszeiten** *Tägl. 10–17.30 h außer Mo* **Eintritt** *Kloster: 300 Esc* **Adresse** *Largo de São Vicente; Straßenbahn 28*

★ **São Vicente de Fora** (2)

Der heilige Vinzenz stieg zum Schutzpatron Lissabons und Portugals auf, wurde allerdings nie so volkstümlich wie der heilige Antonius, der 1210 in der Klosterschule von São Vicente studiert hatte. Von der ursprünglichen romanischen Wehrkirche sowie von den gotischen Umbauten ist praktisch nichts mehr vorhanden. Nur im Klosterteil wurden Spuren des Kreuzganges und die Zisterne (12. Jh.) freigelegt.

Weitläufig erstreckt sich der monastische Komplex längs des Kirchenhauses.

Der im 16. Jh. gereifte Plan einer vollkommenen Erneuerung wurde ab 1582 unter der spanischen Herrschaft von Felipe II. radikal umgesetzt. Kurzerhand wurde nicht nur die alte Vinzenzkirche, sondern auch eine frisch begonnene Sebastianskirche am Terreiro do Paço abgerissen. Deswegen ist die neue Kirche beiden Märtyrern geweiht. Getreu den Normen der Gegenreformation ist der Grundriß kreuzförmig.

Eine große Freitreppe führt zur Hauptfassade, die vertikal durch toskanische, ionische und korinthische Pilaster strukturiert ist. Das Vestibül hinter dem schmiedeeisernen Gitter (1826) ist mit Attributen der Schutzheiligen, Palmblatt und Pfeile, geschmückt; Statuen derselben befinden sich über dem Eingangsbogen zur Kirche, mit dem heiligen Augustinus in der Mitte. Die Seitentürme, mit Kuppeln und Türmchen versehen, sind durch eine Balustrade mit der Hauptfassade verbunden. ▶

Dieses barocke Gepräge kontrastiert stark mit dem nüchternen Kirchenschiff, in dem sich nur die äußere Pilasterordnung wiederholt. Die Seitenkapellen, die untereinander verbunden sind, täuschen Nebenschiffe vor. Das wuchtige Tonnengewölbe zeigt grauen und weißen Marmorschmuck mit getöntem Stuck. Die Kapelle des Transepts auf der Evangelistenseite ist Nossa Senhora da Enfermaria geweiht. Gegenüber liegt die Antoniuskapelle mit dem Grabmal Ritter Heinrichs aus Bonn, der 1147 bei der Belagerung Lissabons fiel. Der Legende nach wuchs aus seinem Grab eine wunderheilende Palme.

Die Hauptkapelle beherrscht ein freistehender Altar unter einem pompösen Baldachin sowie eine monumentale Skulpturengruppe (Machado de Castro). Die Darstellungen der Märtyrer Vinzenz und Sebastian sowie die beiden Engel über dem Chorzugang stammen von Manuel Vieira. Im Chorraum mit Gestühl aus Ebenholz und Gemälden (17. Jh.) befindet sich eine der größten Orgeln Portugals (18. Jh.) mit 60 Stimmen. Ins Kloster (Museum) gelangt man über ein Seitentor mit Vorhof. Es ist parallel zum Langhaus in zwei Kreuzgänge (1688) gegliedert. Die Wände sind mit gekachelten Darstellungen der Fabeln La Fontaines und Szenen des 18. Jh. geschmückt. Zwischen den Kreuzgängen liegt die marmorverkleidete Sakristei (Luís Nunes Tinoco).

Das Pantheon der Dynastie von Bragança, die noch heute einen möglichen Thronerben bereithält.

Nach der Eroberung Lissabons um 1147 ließ Afonso Henriques die Kathedrale als Sitz (Sé) des Bischofs (ab 1394 des Erzbischofs) erbauen. Die mittelalterliche Wehrkirche ersetzt eine Moschee an gleicher Stelle, die ihrerseits auf den Mauern eines frühchristlichen Baus ruht. Restauratoren versuchten zwischen 1911 und 1937, das alte romanisch-gotische Gepräge wiederherzustellen, das im Laufe der Jahrhunderte v. a. unter (spät-)barocken Verkleidungen zugedeckt wurde.

Restaurierungen dieses Jahrhunderts gaben der Sé ihr ursprüngliches Gesicht einer Wehrkirche zurück.

Der Grundriß eines lateinischen Kreuzes stammt wohl von Meister Robert, einem normannischen Kreuzritter, der bei der Einnahme Lissabons mitgekämpft hatte. An der nach Westen weisenden Frontseite sitzt zwischen zwei zinnenbewehrten Türmen tief das Hauptportal, das von vier Bogen begrenzt wird. Sie münden in acht Kapitelle mit Pflanzen- und Figurenschmuck, wo der Legende nach Lissabons Märtyrer Julia, Maximus und Verissimus (6. Jh.) dargestellt sind. Über dem Gewölbebogen des Atriums thront eine Rosette, deren Glasbild 1930 rekonstruiert wurde. Die beiden typischen Wehrtürme erhielten Glocken, seit der Hauptturm über der achteckigen Vierung beim Erdbeben von 1755 eingestürzt war. ▶

Daten *Ab 1147 nach Plänen von Meister Robert erbaut; im 13. Jh. Klostergang und im 14. Jh. gotische Umbauten* **Öffnungszeiten** *10–13 h und 14–18 h* **Adresse** *Straßenbahn 28; Bus 37*

★ Sé (Santa Maria Maior) (2)

Der alte Grundriß besteht aus einem dreischiffigen Langhaus von sechs Jochen. Das Hauptschiff besitzt ein etwas höheres Tonnengewölbe, während die tieferen und engeren Nebenschiffe Kreuzgewölbe aufweisen. Die umlaufende Galerie (Triforium) ist eine bauliche Neuerung, die schon die Gotik anklingen läßt. Dieser Stil ist stärker präsent im spitzbogigen Chorumgang, der sich zu beiden Seiten der Apsis vom Transept (Tonnengewölbe) her eröffnet. Alle Elemente wurden nach der Zerstörung durch ein Beben unter D. Afonso IV. erneuert und erweitert, um eine gotische Wallfahrtsstätte zu schaffen.

Prächtige Rosette über der Empore.

Unter den acht Kapellen des Chorumgangs aus dem 14. Jh. verdient diejenige der hl. Cecilia besondere Aufmerksamkeit, da sie die Sarkophage von Lopo Fernandes Pacheco, Vasall von D. Afonso IV., und seiner Ehefrau Maria birgt.

Die Kapelle Nossa Senhora da Piedade nach der Gestaltung durch João Antunes (1691).

Durch die Erweiterungen von Apsis und Chorumgang verkleinerte sich der spätromanische Kreuzgang, der unter dem Vorgänger D. Dinis entstanden war und dessen Kapellen (größtenteils im 17. Jh. erneuert) teilweise verschwinden mußten. Damals wurde auch ein Nebenkörper vom nördlichen Seitenportal (ab dem 17. Jh.: Portal dos Arcebispos) bis zum Arm des Transepts angebaut, der sich danach neben dem Chorumgang über zwei Joche in der gotischen Kapelle von Bartolomeu Joanes fortsetzt. ▶

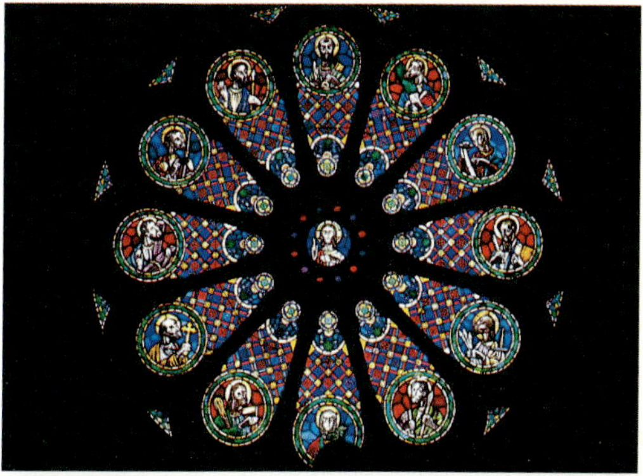

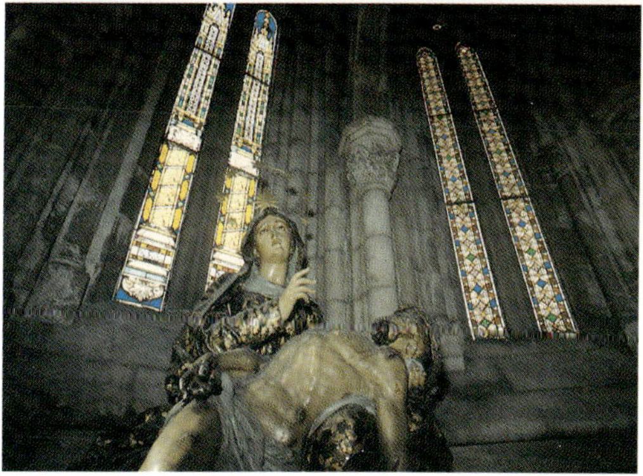

In der Apsis befindet sich ein Polyptychon von acht Tafelbildern aus der Schule von Grão Vasco, der Sarkophag des Gründers, eines reichen Kaufmanns, sowie eine barocke Weihnachtskrippe von Machado de Castro (1766). Auf der Südseite entsprechend liegt die Kapelle des hl. Vinzenz (João Afonso, 1451), die man über den Chorumgang erreicht. Der Andachtsraum für Lissabons Schutzheiligen wurde zusammen mit der Hauptkapelle durch das Beben von 1755 schwer in Mitleidenschaft gezogen, v. a. durch den eingestürzten Vierungsturm.

Auf König D. Dinis geht der spätromanische Kreuzgang der Bischofskirche zurück (13./14. Jh).

Der zögerliche Wiederaufbau brachte barocke und neoklassische Zutaten mit sich. Die Grabmäler von König D. Afonso IV. und seiner Gemahlin D. Brites wurden erneuert. Am südlichen Arm des Transepts setzten die Baumeister im 17. Jh. die Sakristei an das Langhaus. Sie ist mit farbigem Marmor ausgekleidet und wurde unter D. João V. aufgestockt (Kapitelsaal). Heute ist hier der Kirchenschatz ausgestellt.

Senhora do Monte

Man sagt, daß an dieser Stelle hoch über der Stadt der zweite Bischof Lissabons namens Gens predige. Angeblich sei der Märtyrer der Römerzeit Schüler des hl. Jakobus (= Santiago) gewesen. Zu seinem Andenken sollten sich nach der Eroberung Lissabons 1147 (an die ein Obelisk erinnert) die Augustiner am „Mons Gens" niederlassen. Tatsächlich gründeten sie 1243 eine Kapelle, doch für ihr Kloster wechselten sie auf die geschützte tiefere Anhöhe von Graça (S. 178). Indessen blieb die Senhora do Monte beliebter Pilgerort. Nach dem Erdbeben von 1755 wurde die Marienklause wiederaufgebaut.

Neues Heiligtum vor dem Hintergrund der alten Kapelle Nossa Senhora do Monte.

Der schlichte einschiffige Sakralbau besitzt zwei Altäre. Die Hauptkapelle ist mit Szenen aus dem Leben der Muttergottes ausgekachelt, ihre Statue stammt von 1858. Rechts nach dem Eingang befindet sich der legendäre Steinstuhl des Bischofs São Gens. Bis heute nehmen schwangere Frauen auf ihm Platz, um eine gute Geburt zu erwirken. Ein neues verglastes Oratorium zum Heiligen Herzen Marias beweist die ungebrochene Wallfahrtstradition, während der normale Reisende von diesem hohen Punkt einen umfassenden Panoramablick über Lissabon und bis ins Landesinnere auf beiden Ufern gewinnen kann.

Daten *1243 Kapelle erbaut; 1755 erneuert nach Plänen von Honorato José Cordeiro* **Adresse** *Largo do Monte; Straßenbahn 28*

Teatro D. Maria II.

Der romantische Dichter Almeida Garrett sah 1845 seinen Kampf für ein portugiesisches Nationaltheater nach über zehn Jahren von Erfolg gekrönt. Aus der internationalen Ausschreibung ging der Entwurf des Italieners Fortunato Lodi siegreich hervor und wurde in die Tat umgesetzt. Die neoklassische Hauptfassade des Theaters D. Maria II. beherrscht bis heute die Nordseite des Rossio (S. 306). Kern ist ein Peristyl mit sechs ionischen Säulen, die von der Kirche des Franziskanerklosters im Chiado (S. 146) herrühren. Das Tympanon zeigt das Relief „Apollo und die Musen". Auf dem First thront Gil Vicente, den Garrett als Ahnherrn des portugiesischen Theaters feierte. An den Eckpunkten stehen die Musen Thalia und Melpomene. So entsteht ein harmonisches Ensemble, dessen Fortsetzung im Inneren 1964 einem Brand zum Opfer fiel.

Hier hatten die Dominikaner seit Mitte des 16. Jh. den Sitz der Inquisition, unweit ihres Klosters und der Kirche São Domingos (1240). Das einstige Zentrum dominikanischer Macht sank 1755 in Schutt und Asche. Nur das Hauptschiff (Manuel Caetano de Sousa) und die Altarkapelle (Johann Friedrich Ludwig), Anfang des 18. Jh. geschaffen, überstanden das Erdbeben.

Seine wuchtigen Säulen verdankt das Theater dem aufgelösten Franziskanerkloster S. Francisco da Cidade.

Daten *Gegründet von Almeida Garrett; 1842–46 erbaut von Fortunato Lodi; 1964 ausgebrannt und 1978 wiedereröffnet* **Adresse** *Rossio (Metro)*

Teatro de São Carlos

Mit dem Erdbeben von 1755 verschwand auch die berühmte Tejo-Oper, die unmittelbar dem Königspalast am Terreiro do Paço (S. 354) angegliedert war. Diesem Werk von Giovanni Carlo Bibbiena waren nach der Eröffnung am 31. März 1755 nur sieben Monate Spielzeit vergönnt. Auf Betreiben des Polizeichefs Pina Manique und finanziert durch Spenden reicher Kaufleute wurde 1792 der Architekt José da Costa e Silva mit dem Bau eines neuen Musiktempels beauftragt. In erstaunlich kurzer Zeit entstand er im Herzen des Chiado (S. 146).

Die schlichte Außengestaltung des Opernhauses kontrastiert mit seinem prächtigen Inneren.

Der Grundriß lehnt sich am gleichnamigen Neapolitanischen Theater an, doch die Hauptfassade ist fraglos von der Scala in Mailand inspiriert. Die einstigen Deckenmalereien von Cyrillo Volkmar Machado sind im Zuge der Umgestaltung nach dem späteren Geschmack des Second Empire (Leandro Braga) gewichen.

Mehrfach umgestaltet, erstrahlt der Raum aufs neue. In der Mitte die prächtige Königsloge, der Bühne direkt gegenüber.

Der Spielplan des São Carlos war von Beginn an durch Gastauftritte ausländischer Ensembles gekennzeichnet. Bis auf den heutigen Tag erweist sich diese Oper als Unternehmen der Repräsentation ohne eigene künstlerische Tradition. Der Vorderfront des São Carlos gegenüber liegt das Geburtshaus Fernando Pessoas.

Daten *1793 erbaut von José da Costa e Silva* **Adresse** *Largo São Carlos; Straßenbahn 28*

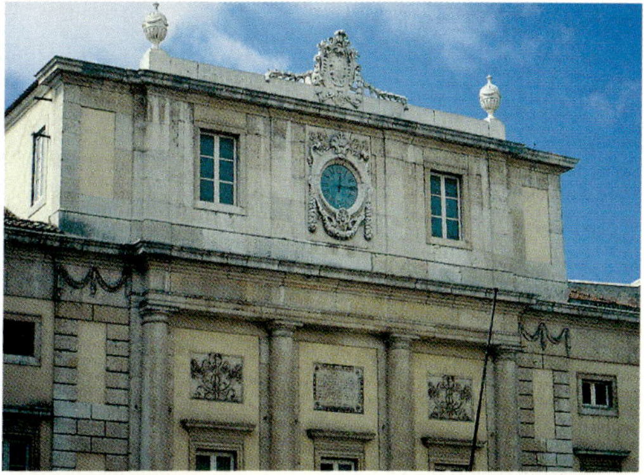

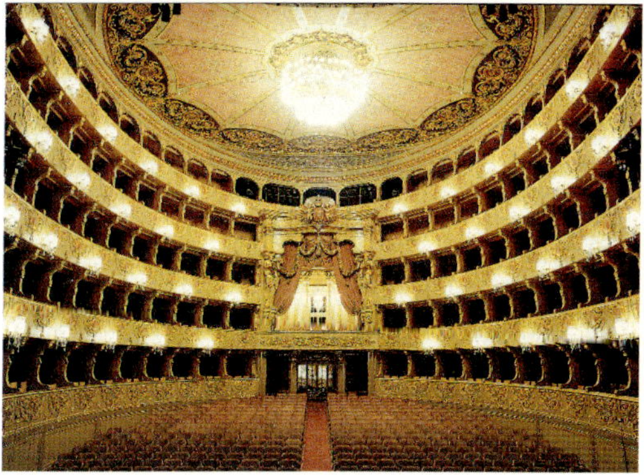

★ Terreiro do Paço (1)
Königsplatz

Seit der Eroberung 1147 residierten Portugals Könige im Castelo de São Jorge (S. 130). Das änderte sich ab 1505, als D. Manuel einen neuen Palast am Fluß bezog und 1508 mit einer Festung versehen ließ. Der großzügige Paço da Ribeira hatte praktische Gründe und symbolischen Wert: Von hier aus wurde die ultramarine Expansion politisch und wirtschaftlich gesteuert.

Im Medaillon unter der Reiterstatue des Königs D. José I. hat sich der eigentliche Herrscher, der Marquês de Pombal, selbst verewigt.

Während der spanischen Fremdherrschaft wurde der Palast ausgebaut, etwa durch den massiven Turm von Juan de Herrera (1580–83) am Ende des Westflügels, dem ein weiterer auf dem gegenüberliegenden hätte folgen müssen. Der Paço da Ribeira ging samt angegliederten Bauten, darunter die gerade eingeweihte Tejo-Oper, 1755 im Erdbeben unter. Der König gab diese Wohnstatt auf, doch im kollektiven Gedächtnis lebt er als „Königsplatz" fort, auch wenn er seit der pombalinischen Reform Praça do Comércio heißt.

Architektonisch losgelöst vom übrigen Baukörper, erinnern die Eckgebäude an die einstigen Türme (Torreões) des Königspalastes vor dem Erdbeben. Im Vordergrund der Cais de Colunas.

Eugénio dos Santos und Carlos Mardel entwarfen den Platz orthogonal als Abschluß der neugeordneten Baixa (S. 98). Die Uferseite ist offen, alle anderen begrenzen klassizistische Langbauten mit hohen Arkadengängen, die zum Fluß hin in gedrängte Abschlußtürme übergehen, als Nachempfindung des früheren Palastes. ▶

Daten *Ab 1756 geschaffen nach Plänen von Eugénio dos Santos und Carlos Mardel; 1775 Standbild; 1862–73 Triumphbogen* **Karte** → *S. 49*

★ Terreiro do Paço (2)
Königsplatz

Obgleich im ursprünglichen Plan vorgesehen, wurde der Triumphbogen in der Mittelachse zur Rua Augusta erst 1862–73 ausgeführt. Das Projekt von Veríssimo José da Costa fügt sich harmonisch in das Gesamtensemble ein. Der Figurenschmuck stammt von Vítor Bastos und Anatole Calmels: Historische Figuren (Viriatus, Vasco da Gama, Nuno Álvares, Marquês de Pombal) werden flankiert von Allegorien der Flüsse Tejo und Douro. Oben thront die Szene „Die Ruhmesgöttin krönt den Genius und die Tapferkeit".

Hinter dem prunkvollen Triumphbogen, der erst im 19. Jh. eingesetzt wurde, führt die Rua Augusta schnurgerade bis zum Rossio.

In derselben Mittelachse erhebt sich im Zentrum das Reiterstandbild von D. José I. Der Marquês de Pombal ließ es 1775 am Geburtstag des Königs mit großem Pomp einweihen, um sich so selbst zu feiern (Frontmedaillon im Sockel). Das Denkmal mit allegorischen Figuren stammt von Machado de Castro; Bartolomeu da Costa vollbrachte das Kunststück, die Reiterstatue aus einem Stück zu gießen.

Der Terreiro do Paço, einer der größten Plätze (und Parkplätze) Europas, belebt sich heute nur zu Massenveranstaltungen. In einem der Arkadengänge versteckt liegt das älteste Café der Stadt, das Martinho da Arcada (seit 1778), das später auch den Dichter Fernando Pessoa zu seinen Stammgästen zählte.

★ Torre de Belém (1)

Wie ein bizarres steinernes Schiff schiebt sich die Festung in den Tejo. Ursprünglich befand sich der kleine Basaltsockel, auf dem sie ruht, mehr innerhalb des Flußlaufes. Heute gelangt man bequem über einen Steg von 70 m über die Zugbrücke auf das „Deck". Bereits D. João III. wollte an dieser Stelle eine Wasserburg errichten, doch erst unter dem Nachfolger D. Manuel entstand das Castelo de São Vicente a par de Belém – so die offizielle Bezeichnung dieses Meisterwerks manuelinischer Baukunst.

Wie ein steinernes Schiff liegt die Torre de Belém im Flußwasser und bewacht den Tejo.

Es besteht aus zwei Teilen: einem sechseckigen flachen Bollwerk mit ungleichen Seiten und dem 30 m hohen Wehrturm, der das unregelmäßige Hexagon auf der Uferseite aufbricht. Beide Teile sind durch den manuelinischen Sims in Form eines Seiltaus, das den gesamten Quaderbau umfaßt, gleichsam zusammengebunden.

Vier orientalisch anmutende Türmchen markieren zwischen den Zinnen die Eckpunkte der insgesamt oktagonalen Festungsplattform.

Mag auch der Plan von Diogo de Boytac stammen, ausgeführt wurde er von Francisco de Arruda. In das Bollwerk mit 3,5 m dicken Mauern sind knapp über dem Wasserspiegel 16 Luken für Kanonen eingelassen. Die Kasematte wird abgeschlossen durch Zinnen, die gewölbte Steinschilde mit dem Christusritter-Kreuz tragen. ▶

Daten *1515–20 erbaut unter Francisco de Arruda* **Eintritt** *400 Esc (Sommer), 250 Esc (Winter)* **Öffnungszeiten** *Di–So 10–17 h außer Mo*

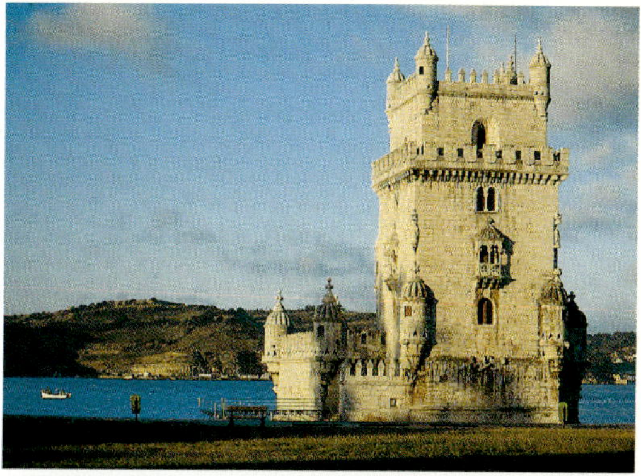

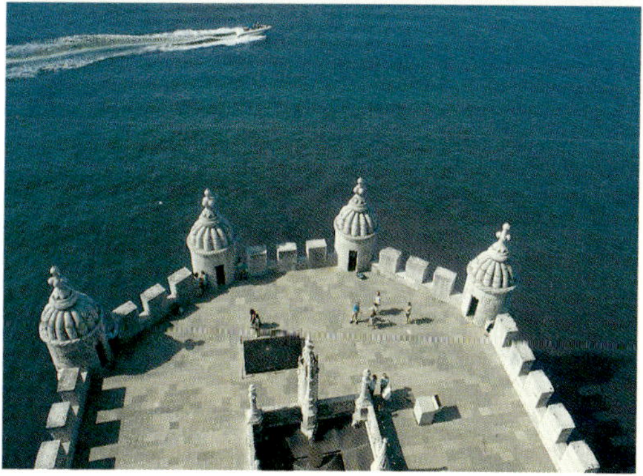

An den acht Eckpunkten – zugleich Knotenpunkte des Steintaus – treten runde Türmchen erkerartig hervor. Ihre gerippten Kuppeln wirken orientalisch. Unter einem der Türmchen – dem Landungssteg am nächsten – kann man den Kopf eines Nashorns erkennen. Es soll an das Tier erinnern, das D. Manuel I. aus Indien geschenkt bekam. Albrecht Dürer hat es in seinem berühmten Holzschnitt von 1515 verewigt. Das damals in Europa unbekannte Tier sollte auf der späteren Praça do Império gegen einen Elefanten kämpfen, um zu klären, welches das stärkste Geschöpf auf Erden sei. Der Elefant entzog sich dieser Entscheidung durch die Flucht – heißt es in der Überlieferung. Das somit siegreiche Rhinozeros hätte Papst Gregor XII. zum Geschenk erhalten, wäre es nicht auf der Überfahrt nach Rom bei einem Sturm über Bord gegangen.

Formgleiche Erkertürmchen wiederholen sich auf gleicher Höhe sowie als oberer Abschluß des Turms, wiederum die Eckpunkte akzentuierend. Diese Schmuckelemente verleihen dem Ensemble Geschlossenheit. Auch die Steinschilde kehren in einem oberen Zinnenumlauf, der auf Kragsteinen ruht, wieder – dicht oberhalb von Zwillingsfenstern, die im zweiten Geschoß als feingliedriger Erker hervortreten. ▶

Die dem Ufer zugewandte Turmseite ist schlichter gestaltet. Über den Erkertürmchen erheben sich jeweils die Statuen des hl. Vinzenz und des Erzengels Michael.

★ Torre de Belém (3)

An der dem Fluß zugewandten Südseite erweitert sich dieser Erker zu einer Loggia, die ebenfalls auf Kragsteinen aufsitzt. Auch das dritte Geschoß fällt hier in der Fassade schmucker aus durch das große Königswappen D. Manuels und zwei Armillarsphären im Halbrelief. Ursprünglich als astronomisches Gerät benutzt, wurde die Armillarspäre zum Symbol für Portugals weltumfassende Expansion, das man folglich auch an historischen Fassaden in Brasilien, Afrika oder Asien wiederfinden kann.

Die prächtige Südseite des Turms weist auf den umschlossenen Vorhof über den Kasematten. Dort birgt eine reichverzierte freistehende Nische unter einem Baldachin die Statue der Muttergottes. Die Marienfigur Nossa Senhora do Bom Sucesso (de Boa Viagem) blickt gleichsam wie aus einem Wachhäuschen auf den Tejo. Sie hält in einem Arm das Jesuskind, dem sie mit der anderen Hand eine Rebe Weintrauben reicht. Der Turm erhebt sich über einer Zisterne. Eine Wendeltreppe führt die vier Stockwerke hinauf in den Saal der Könige (Sala dos Reis) und darüber in den Saal der Kommandanten (Sala dos Governadores), die beide mit Militärutensilien angefüllt sind. Im vierten Stock befindet sich die Festungskapelle. Oberhalb des Oratoriums kann man von der Turmterrasse einen herrlichen Ausblick auf Fluß, Meer und Stadt genießen.

Die mit Portugal verbundene Symbolik wie Christusritterkreuz, Armillarsphäre und Wappen sowie die Tauwerk-Simse charakterisieren den manuelinischen Stil. In der Mitte unter dem schützenden Baldachin die Muttergottes von Belém.

Torres das Amoreiras

Kein Bauwerk hat Lissabons Skyline in den 80er Jahren so sehr geprägt wie diese gewaltige Implantation von Tomás Taveira auf dem dreieckigen Areal der Quinta das Amoreiras. Wie überdimensionierte Wachtürme erheben sich die drei kolossalen Bürokomplexe zu je 20 000 m², flankiert von einem wabenartigen Wohnkomplex. Das Einkaufszentrum von fast 6 ha Gesamtfläche war lange das größte im Lissabonner Raum.

Lichtdurchflutet und farbenfroh sind die Ladenpassagen des Centro Comercial das Amoreiras. Das verglaste Gewölbe erlaubt den Blick auf einen der drei postmodernen „Wehrtürme".

Eine Arkadengalerie, die das Ensemble umgibt, setzt gleichsam die Bogen des Aqueduto das Águas Livres (S. 80) fort, der genau daneben nach Durchquerung des Alcântara-Tales knapp oberirdisch in die Stadt eintritt. Der Autofahrer, der vom Südufer her über die Ponte 25 de Abril (S. 286) nach Lissabon hineinfährt, wird durch einen Tunnel neben den Torres das Amoreiras wie durch ein neues Stadttor in Empfang genommen. Allein diese Bezüge zeigen, wie Taveira auf den anonymen International Style in der Architektur antwortet: Statt die Geschichte im Funktionalismus zu negieren, bettet sich seine postmoderne Gestaltung gezielt in die kulturelle Entwicklung dieses historischen Ortes ein (siehe Banco Nacional Ultramarino, S. 102).

Daten *1980–87 von Tomás Taveira erbaut* **Öffnungszeiten** *Tägl. 10–23 h, Fr und Sa bis 24 h* **Adresse** *Av. Eng. Duarte Pacheco; Bus 15, 58*

Trindade (1)

Der Orden der Trinitarier faßte 1218 in Lissabon Fuß. Über Jahrhunderte hinweg bestand die Hauptmission der „trinos" darin, Kriegsgefangene auszulösen. Bereits 1325 besaß die Bruderschaft dank der Fürsprache der hl. (Königin) Isabel das größte Kloster der Stadt. Im 16. Jh. gab es wieder rege Bautätigkeit, der nach einem Brand und dem verheerenden Erdbeben von 1755 der langwierige Wiederaufbau folgte.

Gekachelte Hausfassade mit allegorischen Figuren und Freimaurer-Symbolik am Largo da Trindade.

Der Haupteingang des Klosters liegt an der Nordseite des Largo do Carmo. Nach der Säkularisation von 1834 wurde der monastische Gebäudekomplex parzelliert und versteigert. Er dient heute insbesondere Büros und Geschäften, die an der neugeschaffenen Rua (Nova) da Trindade liegen. Teile des großen Kreuzganges finden sich im Haus Paulino Ferreira. Das geräumige Refektorium der Mönche wurde 1836 unter der Regie von Manuel Moreira Garcia zu einer Bierhalle. Dieser Wirt war einer der vielen Zuwanderer aus Galicien, die im 19. Jh. Lokale, darunter auch 1840 die Ginginha an einer Ecke des Rossio (S. 310), schufen. Das Besondere an der populären Cervejaria Trindade (Rua Nova da Trindade, 28) ist ihre Innengestaltung mit vielfarbigen Kachelbildern. ▶

Öffnungszeiten *Bierhalle: tägl. 9–2 h* **Adresse** *Largo da Trindade; Straßenbahn 24*

Trindade (2)

Der Keramiker António Luís Ferreira führte 1863 neben religiösen und allegorischen Figuren (die vier Jahreszeiten) auch Motive der Freimaurer ein, die sich bei den Sitzungen der „Grande Oriente Lusitano" in der Cervejaria Trindade bei Speise und Trank trafen.

Das im Stil des Neorokoko gestaltete Teatro do Trindade.

Derselbe Künstler gestaltete 1880 auch die Fassade am Trindade (Haus Nr. 30). Sie ist vollständig mit polychromen Azulejos bedeckt. Unter den auf drei Stockwerken verteilten allegorischen Figuren erscheinen in aufsteigender Linie nach den Elementen der menschliche Kosmos von Industrie und Handel, gekrönt von einem Sternenemblem in der Mitte des Tympanons. Die sich stetig verkürzenden Höhen der Geschosse gehorchen dem Goldenen Schnitt. Dies alles verweist auf die Freimaurerei, die ab Mitte des 19. Jh. bis Anfang des 20. Jh. eine große Rolle für die wirtschaftliche und politische Entwicklung Lissabons und Portugals spielte. Diese Bedeutung spiegelt sich auch in der Gestaltung des Rathauses, der Paços do Concelho (S. 248), und im Aussehen eines Arbeiterviertels, das sogar nach dem Goldstern der Freimaurer als Bairro Estrella d'Ouro (S. 370) benannt ist. Ebenfalls am Largo da Trindade erhebt sich der tiefrote Bau des Teatro da Trindade von 1868 im Neo-Rokoko, das Halbrelief-Büsten und eine große Rosette mit den Initialen des Theaters zieren.

Das einstige Refektorium der Mönche ist heute eine vielbesuchte Bierhalle.

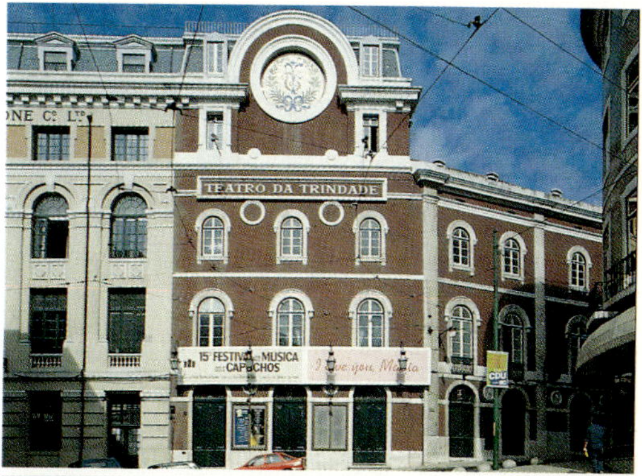
ONE Cº Ltd
TEATRO DA TRINDADE
MUSICA
CDU

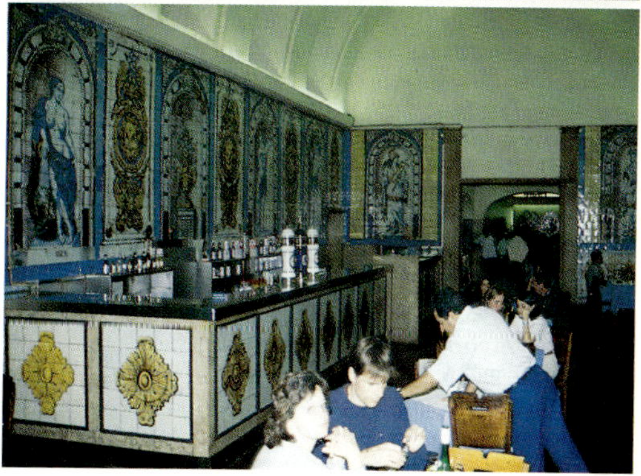

Vilas Operárias
Arbeitersiedlungen

Mit der wachsenden Industrialisierung Lissabons verstärkte sich ab 1870 die Zuwanderung von Landbevölkerung, die Arbeit suchte. Es entstanden Armensiedlungen, häufig in verlassenen Adelspalästen oder säkularisierten Klöstern, wie etwa in Madragoa (S. 186). Angesichts dieser Lage schufen einzelne Großunternehmer sog. „vilas" für ihre Arbeiter, d. h. Privatsiedlungen innerhalb der offiziellen Straßengevierte.

Ein niedriger Hausdurchgang führt hinaus aus der gemütlichen Gartensiedlung der Vila Berta.

Die Vila Sousa von 1889 beruht noch auf einem alten Palast, während später eigene architektonische Lösungen gesucht wurden: So schuf Diamantino Tojal 1902 die gemütliche Vila Berta, bestehend aus Reihenhäusern mit vorgebauten Loggien und Vorgärten. Der freimaurerische Industrielle Agapito Serra Fernandes ließ 1908 das Bairro Estrella d'Ouro anlegen. Obgleich in Seitenstraßen versteckt, erkennt man dieses Arbeiterviertel sofort am Freimaurerstern, der sich auf allegorischen Kachelbildern, Dachfirsten und selbst im Gehsteig wiederfindet. Der Unternehmer wohnte hier selbst (Vivenda Serra). Weitere interessante Ensembles, die zwischen 1910 und 1930 entstanden, finden sich an der Rua dos Sapadores (Vila Cândida des Bankiers Sotto-Mayor, Vila Gadanho und Vila Rodrigues).

Adresse *Vila Sousa: Largo da Graça; Vila Berta: Rua do Sol à Graça; Bairro Estrela d'Ouro: Rua Rosalina u. a. zur Rua Senhora do Monte* **Karte** → *S. 57*

Der Tejo, die natürliche Grenze zwischen Mittel- und Südportugal, führt zu einer grundsätzlichen Zweiteilung der Ausflüge, die sich jeweils mehr auf die Küste oder auf das Inland richten können.

Vom Lissabonner Ufer aus bis nach Cascais (mit Auto oder Bahn) begegnet man den traditionellen Orten der Sommerfrische (Oeiras, Estoril). Wegen bedenklicher Wasserqualität muß hier vom Baden abgeraten werden. Die Befestigungsanlagen entlang der schmalen Strände künden von der früheren Bedeutung der Küste. Beim Ausflug in die Serra bilden Sintra und Mafra die Attraktionen.

Der landschaftlich reizvollen Serra da Sintra entspricht jenseits des Tejo die unberührtere Serra da Arrábida (Naturpark). In einer ähnlichen Binnenmeer-Lage wie Lissabon befindet sich an ihrem südlichen Rand die Stadt Setúbal an der Mündung des Sado.

Die vorgeschlagenen Ziele auf dem Südufer („na outra banda") lassen sich in einem Tagesausflug bewältigen, falls man keinen Strandbesuch (Costa da Caparica) oder einen Wandertag (Sesimbra) einlegt. Dagegen sollte für die Ziele im Nordwesten Lissabons (Queluz, Sintra und Mafra) jeweils eine eigene Tour vorgesehen werden.

Cascais (S. 376)

Als traditionsreiche Militärbasis und einst vornehmes Seebad bietet Cascais Sehenswertes. Weiter westlich an der Küste gelangt man zum Cabo da Roca, dem westlichsten Punkt Europas.

Costa da Caparica (S. 382)

Der Lissabonner Hausstrand bietet blauen Himmel, Sand und Meer.

Estoril (S. 384)

Die Stadt war einst das berühmteste Seebad Portugals.

Costa do
Estoril

ATLANTISCHER
OZEAN

© Harenberg

Mafra (S. 388)
Den kolossalen Klosterbau ließ König D. João V. errichten, nachdem er bei den Franziskanern von Arrábida ein Gelübde abgelegt hatte.

Oeiras (S. 394)
Das ufernahe Städtchen wird beherrscht von der Quinta do Conde de Oeiras, der Sommerresidenz des Marquês de Pombal.

Palmela (S. 398)
Der trutzige Hauptsitz des Santiago-Ordens bietet von der Burg einen herrlichen Ausblick auf das Umland.

Queluz (S. 400)
Das Rokoko-Schloß war Residenz der portugiesischen Könige.

Sesimbra (S. 406)
Der Fischerort ist Zentrum der Costa Bela zu Füßen der steil abfallenden Serra da Arrábida; das Umland ist ideal für Wanderfreunde.

Setúbal (S. 410)
Die Metropole besitzt einen alten Stadtkern. 10 km entfernt liegt Azeitão mit Renaissance-Schlößchen mitten im Weinanbaugebiet.

Sintra (S. 414)
Der historische Teil des Städtchens hat sich wie im 19. Jh. erhalten, als es Sommerresidenz des Adels und Ausflugsziel reicher Bürger war. Die vielen Sehenswürdigkeiten, die reizvolle Landschaft (Naturpark) und die Bedeutung Sintras für die Lissabonner Lebenswelt rechtfertigen den Ausflug als zehnten Stadtrundgang (R 10; S. 64).

Das märchenhaft orientalisierende Tor des Palácio da Pena. 375

Zwei Funktionen, die militärische und die touristische, prägten das Gesicht dieser Küstenstadt. Schon seit den Zeiten von D. Pedro I. und D. Fernando war die Festung Cascais eine Art Vorhut Lissabons gegen jegliche Eindringlinge, seien es Spanier, Piraten oder Korsaren. Von der einstigen Burg künden nur noch spärliche Reste (14. Jh.) in der Nähe der Praça 5 de Outubro. Die beherrschende Zitadelle (Forte da Luz) entstand dagegen unter spanischer Herrschaft im 17. Jh. und diente ab 1870 der königlichen Familie als Residenz, als sich Cascais zum vornehmen Seebad wandelte. Aristokraten und Neureiche taten es den Monarchen nach, wovon Schlößchen im Strandbereich zeugen, etwa der Palacete Seixas (Praia da Ribeirinha) oder die Chalets Lencastre und Faial (José Luís Monteiro, 1896) nahe der Bahnlinie (Praia da Conceição).

An der Praça 5 de Outubro fällt der Palast der Grafen von Guarda (Anfang 18. Jh.; heute Rathaus) durch seine großen Azulejo-Heiligenbilder auf. Blau-weiße Kacheln derselben Zeit dekorieren das Innere der einschiffigen Kirche Nossa Senhora da Assunção, die im 16. Jh. auf den Ruinen einer westgotischen Nekropole entstand. ▶

Praia dos Pescadores – direkt vom Rathausplatz geht es an den Strand. Im Hintergrund der Palacete Seixas.

Daten *30 km westlich von Lissabon; Anfahrt über A 5 oder an der Küste EN 6 (Av. Marginal); Zug von Cais do Sodré* **Öffnungszeiten** *Museu Castro Guimarães und Museu do Mar: 10–17 h, Mo und Feiertage geschl.*

Im Langhaus hängen Gemälde von Josefa de Óbidos, übertroffen durch den Wert von vier Tafelbildern mit Themen des Marienlebens in flämischer Schule (Gregório Lopes ?, 15. Jh.). Weiter südlich, am Largo da Assunção, finden sich die Überreste des Convento da Piedade, das Ende des 16. Jh. für den Orden der Barfüßigen Karmeliterinnen erbaut worden war. Das vom Erdbeben zerstörte Kloster blieb Ruine und wurde ab 1840 im Auftrag des Visconde de Gandarinha in eine Sommerresidenz umgewandelt und mit romantischen Gartenanlagen umgeben.

Eingang zur Zitadelle Nossa Senhora da Luz, die im 19. Jh. auch zur königlichen Sommerresidenz wurde.

Am Südrand des Parque da Gandarinha erhebt sich unübersehbar neben der Kapelle São Sebastião das Museu Castro Guimarães. Das folkloristisch-historisierende Gebäude mit dem markanten pseudo-mittelalterlichen Turm wurde 1890 im Auftrag des reichen Jorge O'Neill geschaffen. Der Architekt und Maler Francisco Vilaça kombinierte in Fassade und Innenhof neomanuelinische und neoorientalische Formensprache. Der spätere Besitzer Conde de Castro Guimarães stiftete das Gebäude der Stadt, die dort ab 1933 ein Museum einrichtete. Neben wertvollem Mobiliar enthält es prähistorische Funde, Zeugnisse der Stadtgeschichte und eine Bibliothek. Ein weiteres Museum widmet sich der Fauna, Fischerei und Unterwasser-Archäologie der Flüsse Tejo und Sado (Museu do Mar; Av. da República). ▶

Eher harmlos gibt sich der „Höllenschlund" bei leichtem Seegang.

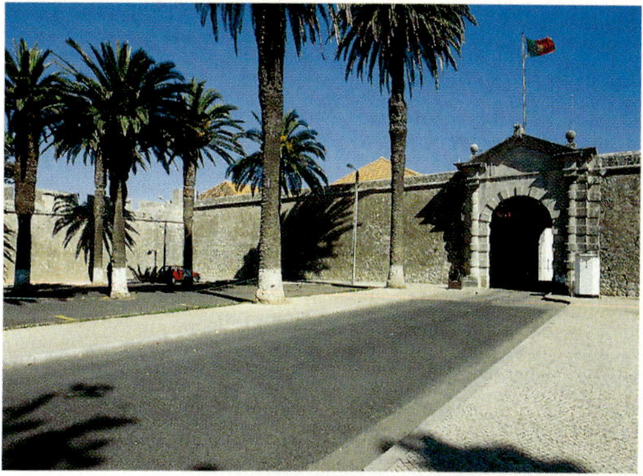

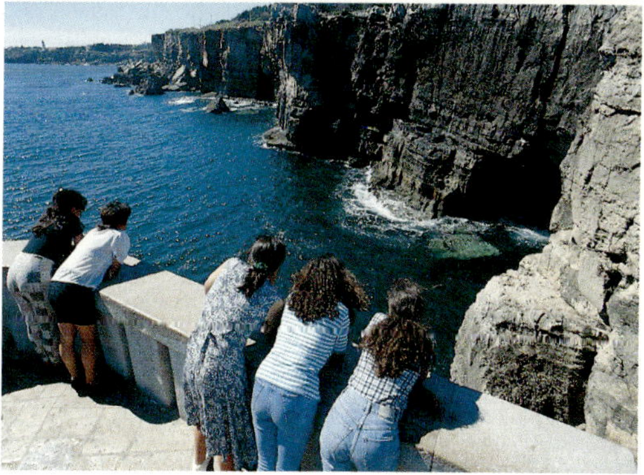

Cascais (3)

Folgt man nach der Zitadelle der Küstenstraße in westlicher Richtung, so erscheint zunächst der Forte de Santa Marta und hinter einer schmalen Steinbrücke der malerische blau-weiße Leuchtturm Santa Marta von 1866, zusammen mit einem Schlößchen (Albergue Santa Marta). Etwa 700 m danach gelangt man zur berühmten Boca do Inferno. Mit wahrhaft höllischem Getöse bricht sich hier die Brandung des Atlantiks (besonders eindrucksvoll bei Flut) in einer zerklüfteten offenen Höhle, die sich wie ein Schlund öffnet. Hier soll der mysteriöse Satanist Aleister Crowley verschwunden sein, als sein Dampfer in einen Nebel geriet. Der Dichter Fernando Pessoa ließ sich von ihm sein Horoskop erstellen.

„Da wo das Land aufhört und das Meer beginnt" – diese berühmten Camões-Verse werden gern am Cabo da Roca, dem Ende der Alten Welt, zitiert.

Nach 2 km gelangt man zum Farol da Guia von 1761 neben der gleichnamigen Festung. Eine Treppe führt zum Ausguck in 57 m Höhe, von dem man einen herrlichen Blick über die Bucht von Cascais genießt. In der Nähe des Leuchtturms befindet sich die Kapelle Nossa Senhora da Guia (António Ribeiro da Fonseca, 1570), die ein manuelinisches Portal besitzt. Vorbei an der Praia do Guincho, Portugals Mekka des Surfsports, erreicht man nach 8 km den westlichsten Punkt Europas, Cabo da Roca (S. 430).

Costa da Caparica

Seit den 50er Jahren entwickelte sich die Costa da Caparica zu Lissabons Hausstrand. Untrügliches Zeichen für seine ungebrochene Popularität sind die Verkehrsstaus am Wochenende. Der Wildwuchs an mehr oder weniger provisorischen Sommerhäuschen, Strandbars und Dauercampern, zu denen teilweise stark versandete Sträßchen und Wege führen, wurde Mitte der 90er Jahre einem Raumordnungsplan unterworfen, der eine geregelte Erschließung der Küste auf ca. 8 km Länge bis Fonte da Telha vorsieht. Die Strandabschnitte, die teilweise phantasievolle Namen tragen und jeweils auf ein bestimmtes Publikum ausgerichtet sind (Familien, Jugend, Nacktbaden), werden von einer offenen Schmalspurbahn bedient. In lauen Sommernächten locken Open-air-Diskotheken und Live-Konzerte. Hinter den weiten Sandstränden mit ihren hohen Dünen gelangt man zum Convento dos Capuchos, das 1558 gegründet wurde. Von den Ruinen des Kapuzinerklosters, die bei Konzerten als effektvolle Kulisse dienen, bietet sich eine malerische Aussicht über die Küste hinaus auf den Atlantik.

Farbenfrohe Strandhäuser zieren die Strandabschnitte der Costa da Caparica.

Daten *13 km südwestlich von Lissabon; Anfahrt über A 2-IP, Ausfahrt (Caparica) nach der Ponte 25 de Abril; 377 oder 10-1 (Convento dos Capuchos) bei Arieiro*

Estoril (1)

Die Strandnase mit dem guterhaltenen Forte São Julião da Barra (Leonardo Turriano) liegt ungefähr auf gleicher Höhe mit der Torre de Bugio (Vicenzo Casale) auf einem Eiland, das der südlichen Uferseite und der Küstenzunge der Costa da Caparica (S. 382) vorgelagert ist. Die beiden Festungsbauwerke des 16. und 17. Jh. markieren die Grenze zwischen Fluß und Meer. Ab den Stränden von Carcavelos und Parede beginnt die Portugiesische Riviera oder die „Enseada Azul" (Blaue Bucht), die bis Estoril reicht.

Obgleich schon im 18. Jh. für seine Thermalquellen bekannt, begann der Ruhm Estorils als vornehmes Seebad erst in den 20er Jahren. Markante Privatschlößchen wie das Chalet Barros neben der Praia de Tamariz und die Casa Visconde de Azarujinha neben dem Forte de São João künden von beschaulichen Zeiten, als entthronte Monarchen, exilierte Aristokraten und Neureiche hier einen noblen Ruheort mit milden Wintertemperaturen fanden. 1895 kam die Eisenbahnlinie, und ab 1918 legte man Thermalstation, Spielcasino, Theater für Musicals und später den Kongreßpavillon an (Projekt: Silva Júnior). ▶

Zu Füßen des Chalet Barros, einer Pseudo-Ritterburg aus den 20er Jahren, befindet sich Estorils Hausstrand, die Praia de Tamariz.

Daten *28 km westlich von Lissabon; Anfahrt über EN 6 (Av. Marginal); Zug von Cais do Sodré (Haltestelle Estoril)* **Öffnungszeiten** *Casa-Museu Verdades de Faria: Besichtigungen mit Führung nach Vereinbarung (Tel. 2 68 04 77)*

Die Gebäudekomplexe krönen den ausgedehnten Park, der sich bis zur Strandpromenade erstreckt. Etwas weiter westlich an der Avenida Marginal findet sich das einzige ältere Baudenkmal, das Franziskanerkloster Santo António von 1527 mit Azulejos des 18. Jh.

Unter den Villen und Chalets, die ab den 20er Jahren in Estoril und Monte Estoril entstanden, verdient die Casa-Museu Verdades de Faria an der Av. Sabóia besondere Erwähnung. Im Auftrag des wohlhabenden Jorge O'Neill entwarf der Architekt Raul Lino 1917 ein Gebäude, in dem er das „portugiesische Haus" gegenüber dem internationalen Historismus zu definieren suchte. Den Mittelpunkt bildet der Torre de São Patrício, der mittelalterliche Bauformen wiederbelebt.

Die Innenräume sind mit Malereien und Azulejos des 17. Jh. dekoriert. Seitdem das Schlößchen 1942 in den Besitz von Montero Belard übergegangen war, entstand insbesondere durch die ethnographische Arbeit von Michael Giacometti eine wichtige Dokumentation und Instrumentensammlung zur traditionellen Volksmusik Portugals, ergänzt durch eine entsprechende Werkstatt.

Vom dichtbevölkerten, verschmutzten Flußstrand flüchten viele nach oben ins Schwimmbad Piscina Tamariz.

Im sanften Licht des Spätnachmittags erinnern malerische Plätze an die einst beschauliche Costa do Estoril.

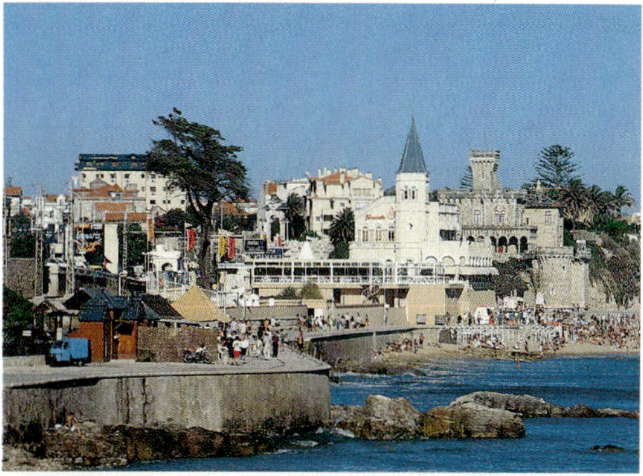

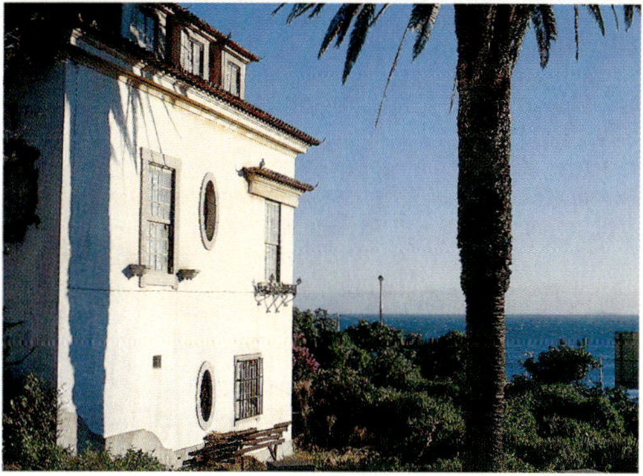

Mafra (1)

Seit José Saramagos erfolgreichem Roman „Memorial do Convento" (1982, dt. „Das Memorial", 1986) sind Mafra und sein Kloster wieder international bekannt geworden: Als der junge König D. João V. schon drei Jahre mit D. Maria Ana von Österreich verheiratet war, ohne daß die Geburt eines Thronfolgers in Sicht war, erwirkten die einflußreichen Franziskaner von Arrábida (siehe Sesimbra, S. 402), daß der Monarch in einem Gelübde den Klosterbau versprach.

Die dem hl. Antonius geweihte Klosterkirche bildet den Mittelteil einer 220 m breiten Front.

Es tut wenig zur Sache, daß die Königin zunächst ein Mädchen, D. Maria Bárbara (später Königin von Spanien), gebar und erst 1714 den ersehnten männlichen Stammhalter D. José. Damals waren die Pläne bereits voll im Gange. Bis heute ist strittig, ob Johann Friedrich Ludwig aus Schwäbisch-Hall oder Regensburg, der seinen Namen in Ludovice italianisierte, tatsächlich der Architekt oder nur ausführender Chefingenieur von Entwürfen berühmter Baumeister der Zeit wie Juvara, Canevari oder Battista war. Gut dokumentiert ist dagegen der Verlauf der Bauarbeiten, die 1717 mit einer pompösen Grundsteinlegung im Beisein von D. João V. begannen. ▶

Daten *37 km nördlich von Lissabon; Anfahrt über A 8 oder EN 8, danach 116* **Öffnungszeiten** *Führungen (ca. 1,5 h) 10–13 h, 14–17.30 h, Di und Feiertage (inkl. 22. Oktober) geschl.* **Eintritt** *200 Esc (Winter), 350 Esc (Sommer)*

Mafra (2)

Immer wieder ließ der Monarch die Entwürfe für sein Lieblingsprojekt revidieren, um schließlich mit dem megalomanen Komplex von 40 000 m², der Patriarchalkirche, Kloster und Königspalast vereint, nicht nur mit dem Vatikan (Petersdom), sondern auch mit dem Escorial Philipps II. in Wettstreit zu treten. 1729 erreichte die Zahl der Bauarbeiter, die teilweise zwangsverpflichtet wurden, die astronomische Höhe von 50 000. Die Arbeiten währten schließlich 18 Jahre. Doch bereits 1730 wurde die Basilika (63 m Gesamtlänge, 21,5 m Höhe) vorweg unter prunkvollen Festlichkeiten eingeweiht.

Eine weitläufige Freitreppe führt zur Vorhalle, flankiert von zwei sich verjüngenden Türmen (68 m) mit insgesamt 114 Glocken, deren schwerste 10 t wiegt. Darüber wölbt sich die Veranda De Benedictione, begleitet von Standbildern der Ordensgründer S. Domingos und S. Francisco. Das Vestibül schmücken 14 aus Italien importierte Marmorstandbilder verschiedener Heiliger. Über dem dreigeteilten Portal zum Sakralraum wiederholt sich die Darstellung der Jungfrau, des Jesuskindes und des heiligen Antonius (ihm ist die Kirche geweiht), die bereits das Tympanon als Jaspe-Halbrelief ziert. Das gänzlich mit verschiedenfarbigem Marmor prächtig ausgekleidete, dreischiffige Langhaus weist eine vollendete klassizistische Gestaltung auf. ▶

Vorhalle der Klosterbasilika, für die 14 fast 3 m hohe Marmorstatuen aus Italien importiert wurden.

Mafra (3)

Die gewaltige Kuppel über der Vierung ist eine der größten Europas. Durch den Fensterumgang und ein aufgesetztes Türmchen strömt Licht in die jeweils drei Nebenkapellen der gerundeten Transeptarme und in die Hauptkapelle mit einem Altarbild von Trevisani (Jungfrau und hl. Antonius) sowie einem Jaspe-Kruzifix von 4,2 m Höhe. D. João VI., der als einziger Monarch wirklich im Königspalast von Mafra wohnte, ließ 1807 die insgesamt sechs Orgeln mit beachtlichen Ausmaßen anfertigen.

Der Palácio Real erstreckt sich beidseitig der Basilika, symmetrisch strukturiert um je einen Kreuzgang. Wuchtige Ecktürme mit Zwiebelkuppeln (68 m Höhe) schließen die Vorderfront von 220 m Gesamtlänge ab. Der repräsentativste Teil sind die Säle des Corredor Nobre. Genau über der Vorhalle der Basilika liegt die marmorverkleidete Sala de Benedictione. Von dort wohnte die königliche Familie dem Gottesdienst bei.

Innerhalb des rückwärtigen Klosterbaues bildet die Bibliothek im Obergeschoß die Hauptattraktion: Den 88 m langen eleganten Rokokosaal füllen doppelstöckige Wandregale, durchbrochen von 50 Fenstern und getrennt durch eine Holzbalustrade. 30 000 Bände von teilweise großem Wert (Inkunabeln, Erstausgaben usw.) lassen jeden Bücherfreund ins Schwärmen geraten.

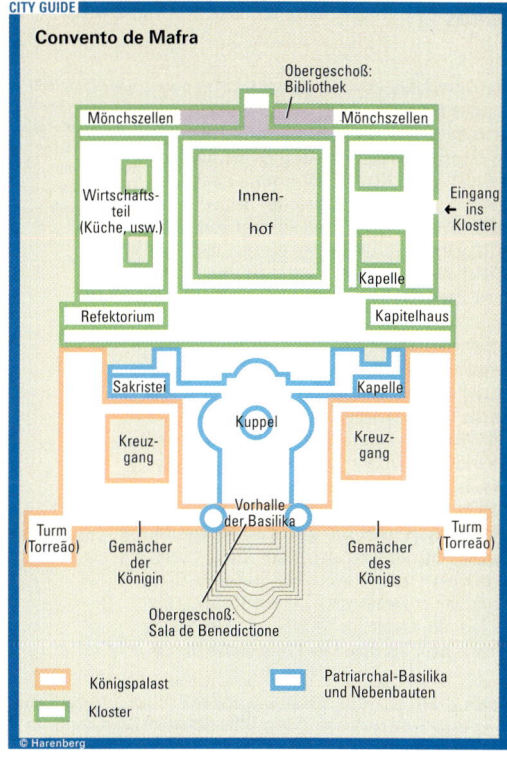

Convento de Mafra

Obergeschoß:
Bibliothek

Mönchszellen

Mönchszellen

Wirtschafts-
teil
(Küche, usw.)

Innen-
hof

Eingang
← ins
Kloster

Kapelle

Refektorium

Kapitelhaus

Sakristei

Kapelle

Kreuz-
gang

Kuppel

Kreuz-
gang

Vorhalle
der Basilika

Turm
(Torreão)

Gemächer
der
Königin

Gemächer
des
Königs

Turm
(Torreão)

Obergeschoß:
Sala de Benedictione

☐ Königspalast

☐ Patriarchal-Basilika
und Nebenbauten

☐ Kloster

© Harenberg

Oeiras (1)

Die Entwicklung des ufernahen Ortes ist eng verflochten mit dem Aufstieg von Sebastião José de Carvalho e Melo, der 1769 seinen Titel Marquês de Pombal erhielt, unter dem er der Nachwelt bekannt ist. Bereits zehn Jahre zuvor machte ihn König D. José I. zum Conde de Oeiras, wobei gleichzeitig Oeiras zur Stadt erhoben wurde. Die Wahl kam nicht unerwartet, konnte doch der zum allmächtigen Staatsminister Arrivierte durch Familienerbe, seine erste Heirat und durch despotische Aneignung das Anwesen der Carvalhos bedeutend vergrößern. Dabei unterstützten ihn seine beiden Brüder, denen der spätere Marquês zu einfluß- und ertragreichen Posten in Staat und Kirche verholfen hatte.

Die Gartenfront des Palácio do Conde de Oeiras ist durch seine polychromen Kacheln überaus schmuckvoll.

Die Gebrüder finden sich vereint im Deckengemälde der Sala da Concórdia (Joana de Salitre). Der Ungar Carlos Mardel, seit 1733 in Portugal ansässig, wurde Baumeister des Palastes. Unverkennbar sind die typischen Mansardendächer, die auch bei der neuen Baixa (S. 98) zum Einsatz kamen. Neben den großen Arbeiten nach dem Erdbeben von 1755 sah Mardel in der Quinta do Conde de Oeiras sein krönendes Werk, das er bis zum Tode 1763 vorantrieb. ▶

Daten *17 km westlich von Lissabon; Anfahrt über EN 6 (Av. Marginal); Zug von Cais do Sodré (Haltestelle Oeiras)* **Öffnungszeiten** *Besichtigung nur nach Vereinbarung (Tel. 4 41 56 01, 4 41 32 31)*

Oeiras (2)

Es entstand einer von Portugals markantesten Sommerresidenzen des 18. Jh. Allerdings dämpfen hier klassizistische Linien das verspielte Rokoko. Auch im Inneren beschränkt sich die Pracht auf Stuck der italienischen Schule Grossis, allegorische Malereien und Kachelverkleidungen. Üppiger erscheint allenfalls der Speisesaal mit den mythologischen Statuen Alfeu und Aretusa (Machado de Castro, 1744) sowie Marmorbecken, die Wassernymphen umspielen.

Dekorreicher ist ebenso die Palastkapelle Nossa Senhora das Mercês mit Altarbildern von André Gonçalves. Hervorzuheben sind auch die bunte Kachelfassade der Gartenveranda, im Park selbst das Azulejo-Ensemble von Fischteich, Kaskade und Pavillon sowie die Cascata dos Poetas, dessen figurative Tejo-Allegorie drei Kunstgrotten und die Arkadengalerie umgeben. Ihre Balustrade zieren Marmorbüsten von Camões, Homer, Vergil und Tasso (Machado de Castro). Eigene architektonische Akzente setzen Getreidespeicher und Weinkeller. Seine Gartenfassade ist durch blinde Bogen und zwölf Pilaster gestaltet, darüber finden sich Marmorbüsten römischer Kaiser. Heute residiert in einem Teil der Quinta do Marquês die Stadtregierung, in dem anderen, größeren das Instituto Nacional de Administração (Largo Marquês de Pombal).

In ganz Portugal beliebt sind Darstellungen des Volksheiligen Antonius, der etwa beim Auffinden verlorener Gegenstände hilft (Azulejo-Darstellung im Stadtpark von Oeiras).

397

Palmela

Von 1147 bis 1205 war das Kastell von Palmela zwischen Mauren und Christen umkämpft. Wohl römischen Ursprungs, ist heute nur wenig von der mittelalterlichen Burg (eckige arabische Wehrtürme, Hauptturm aus dem 14. Jh.) gegenüber Modernisierungen aus dem 17. und 18. Jh. übriggeblieben. Allein einen Besuch wert ist der Panoramablick in 240 m Höhe, der bei guter Sicht bis weit in den Alentejo reicht.

Geradezu berauschend ist die Aussicht von der Ordensburg der Jakobusritter, in der 1979 eine Pousada eingerichtet wurde.

Zum Dank für ihre Verdienste bei der Rückeroberung wurde das Kastell den Jakobusrittern übergeben, die hier 1423 sogar den Hauptsitz des Santiago-Ordens einrichteten mit dem Infanten João (Sohn von D. João I.) als erstem Großmeister. Das Konvent wurde 1443–82 erbaut (seit 1979 Pousada). Von der spätgotischen Santiago-Kirche, die 1483 errichtet wurde, sind nur noch Reste erhalten. Auf der Evangelienseite des Querschiffes befindet sich unter einem manuelinischen Bogen die Marmorurne von D. Jorge de Lencastre, Sohn von D. João II. und letzter Großmeister des Ordens.

Das Städtchen Palmela selbst, dessen historischen Kern ein Pelourinho (Pranger) von 1645 ziert, ist zuletzt als Standort der modernsten Automobilfabrik Europas bekannt geworden.

Daten *35 km südlich von Lissabon; Anfahrt über A 2-IP, Ausfahrt 379-2 oder 379 (Palmela)*

Queluz (1)

Naiv übersetzt bedeutet der wohlklingende Name „Was für ein Licht" – Grund genug für ein Prinzenmärchen über die Entstehung des Schlosses. Doch eigentlich rührt das Wort von den Arabern her und bedeutet „Tal der Mandelbäume". Gegen Ende des 16. Jh. gingen hier die Grafen von Castelo Rodrigo auf die Jagd und bauten sich ein Schlößchen, das zum Ausgangspunkt für die spätere heterogene Palastanlage werden sollte. Da die Grafen die spanischen Könige unterstützten, wurde ihr Besitz nach 1640 von der portugiesischen Krone konfisziert. D. João IV. bestimmte Queluz allerdings nicht für sich selbst, sondern integrierte es im Jahr 1654 in die komplexe Casa do Infantado.

Diese Einrichtung wurde geschaffen, um fortan denjenigen Prinzen und Prinzessinnen, die von der portugiesischen Thronfolge ausgeschlossen waren, ein unabhängiges Hofleben zu gestatten. Unter diesen Infanten war der kunstbeflissene D. Pedro so auf Repräsentation versessen, daß er das ehemalige Jagdschlößchen ab 1747 zum Sommerpalast ausbauen ließ. ▶

Spiegelreich gibt sich Robillions neoklassische Sala dos Embaixadores (1757–62), die vor allem Audienzen diente.

Der mit Azulejos verkleidete Corredor das Mangas verbindet die zwei Palastteile miteinander. ╱

Daten *15 km nordwestlich von Lissabon; Anfahrt von Rossio bis Queluz-Belas, 25 min. (ca. 10 min. Fußweg, wenig beschildert)* **Öffnungszeiten** *Tägl. 10–13 h und 14–17 h, Di und Feiertage (auch 29. Juni, Lokalfeiertag) geschl.* **Eintritt** *400 Esc (nur Garten 50 Esc)*

400

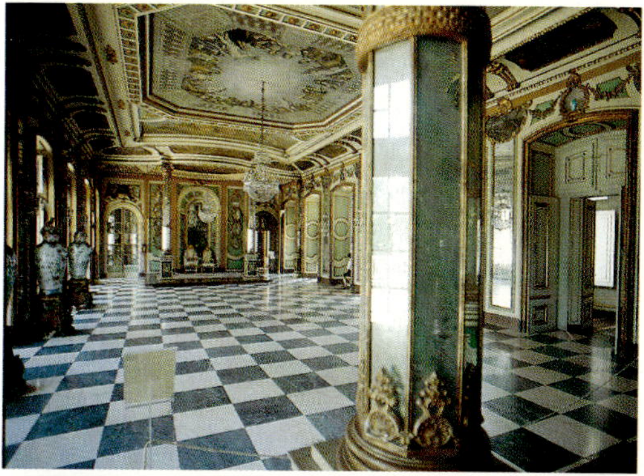

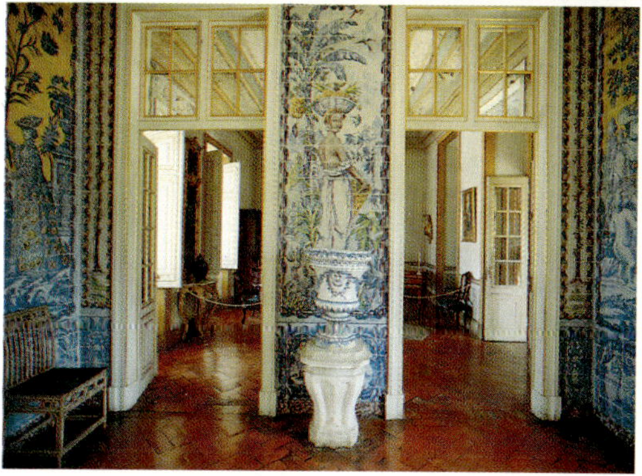

So entstand unter Leitung von Mateus Vicente de Oliveira ein später zweistöckiger Hauptkomplex mit Zeremonienfassade (Fachada de Cerimónia), dem sich durch eine schöne Passage mit Kachelbildern (Corredor das Mangas) der Kapellenflügel als Pendant zum Paço Antigo anschließt.

Der prächtige Barockraum mit dem Altarbild Nossa Senhora da Conceição (Mariä Empfängnis) von André Gonçalves ist vollkommen umgeben von den Gemächern der Prinzessin D. Maria Francisca, der aus Staatsraison kein anderer Ausweg blieb, als 1760 ihren eigenen Onkel zu heiraten – keinen anderen als den Infanten D. Pedro. Da Mateus Vicente nach dem Erdbeben beim Wiederaufbau Lissabons mitarbeitete und dort auch die Basilika von Estrela (S. 166) schuf, wurden die Arbeiten nach und nach dem Franzosen Jean Baptiste Robillion übertragen, der sich erst in Queluz als Architekt auszeichnete.

Er ersetzte klassizistische Züge durch Schnörkel und Stuck des Rokoko. Ebenso änderte er die Fassaden und das Innere, gestaltete mit vergoldeten Ornamenten und Spiegeln den Fest- (später Thronsaal) und den Musiksaal des Anbaus, der mit dem Kapellenflügel den Jardim de Malta umschließt. Robillion stutzte den Garten nach französischer Art auf geometrische Formen, ebenso wie den größeren Jardim Pênsil, der wegen der abschüssigen Lage z. T. auf Stützwerk ruht. ▶

Der Palacio Nacional de Queluz zählt zu den schönsten Rokokoschlössern in Portugal.

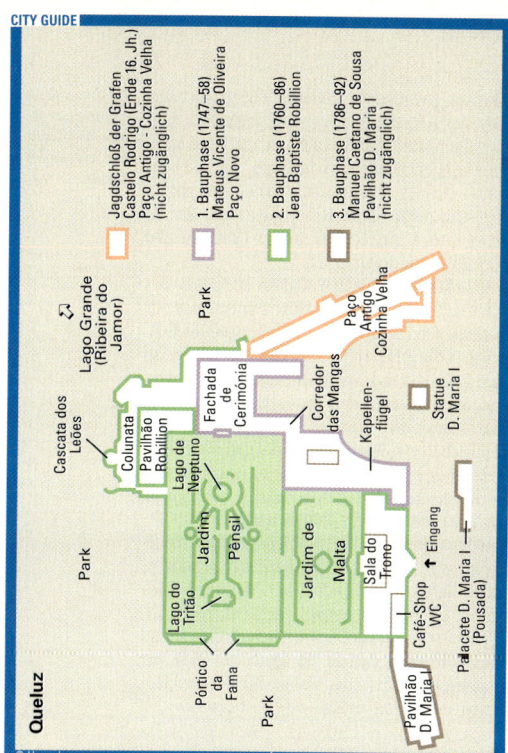

Queluz

Jagdschloß der Grafen
Castelo Rodrigo (Ende 16. Jh.)
Paço Antigo - Cozinha Velha
(nicht zugänglich)

1. Bauphase (1747–58)
Mateus Vicente de Oliveira
Paço Novo

2. Bauphase (1760–86)
Jean Baptiste Robillion

3. Bauphase (1786–92)
Manuel Caetano de Sousa
Pavilhão D. Maria I
(nicht zugänglich)

Lago Grande
(Ribeira do
Jamor)

Park

Paço
Antigo
Cozinha Velha

Cascata dos
Leões

Colunata
Pavilhão
Robillion

Fachada
de
Cerimónia

Corredor
das Mangas

Kapellen-
flügel

Statue
D. Maria I

Lago de
Neptuno

Park

Jardim
Pênsil

Jardim de
Malta

Sala do
Trono

Lago do
Tritão

Pórtico
da
Fama

Park

Pavilhão
D. Maria I

Café-Shop
WC

Palacete D. Maria I
(Pousada)

Engang

© Harenberg

Queluz (3)

Das von Steinfiguren flankierte Pórtico da Fama liegt der Fachada de Cerimónia gegenüber, hinweg über ovale Zierbrunnen, die mit Meeresgöttern bestückt sind (Lago do Tritão, Lago de Neptuno). An der abschüssigen Flanke des Jardim Pênsil liegt Robillions Rokoko-Pavillon, der im Inneren u. a. mit Szenen von D. Quichote und Sancho Pansa dekoriert ist.

Architektonisch nutzte Robillion beim Bau des Pavilhão (1774–80) den Höhenunterschied zur umlaufenden Balustrade, die auf einem Säulengang (Colunata) ruht. Zur Terrasse führen an den Eckpunkten geschwungene Freitreppen hinauf. Sie flankieren den Löwenbrunnen (Cascata dos Leões), der aus der Mauer hervortritt. In dem schattigen Winkel des Parks und in der Umgebung des Baches Jamor, der zu einem kachelverkleideten Kunstsee aufgestaut wurde, spielte sich das sommerliche Hofleben ab.

Queluz wurde ab 1777 zum Königspalast, da die Prinzessin D. Maria Franziska ihrem verstorbenen Vater D. José als Königin D. Maria I. auf den Thron folgte. Prinzgemahl wurde D. Pedro III. Queluz wurde schließlich 1794 nach dem Brand des hölzernen Palácio da Ajuda (S. 254) zur ständigen Residenz der Könige. Mit der napoleonischen Invasion verblaßte dieser Glanz.

Opulenter Neptun-Brunnen im Jardim Pênsil vor der Zeremonienfassade.

Das Fischerstädtchen am Rande der steil abfallenden Serra da Arrábida wurde erst um 1200 unter D. Sancho endgültig den Mauren entrissen. Deren Kastell mit fünf Wehrtürmen erneuerte man wiederholt unter christlicher Herrschaft. Innerhalb der Zinnenmauern befindet sich die Kirche Santa Maria mit dem Steinbild der Muttergottes aus dem 13. Jh.

Sesimbra ist einer der wichtigsten Fischereihäfen Portugals.

Wie Palmela (S. 398) wurde auch Sesimbra dem Santiago-Orden übergeben, von dem die dreischiffige Stammkirche von 1536 (manuelinische Bogen) heute noch kündet. Die Festung Sant' Iago wurde 1648 unter D. João IV. errichtet, ebenso wie der Forte de D. Teodósio bzw. do Cavalo, der am westlichen Ende der Bucht gegen Piratenangriffe schützen sollte.

Sesimbra befindet sich in der Mitte des landschaftlich bezaubernden Küstenabschnitts zwischen Cabo Espichel und Portinho da Arrábida, seinerseits ein malerischer Küstenort zu Füßen der Serra. Von dort führen Wanderwege zur Tropfsteinhöhle Lapa de Santa Margarida und zur höchsten Erhebung des Küstengebirges, dem 500 m aufragenden Formosinho, dessen Gipfel einen umwerfenden Panoramablick bietet. ▶

Daten *40 km südlich von Lissabon; Anfahrt über A 2-IP, Ausfahrt 378; 379 Cabo Espichel; 379 und 379-1 Portinho da Arrábida*

Unterhalb finden sich Reste des alten Convento da Arrábida: Kapellen (eine davon mit einem Bildwerk des Gekreuzigten – eine Votivgabe von D. João V.) und in die Felswände gebaute spartanische Mönchszellen sind umgeben von Gärten und Oratorien. Aus dem frühen 17. Jh. stammt die Ermida da Memória sowie die Behausung, die für den Eremiten und Naturdichter Frei Agostinho da Cruz angelegt wurde. Der Mönch war neben São Pedro de Alcântara (S. 326) wichtigste Persönlichkeit für den Franziskanerorden des neuen Convento da Arrábida: 1542 unter D. João de Lencastre erbaut, nach 1836 zunehmend vernachlässigt und verfallen, wurde es 1992 als Seminarzentrum und Sommeruniversität (Estudos Gerais da Arrábida) renoviert.

Bei Sesimbra gibt das zerklüftete Gebirge der Serra da Arrábida eine vielbesuchte Strandbucht frei. Im Vordergrund die Festung D. Teodósio.

Auch westlich von Sesimbra lohnt ein Ausflug zum windigen Cabo Espichel, das wie ein Finger in den Atlantik ragt: zum einen wegen des landschaftlichen Erlebnisses der Steilküste entlang der Kapstraße, zum anderen wegen des Wallfahrtsortes, der durch eine Marienerscheinung im 13. Jh. bedeutsam wurde. Die alte Kapelle des 15. Jh. wurde Ende des 17. Jh. als Kultstätte abgelöst durch die zweitürmige Kirche Nossa Senhora do Cabo. Auf dem weiten Vorplatz, umgeben von den Pilgerstätten, findet am ersten Oktobersonntag ein Fest im Anschluß an die Wallfahrt statt. Der Leuchtturm stammt aus dem Jahr 1790.

Setúbal (1)

Als Fischereihafen und Industriestandort in privilegierter Lage an der Mündung des Sado entwickelte sich Setúbal seit den 50er Jahren vom beschaulichen Städtchen zur nicht unbedingt einladenden Großstadt im Schatten Lissabons. Das Lob auf Setúbal als „princesa do Sado" rechtfertigt sich jedoch vollauf durch Baudenkmäler und den wunderbaren Blick vom Castelo de São Felipe (Felipe Terzi), eine der gelungensten Festungen des 17. Jh. (heute Pousada).

Die Praça de Bocage mit dem Denkmal auf den gleichnamigen hier geborenen Dichter bildet das Zentrum der Stadt. Hier befindet sich die Kirche São Julião, von deren manuelinischer Architektur (João Favacho) zwei Portale erhalten sind. Das dreischiffige Innere ist mit Kachelbildern des 18. Jh. ausgekleidet.

Doch die Hauptattraktion bietet zweifellos das nordwestlich gelegene Convento de Jesus, dessen weiter Vorplatz mit der marmornen Kreuzessäule in der Gestalt des 15. Jh. wiederhergestellt wurde, als D. João II. mit seinem Hofstaat in Setúbal residierte (1481–95). Das Kloster geht auf ein Gelübde zurück, das die Amme D. Manuels, Justa Rodrigues Pereira, gemacht hatte. ▶

Das Castelo de São Felipe war ein ausgeklügeltes Bollwerk gegen Seeangriffe. Am Horizont ist die Lagunenzunge Tróia mit ihrem Touristenzentrum zu erkennen.

Wie auf jedem Wochenmarkt Portugals spielen auf der Feira de Setúbal Tonwaren eine große Rolle.

Daten *40 km südlich von Lissabon; Anfahrt über die A 2-IP; Variante EN 10 für Azeitão* **Öffnungszeiten** *Museu da Cidade: 9–12 h und 14–17 h, Mo und Feiertage geschl.*

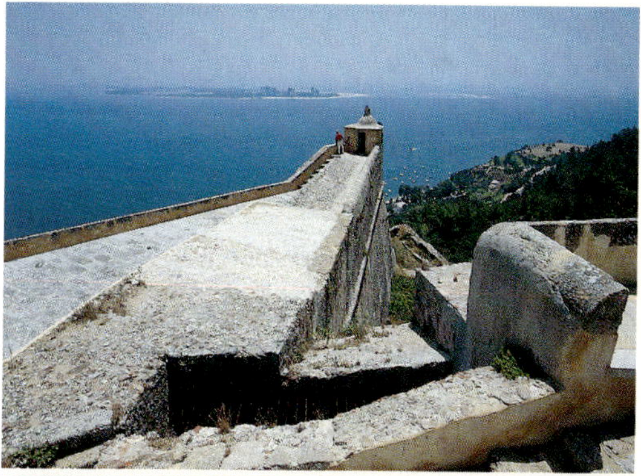

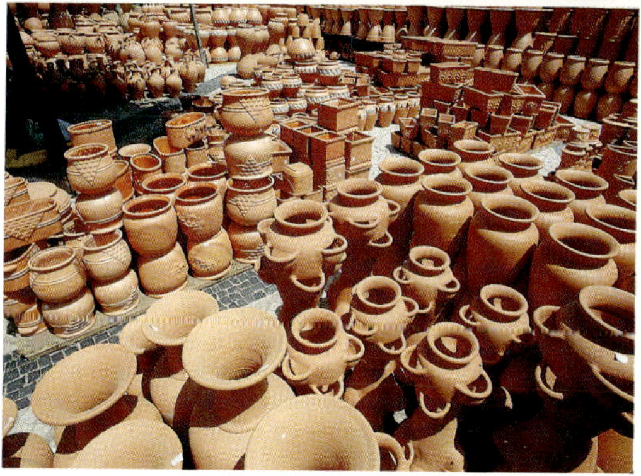

Die von Diogo de Boytac erbaute Klosterkirche (1494–1505), an der sich sehr schön der Übergang von der Hochgotik zur Manuelinik ablesen läßt, erscheint geradezu als Vorstudie zu dem Mosteiro dos Jerónimos (S. 204), das ein Jahr später gegründet wurde. Man betrachte nur das Seitenprofil mit Portal (Zwillingstür) und Altarkapelle. Das Klostergebäude selbst birgt seit 1960 das Stadtmuseum mit einer bedeutenden Sammlung religiöser Malerei flämischer Schule, dessen Hauptexponat das 14teilige Polyptychon der Klosterkirche ist. Östlich von der Praça de Bocage erhebt sich an der Praça de Exército die Bischofskathedrale Santa Maria, ein dreischiffiger Bau der Spätrenaissance von António Rodrigues, der Ende des 18. Jh. mit Kachelbildern ausgestaltet wurde.

Ungefähr 10 km vor Setúbal auf der Nationalstraße 10 finden sich bei Azeitão (Vila Nogueira und Vila Fresca) zwei seltene Renaissance-Schlößchen des 16. Jh., die sich beide in Privatbesitz befinden: die Quinta das Torres (heute ein Hotel) und die Quinta da Bacalhoa, die Brás de Albuquerque, der Besitzer der Casa dos Bicos (S. 126), zwischen 1530 und 1554 auf der Basis eines Baus des 15. Jh. umgestalten ließ. In der Casa do Tanque hinter dem Kunstweiher finden sich kostbare Azulejos (Aeneas Vico, 1565).

Das Convento de Jésus, gleichsam das Gesellenstück von Diogo de Boytac, erweist sich baulich als würdiger Vorläufer des Mosteiro dos Jerónimos.

Sintra (1)

A glorious Eden" – erst diese vielzitierte Definition Sintras aus der Feder Lord Byrons in „Childe Harold" (1809) sowie das Loblied anderer Reisender scheinen den Portugiesen wieder über die Augen für die Reize dieses Städtchens im Herzen der Serra de Sintra geöffnet zu haben. So ließ 1860 Ferdinand von Sachsen-Coburg, Gemahl der Königin D. Maria II., auch das Castelo dos Mouros wiederherstellen, das die Araber im 8. und 9. Jh. in 440 m Höhe malerisch in den schroffen Berghang über Sintra gebaut hatten.

Wie eine vorzeitliche versteinerte Riesenschlange zieht die Mauer des Maurenkastells über den felsigen Bergrücken. In der Ferne der Palácio da Pena.

Vom sog. Torre Real, zu dem man viele Stufen hinaufsteigen muß, bietet sich eine berauschende Aussicht. Als 1147 D. Afonso Henriques und die Kreuzritter das Gebiet eroberten, fiel ihnen nicht nur das Kastell in die Hände, in das sie sogleich neben der Zisterne die Kapelle S. Pedro bauten, sondern auch die Residenz der maurischen Herrscher auf dem Olivenfeld (Chão da Oliva), die von den portugiesischen Königen übernommen wurde.   ▶

Schwindelhaft steil ist der Abhang zum historischen Sintra, beherrscht vom einstigen Maurenschloß und späteren Palácio da Vila.

Daten *25 km nordwestlich von Lissabon; Anfahrt über CRIL oder CREL; IC 19; Azenhas do Mar 375; Colares, Cabo da Roca 247* **Öffnungszeiten** *Palácio da Vila: 10–13 h und 14–17 h, Mi und Feiertage geschl. (Führungen); Palácio da Pena ebenso, Mo und Feiertage geschl.; Parque da Pena (Castelo dos Mouros, Convento dos Capuchos), Quinta de Monserrate (nur Garten): 10–17 h, Mo geschl.*

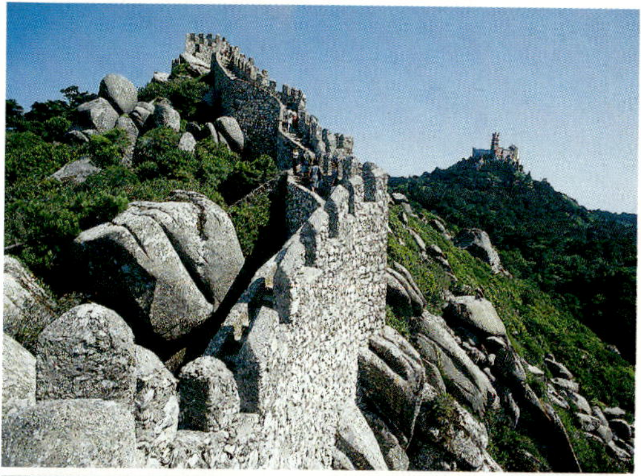

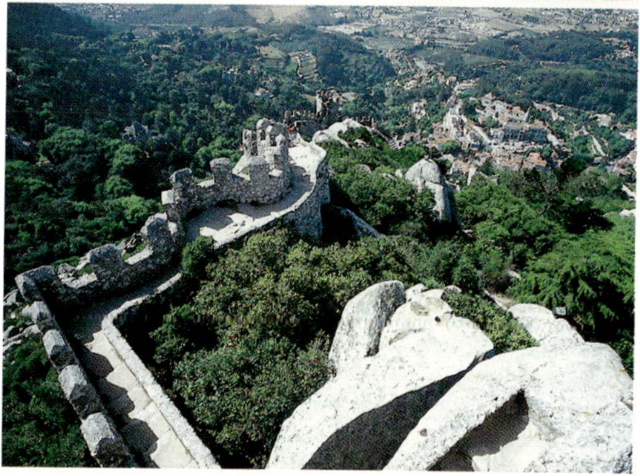

Dieser Palácio da Vila, der das Zentrum des
Städtchens bildet, wurde v. a. unter D. Dinis,
D. João I. und D. Manuel erweitert und erneuert.
Die beiden gewaltigen konisch zulaufenden
Küchenschornsteine sind sein auffälligstes Merk-
mal und wurden geradezu zum Emblem Sintras.
Dank der langen Baugeschichte vereint der
Palast nicht nur Elemente maurischer, gotischer
sowie manuelinischer Architektur und Formen-
sprache, sondern birgt auch eine Sammlung
verschiedenster Azulejos des 15. und 16. Jh., so
etwa an den Wänden des Hauptsaales mit den
Mudejar-Fenstern direkt über dem gotischen
Eingangsatrium.

Nach den 27 achteckigen Abteilungen der Holzdecke, die mit Schwänen in verschiedenen Posi-
tionen bemalt sind, erhielt dieser den Namen
Sala dos Cisnes. Für das Motiv gibt es spekulative
Erklärungen, die die Sehnsucht von D. João I.
oder D. Manuel nach ihren abwesenden und ver-
heirateten Töchtern (D. Beatriz bzw. D. Isabel)
anführen. Andere Vögel, 136 Elstern, füllen die
in Dreiecke geteilte Kassettendecke der Sala
das Pegas (15. Jh.). Sie tragen Rosen oder ein
Spruchband „Por bem" im Schnabel. Angeblich
reagierte D. João I. mit der Bildlichkeit auf den
Hofklatsch, das Geschnatter, das anhob, nachdem er von Königin D. Felipa beim Küssen einer
Hofdame überrascht worden war.   ▶

*Der Blick von
oben identifiziert
deutlich die ein-
zelnen Bauele-
mente: rechts die
charakteristischen
Zwillings-Rauch-
fänge, links oben
die Casa da Meca
mit dem Wappen-
saal.*

*Verschiedenfarbig
angestrahlt er-
scheint der Palácio
da Vila wie ein
verwunschenes
Märchenschloß.*

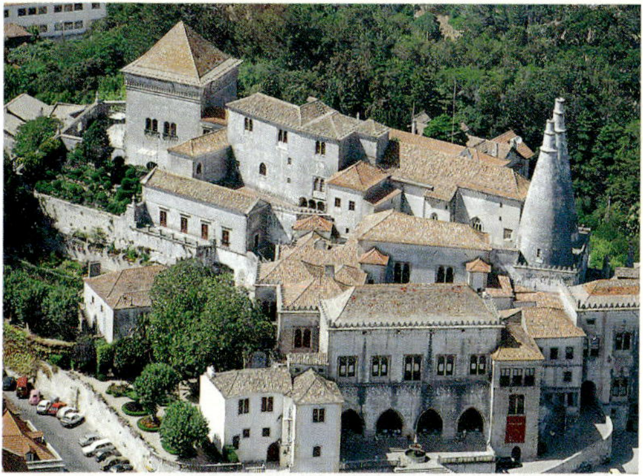

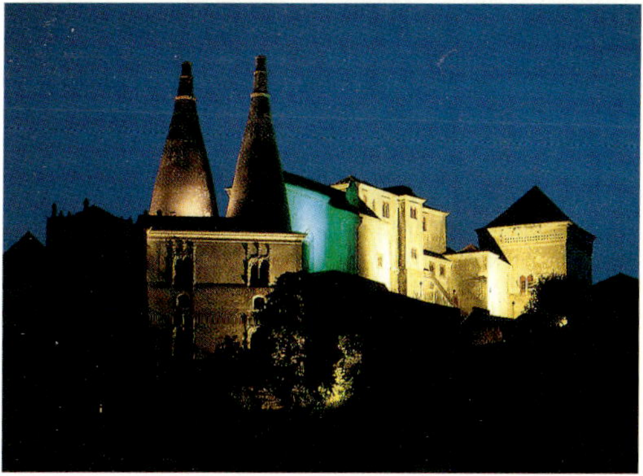

Sintra (3)

Ebenfalls von ihrer Deckenmalerei bezog die Sala das Sereias ihre Bezeichnung: Vier Nymphen mit unterschiedlichen Instrumenten umgeben ein zentrales Tafelbild, wo eine Nymphe einem portugiesischen Schiff zuwinkt. Architektur, Kacheln und Mudejar-Fenster deuten auf maurischen Ursprung des Saales hin, ebenso wie in der anliegenden Sala Moura, die als das älteste Bauelement des Palastes angesehen wird. In ihrer Mitte erhebt sich eine vergoldete Bleiplastik als Wasserspeier.

Prunkvoll ist der Wappensaal (Sala dos Brasões) mit seinen Azulejo-Wänden und der prächtigen achteckigen Kuppel, die über Trompen auf der fast quadratischen Basis aufsitzt.

Verschiedene Innenhöfe mit Brunnen oder Teichen lockern die Bauten auf, etwa der Pátio de Diana mit dem Renaissance-Brunnen der Göttin. Durch einen Treppengang gelangt der Besucher zur Palastkapelle, die als ehemaliger Mihrab der Araber identifiziert wurde. Die zarten Mosaik-Azulejos (Ende des 15. Jh.) bedecken die Wände des einschiffigen Langhauses wie ein Teppich. Die Decke mit geometrischen Mudejar-Mustern stammt wohl aus der Zeit D. Joãos I. und ist somit älter als die manuelinische Altarkapelle.

Höhepunkt des Palácio da Vila ist der relativ losgelöste Turmkomplex Terreiro/Casa da Meca, den man als ursprüngliche Mesquita des Alcazar annimmt. Hier befindet sich die Sala das Colunas aus manuelinischer Zeit und darüber die prächtige Sala dos Brasões, von deren sieben Fenstern man das gesamte Umland überblickt. ▶

Der fast quadratische Raum (14 x 13 m) mit
Azulejo-Wänden (17. Jh.) wird dank geschickten
offenen Gewölben über seinen Eckpunkten zum
Oktagon für die holzgetäfelte manuelinische
Kuppel (1508–18): Dargestellt sind umlaufend
die Wappen der 72 portugiesischen Adelsfami-
lien, darüber die Zeichen der acht Infanten
D. Manuels und schließlich im achteckigen Mittelfeld am Scheitelpunkt das königliche Wappen.
Der Palast diente v. a. im 15. und 16. Jh. als
königliche Residenz, und Sintra erlebte seine
Blütezeit. Angeblich las hier auch Luís de Camões
dem jungen König D. Sebastião aus den „Lusíadas" vor, bevor dieser 1578 den verhängnisvol-
len Feldzug nach Marokko unternahm.

Mit der spanischen Fremdherrschaft versank
Sintra in einen Dornröschenschlaf, aus dem es
erst gegen Ende des 18. Jh. wieder erwachte, als
Reisende seinen romantischen Flair entdeckten.
Der Dichter Lord Byron konnte schon den stein-
reichen Schriftsteller William Beckford antreffen,
der seinerseits die malerische Quinta de Monserrate von dem anglisierten Hugenotten Gerard
Devisme (seit 1790) übernommen hatte. Zur
gleichen Zeit hatte der niederländische Konsul
Daniel Gildemeester, der durch seinen Diaman-
tenhandel zu Reichtum gelangt war, den Palácio
de Setéais errichten lassen. ▶

*Neoorientalischer
Eingangspavillon
des Palácio de
Monserrate.*

Der Name Monserrate geht auf eine gleichnamige Kapelle von 1540 zurück, die Beckford im Zuge seiner Baumaßnahmen 1793/94 zerstörte. Ungeklärt bleibt, was vom neugotischen Lustschloß, dem geschwungene Mudejar-Elemente einverleibt wurden, auf Devisme oder Beckford zurückgeht. Der Palast drohte bereits zu verfallen, als ihn der Millionär Sir Francis Cook 1856 erwarb. Er ließ ihn bis 1865 vollends zu einer orientalisch wirkenden Architektur umgestalten (James Knowles) und entsprechend einen exotischen Park mit romantischen Wasserfällen und seltenen Pflanzen anlegen, der heute ein einzigartiges botanisches Museum bildet. Außer einer pittoresken Kapellenruine, Beckfords Schwäche für Schauerromantik zu verdanken, verbergen sich unter der reichen Fauna drei etruskische Grabmäler, die Sir Cook in Rom gekauft hatte.

Der breiten Front des Palácio de Setéais ist eine weite Rasenfläche, frühere Weizenfelder (centeais), vorgelagert.

Ein ganz anderes Gepräge als Monserrate besitzt das neoklassizistische Palais, das Gildemeester auf dem Campo de Setéais entstehen ließ. Der Name geht schlicht auf „centeais" (Weizenfelder) zurück, doch der Volksmund erblickt hier eher den siebenfachen Klageruf „ai", der auf empfindsame oder komische Weise gedeutet wird. Nur sechs Jahre nach der Einweihung 1787, die Beckford beschrieb, ging das Anwesen an seinen Freund, Diogo Vito de Meneses Coutinho, den fünften Marquês de Marialva. ▶

Der neue Eigentümer ließ den Palast, dessen Räume Freskenmalereien Jean Pillements und seiner Schule zieren, nach Entwürfen von José Costa e Silva umgestalten. Wichtigste Neuerung war die Verlagerung des Portals vom Tief- ins Erdgeschoß, ermöglicht durch das abschüssige Terrain, und auf die Südostseite. Dies wird dem Besucher sofort an der nunmehr unlogischen Anordnung des zweifachen Treppenaufgangs im Inneren deutlich (heute ein Luxushotel).

Den umstrittenen vielfarbigen Anstrich erhielt der Palácio da Pena ab 1992. Durch ihn wird der zusammengewürfelte Charakter des eklektizistischen Bauwerks noch akzentuiert.

Die neue Hauptfront gewinnt an Monumentalität durch einen weiteren Gebäudekomplex (Palácio da Hospedaria), der im Äußeren das Palais spiegelt. Die Symmetrieachse wird wahrhaft krönend durch einen Ehrenbogen (1802) auf die friedvolle Regentschaft D. Josés (Inschrift) abgeschlossen. Ihn zieren Büsten des Kronprinzen D. João (D. João VI.) und seiner Gattin D. Carlota Joaquina. Hinter dem Bogen eröffnet die Terrasse eine herrliche Aussicht; zurück durch das Tor erblickt man den Palácio da Pena.

Hoch oben auf dem Mondberg (Monte da Lua), wo seit altersher Nossa Senhora da Pena durch Wallfahrten und Gelübde verehrt wurde, thront das berühmte Märchenschloß Ferdinands von Sachsen-Coburg. Der 22jährige wollte das seit 1755 verlassene manuelinische Mosteiro da Pena (João Potassi, 1503–11) in eine Phantasieburg einbetten – ein lebenslanges Projekt. ▶

Seit jeher zwiespältig waren die Urteile über das Konglomerat verschiedener Baukörper, die im Inneren ebenso mannigfaltig gestaltet wurden: Am prächtigsten strahlt die Sala Árabe, der ebenfalls arabisierende Salão Nobre und das vollkommen mit orientalischen Mustern überzogene königliche Schlafzimmer. Bewertet wurden die Bemühungen des Mineningenieurs Wilhelm von Eschwege (Architekt), Demetrio Cinattis (Maler und Szenograf) und des österreichischen Keramisten Wenzeslaus Cifka entweder als kapriziöse Pastiche oder aber euphorisch als „Gralsburg" (Richard Strauss).

Angefangen mit dem arabisierenden Eingangstor, bemerkt man das verstreute Auftreten der Symbole des Rosenkreuzordens, dem D. Fernando II. als Großmeister angehörte. Über die künstlerische Qualitätsfrage erhaben sind der restaurierte manuelinische Kreuzgang und die Klosterkirche mit einem prächtigen Alabaster- und Marmoraltar, voller Szenen der Vita Christi auf verschiedenen Ebenen (Nicolau Chanterene, 1532). Das Meisterwerk italienischer Bildhauerschule stiftete D. João III. zum Dank für die glückliche Niederkunft seiner Gattin. Faszinierend ist auch der Rundblick in 520 m Höhe von den Terrassen und Türmen des Schlosses. Bei schönem Wetter reicht er bis nach Lissabon, über das Tejo-Ufer und bis in den offenen Atlantik. ▶

Mit 540 m ist Cruz Alta der höchste Punkt im Naturpark von Sintra. In der Ferne erhebt sich der Palácio da Pena.

Noch höher liegt lediglich Cruz Alta (540 m), der Gipfel des Sintra-Gebirges, in dessen Nähe das Standbild eines wachenden Ritters mit dem Wappen des Barons von Eschwege aufgestellt wurde. Der ausgedehnte Parque da Pena mit seiner üppigen Vegetation birgt weitere Pavillons, darunter das Chalet da Condessa, das mit Baumattrappen verziert ist (nahe Arco do Mouco). Es geht auf die Opernsängerin Elisa Hensler zurück, in die sich D. Fernando nach dem Tod von D. Maria II. verliebte. Der König erhob sie als seine zweite Frau 1869 zur Condessa de Edla.

Weiter oben an der Bergstraße liegt zwischen den Felsen der Convento dos Capuchos. Die Einsiedelei mit spartanischen, nur mit Kork ausgelegten Zellen, dem Refektorium und der Kapelle wurde 1560 von D. Álvaro de Castro gegründet. Er erfüllte den letzten Willen seines Vaters D. João de Castro, Vizekönig von Indien. Hier hausten in äußerster Armut die Kapuzinermönche, darunter der heilige Honorius, der im dunklen Schacht bis zum Tod (1596) 30 Jahre lang ausharrte.

Kurz vor der Zufahrt zum Kapuzinerkloster führt eine Abzweigung weiter durch den Naturpark Richtung Cabo da Roca. Am Weg erhebt sich die Kapelle Nossa Senhora da Penha, die Ende des 17. Jh. von Frei Pedro da Conceição gegründet wurde. Im barocken Innern erzählen Azulejo-Bilder des 18. Jh. aus dem Marienleben. ▶

Nicht weniger karg und archaisch als die Mönchsklausen wirkt die Kapelle des Kapuzinerklosters.

Sintra (9)

Wählt man statt der Bergrouten die malerische, von Mauern gesäumte Straße am Rande des Parque de Sintra (EN-375), vorbei an der Quinta de Monserrate, gelangt man in das berühmte Weinanbaugebiet von Colares. Hier finden sich alte herrschaftliche Güter wie die Quinta Mazziotti aus dem 18. Jh., die mit ihren Kaskaden und Teichen bereits Beckford bezauberte. Vom nahen Banzão führt eine altertümliche Straßenbahn (Juli bis September) bis an die Praia das Maçãs an den Atlantik.

Eines der malerischsten Dörfer Portugals: Azenhas do Mar.

Wenige Kilometer von diesem Strand entfernt liegt das Dorf Azenhas do Mar direkt auf der nahezu senkrecht in den Atlantik abfallenden Felsenküste oberhalb einer kleinen Badebucht. Südwärts an der Küste entlang bis zur Cabo da Roca gibt es schwer zugängliche Strände zwischen schroff aufragenden Klippen. Sie besitzen spektakuläre Naturgrotten, die wie von gigantischer Hand geformt scheinen (Praia da Adraga, Praia da Ursa).

Cabo da Roca, eine 140 m hoch aufragende wuchtige Felsnase, ist mit 9° 30' westlicher Länge der westlichste Punkt des europäischen Festlands. Neben dem Leuchtturm von 1772 kann man im Tourismusbüro (täglich 9–19 h) eine Urkunde über den Besuch dieser markanten geographischen Stelle als Andenken erwerben.

Service-Teil – Übersicht

Adressenverzeichnis und Praktische Hinweise – beide alphabetisch geordnet – sollen Ihnen helfen, sich in der Stadt zurechtzufinden. Die Adressen informieren über Hotels, Restaurants und Einkaufsmöglichkeiten in Lissabon sowie über das kulturelle Angebot. Die Praktischen Hinweise sind ein universeller Ratgeber bei allen Fragen, die während Ihres Besuches in Lissabon auftreten können. Abgerundet wird der Service-Teil durch Informationen zum Flughafen und zu den Fluggesellschaften sowie zur Metro.

433

Im Gegensatz zum benachbarten Spanien sind die Essenszeiten in Portugal mitteleuropäisch. Das typische Frühstück (pequeno almoço) besteht aus einem langen Milchkaffee (galão) und einem doppelten Buttertoast (torrada), wird aber auch rund um die Uhr eingenommen. Ab 12 h kann man sich schon an den Mittagstisch setzen (almoço); nach 15 h bedient kaum ein Restaurant, aber es gibt als Alternative Cafés, Bars und Bierhallen (cervejarias). Das Abendessen (jantar) beginnt ab 19 h.

In der Großstadt Lissabon gibt es bis 4 h früh Möglichkeiten, den großen oder kleinen Hunger zu stillen (siehe Nightlife: Bar-Restaurants, S. 460). Fast jedes Café bietet Appetithappen (petiscos), Snacks (meist Brötchen und Paniertes) und kleine Gerichte an. Die Portugiesen lieben's süß: Zu jeder Tages- und Nachtzeit sind meist überzuckerte Gebäckteile (bolos) gefragt.

Café-Bars und Cervejarias

Eine bunt gemischte Auswahl von charakteristischen Lokalen, die auch vormittags oder spätestens ab 12 h geöffnet sind.

Brasileira do Chiado. Rua Garrett, 120. Berühmt durch seinen Stammgast, den Dichter Fernando Pessoa. Der Besuch dieses alten Künstler-Cafés ist für jeden Besucher ein Muß.

Cais da Princesa. Nur im Sommer. Am Kai neben der Torre de Belém liegt ein altes typisches Tejo-Frachtschiff (varino) vor Anker, das zum Träumen einlädt.

Camponesa. Rua dos Sapateiros, 155–157. Dieses traditionelle Milchgeschäft (Leitaria) mit Fin-de-Siècle-Gepräge entwickelte sich zu einem Modetreff in der Baixa. Weitere Leitarias gibt es in der Alfama, Bairro do Castelo und Mouraria.

Cerca Moura. Largo das Portas do Sol, 4 (**S. 140**). Die bekannteste Café-Terrasse mit Panoramablick, gleich an der alten (maurischen) Stadtmauer.

Chapitô. Rua Costa do Castelo, 1–7. Café-Bar mit Terrasse, von der man einen herrlichen Panoramablick hat. Alternativ-Flair.

Doca de Santo. Doca de Santo Amaro. Das Zentrum von Lissabons neuer Uferpromenade unter der Ponte de 25 de Abril. Vorwiegend junges Publikum.

Fábrica dos Pasteis de Belém. Rua de Belém, 84. Berühmt wegen der „natas" (Puddingtörtchen) nach Geheimrezept, die man hier seit 1837 frisch aus dem Ofen genießen kann.

Ginginha. Largo São Domingos. Urige Stehkneipe für Kirschlikör seit 1840 neben dem Teatro D. Maria II. Auch in anderen Stadtteilen gibt es „Ginginhas".

Marteladas. Rua da Costa do Castelo, 91. Restaurant und Biergarten mit Dreiecks-Terrasse. Interessante „populär-intellektuelle" Mischung des Publikums. (Mouraria)

Solar do Vinho do Porto. São Pedro de Alcântara (**S. 326**). Die Probierstube des Portwein-Instituts öffnet schon um 11 h ihre Pforten im Tiefgeschoß des Palácio Ludovice. Ein Pflicht-Abstecher jeder Portugalreise.

Sr. António – Leitaria Flor da Branca. Rua Diário de Notícias, 63–65. Eine der letzten Milchgeschäft-Tavernen des Bairro Alto im alten Stil. Spezialität: Café mit Brandy.

Trindade. Rua Nova da Trindade, 206 (**S. 366**). Im ehemaligen Klosterrefektorium befindet sich Lissabons berühmteste Bierhalle. Spezialität: Schalentiere.

Versailles. Av. da República, 15 A. Altehrwürdiges Tee- und Caféhaus der Jahrhundertwende. (Metro Saldanha)

▶

Restaurants

Fast in jeder Straße findet man ein Restaurant. Das liegt daran, daß der Normalbürger sein Mittagessen unter der Woche außer Haus in der Nähe seines Arbeitsplatzes einnimmt. Daher bietet die Mehrzahl der Lokale (casas de pasto) billige Tagesgerichte und hat am Sonntag geschlossen, oft auch Samstag mittags. Will man also wirklich Essen gehen, reduziert sich das Angebot deutlich, v. a. sonntags.

Traditionelles Zentrum der Gastronomie ist das Bairro Alto, neben Alfama und Baixa. Von der „Touristenmeile" Rua das Portas de Santo Antão ist generell abzuraten (Ausnahmen: Gambrinus und Casa do Alentejo, **S. 124**).

Die portugiesische Küche basiert auf kräftigen Fleisch- und Fischgerichten, begleitet von Reis und Bratkartoffeln (zusammen!) oder Steckrübenkraut (grelos). Hervorzuheben ist der mannigfach zubereitete Klippfisch (bacalhau) und der Reis mit Meeresfrüchten oder Fisch (arroz de mariscos; arroz de tamboril). Auch Ziegenfleisch (cabrito), Kaninchen (coelho) und Geflügel werden gern verspeist. Mit Frischsalat oder Gemüse sind die Portugiesen sehr zurückhaltend. Das Angebot an Tafelweinen ist üppig und vielfältig. Ebenso artenreich sind die Süßspeisen (doces), leider – wie so manches Gericht – durch das internationale Einheitsessen vom Aussterben bedroht. Die Restaurants sind in drei Preiskategorien gegliedert:

$ = unteres Preisniveau (unter 1800 Esc).
$$ = mittleres Preisniveau (1800–2500 Esc).
$$$ = hohes Preisniveau (über 2500 Esc).

Além-Montes. Travessa de Santa Marta, 4. Tel. 3 15 77 93. So und Feiertage geschl., keine Urlaubspause. $. In einem rustikalen Ambiente werden deftige Gerichte aus Nordportugal serviert.

Aviz. Rua Serpa Pinto, 12. Tel. 3 42 83 91. Sa nur Abendessen, So geschl., keine Urlaubspause. $$$. Im noblen Ambiente eines alten Luxushotels antiquierte internationale Küche.

Bacalhau de Molho. Beco dos Armazéns de Linho, 1. Tel. 8 86 37 67. So und Feiertage geschl., keine Urlaubspause. $$. Versteckt in den Gassen der Alfama do Mar läßt sich hier der exotisch süßsaure Bacalhau do Bêco kosten.

Baralto. Rua Diário das Notícias, 32. Tel. 3 42 67 39. So geschl., Urlaubspause Weihnachten bis Mitte Januar. $. In bescheidener Atmosphäre gute regionale Küche. Spezialität: gefüllter Tintenfisch.

Bota Alta. Travessa da Queimada, 35. Tel. 3 42 79 59. Sa nur Abendessen. So geschl., Urlaubspause September. $. Über Jahrzehnte hinweg hat dieses gemütliche Haus im Bairro Alto Charme und Qualität bewahrt.

Cais da Avenida. Avenida da Liberdade, 123. Tel. 3 42 92 24. Kein Ruhetag, keine Urlaubspause. $$$. Großzügig und zurückhaltend gestyltes Hotelrestaurant mit junger Mannschaft.

Cais da Ribeira. Armazém A, Cais do Sodré. Tel. 3 42 36 11. Sa nur Abendessen, So geschl., keine Urlaubspause. $$$. In einer ehemaligen Lagerhalle am Fluß entstand dieser Speise-Tempel der Fischspezialitäten. Ähnliche Lokale folgen im Bereich Doca de Santo Amaro.

Conventual. Praça de Flores, 45. Tel. 60 91 96. Sa nur Abendessen, So geschl., August Urlaubspause. $$$. In stilvoller monastischer Atmosphäre speist in aller Ruhe nationale und internationale Prominenz. Süßspeisen in bester Klostertradition.

Forno Velho. Rua do Salitre, 42. Tel. 3 53 37 06. Kein Ruhetag, keine Urlaubspause. $. In phantasievoll gestaltetem Ambiente kann man Gerichte aus Mittelportugal (Beira) kosten. ▶

Gambrinus. Rua das Portas de Santo Antão, 23. Tel. 3 42 14 66. Kein Ruhetag, keine Urlaubspause. $$$. Seit 1936 eine verläßliche Adresse für portugisische Küche vom Feinsten.

Gargalhada Geral. Chapitô. Costa do Castelo, 7. Tel. 8 88 18 34. Nur Abendessen, So geschl., keine Urlaubspause. $$$. Panorama-restaurant am Burghügel mit Alternativ-Gepräge. Spezialität: Fisch im Salzmantel.

Jardim Tropical. Avenida da Liberdade, 144–156. Tel. 3 42 20 70. So geschl., keine Urlaubspause. $$$. Dieser kleine Glaspalast erinnert daran, daß die Avenida mal ein Park war – eine Insel der Gaumenfreuden, der doch so nahen Verkehrshektik entrückt.

O Muni. Rua dos Correeiros, 115–117. Tel. 3 42 89 82. Sa, So und Feiertage geschl., September Urlaubspause. $$. Aus einer der vielen Tavernen der Baixa entwickelte sich ein würdiger Vertreter der traditionsreichen galicischen Küche in Lissabon.

O Nobre. Rua das Mercês (à Ajuda), 71. Tel. 3 63 38 27. Sa nur Abendessen, So geschl., keine Urlaubspause. $$$. Verborgen im volkstümlichen Viertel unterhalb des Palácio da Ajuda befindet sich diese edle Adresse für kulinarische Köstlichkeiten, liebevoll serviert vom Ehepaar Nobre.

Pap'Açorda. R. da Atalaia, 57. Tel. 3 46 48 11. So geschl., Mo nur Abendessen, Urlaubspause Ende Juli und Anfang November. $$. Unter den Lokalen des Bairro Alto besticht dieses Haus durch kontinuierliche Qualität.

Papagaio da Serafina. Parque Recreativo do Alto da Serafina. Tel. 77 42 88. Mo geschl., keine Urlaubspause. $$$. Vielleicht das schönste Gartenrestaurant Lissabons am Rande des Monsanto. Erlesene Auswahl an Speisen und Getränken aus verschiedenen Regionen Portugals.

Paris. Rua dos Sapateiros, 126. Tel. 3 46 97 97. Kein Ruhetag, keine Urlaubspause. $$. In bester galicischer Tradition bewahrt dieses Haus in der Baixa seit Jahrzehnten seinen Ruf.

Ponto Final. Cais do Ginjal, 72 (Cacilhas). Tel. 2 76 07 43. Di geschl., keine Urlaubspause. $. Fisch- und Fleischgerichte mit Alentejo-Anklängen. Herrliche Sicht von der Mole auf Lissabon.

São Jerónimos. Rua dos Jerónimos, 12. Tel. 3 64 87 97. Sa nur Abendessen, So geschl., keine Urlaubspause. $$$. In gestyltem Interieur mit weiten Räumen genießt man die Resultate einer kreativen Verbindung von portugiesischer Küche und Nouvelle Cuisine. Süßspeisen in portugiesischer Klostertradition.

Tágide. Largo da Academia Nacional de Belas-Artes, 18. Tel. 3 42 07 20. Sa und So geschl., keine Urlaubspause. $$$. Am Südrand des Chiado bietet dieses Panoramarestaurant einen exzellenten Rahmen für festliche Essen.

Tavares. Rua da Misericórdia, 37. Tel. 3 42 11 12. Sa geschl., So nur Abendessen, keine Urlaubspause. $$$. Im Herzen des Chiado öffnet dieser ehrwürdige Gourmet-Tempel seit 1784 seine Pforten. Dem üppigen Belle-Époque-Interieur entspricht eine nicht weniger aristokratische Küche.

Varanda de Lisboa. Hotel Mundial. Rua D. Duarte, 4, 8°. Tel. 8 86 31 01. Kein Ruhetag, keine Urlaubspause. $$$. Hoch über dem unwirtlichen Largo Martim Moniz lädt dieses Panoramarestaurant zu Gast. Donnerstags bieten „Frivolidades Lisboetas" einen Sampler aller Appetithappen.

Via Graça. Rua Damasceno Monteiro, 9 B. Tel. 8 87 08 30. Sa nur Abendessen, So geschl., Ende August und Anfang Januar Urlaubspause. $$$. Das gestylte Panoramarestaurant wartet mit regionaler Küche aus Portugal auf. Treffpunkt einheimischer Prominenz.

Erst in den letzten drei Jahrzehnten hat sich das Hotelwesen im großen Maßstab entwickelt. Daher befinden sich fast alle Adressen von der Avenida da Liberdade aufwärts im Norden der Stadt konzentriert (insbesondere rund um den Parque Eduardo VII bis Picoas und Saldanha). Die „Sterne" garantieren nicht unbedingt den entsprechenden internationalen Standard. Zudem gibt es teilweise erhebliche Schwankungen in Preis und Service zwischen Sommer- und Wintersaison. Vorsicht: Einige alte Hotels in der Innenstadt haben ihren Hotel-Status verloren, führen aber weiterhin ihre Sterne als Pension (man achte auf die vorangestellte oder kleingedruckte Wort Pensão). Bei den Pensionen ist von den unteren Kategorien (1–2 Sterne) abzuraten. Der kleine preisliche Vorteil zu Pensionen höherer Kategorie oder zu einfachen Hotels zahlt sich kaum aus. Zimmer vermitteln die Tourismusbüros (S. 479) im Flughafen, im Bahnhof und an der Praça dos Restauradores. Im Sommer ist eine Reservierung zu empfehlen. Die aufgeführten Adressen wurden nach ihrem Komfort, ihrer Lage und ihrer Originalität ausgewählt und in drei Preiskategorien eingeteilt:

$ = Ez unter 10; Dz unter 13.
$$ = Ez 10–25; Dz 13–30.
$$$ = Ez 25–50; Dz 30–60; Suite 35–150.
(Alle Preisangaben in Contos: 1 Conto = 1000 Escudos)

Alfa*****. Av. Columbano Bordalo Pinheiro. Tel. 7 26 21 21; 7 26 27 28 (Reserv.). Fax 7 26 30 31. $$$. Modernes Haus mit Restaurant in Zoonähe. (Metro Sete Rios)

Avenida Palace*****. Rua 1° de Dezembro, 123. Tel. 3 46 01 51; 3 42 61 35 (Reserv.). Fax 35 42 28 84. $$. Traditionsreiches, verstaubtes Nobelhotel der Jahrhundertwende in zentraler Lage.

Barcelona****. Rua Laura Alves, 10. Tel. 7 95 42 73; 7 95 42 82 (Reserv.). Fax 7 95 42 81. $$. Modernes Haus mit jedem Komfort nahe Campo Pequeno.

Borges****. Rua Garrett, 108–110. Tel. 3 46 19 51. Fax 3 42 66 17. $. Ehemaliges Nobelhotel des 19. Jh. direkt im Chiado mit eigenwilligem Flair.

Ibis **. Av. José Malhoa. Tel. 7 27 31 81. Fax 7 27 32 87. $. Seit 1994 besitzt die französische Kette auch in Lissabon ein Haus mit dem gewohnten Komfort nahe Praça de Espanha. (Metro Palhava)

Meridien*****. Rua Castilho, 149. Tel. 3 83 09 00; 3 83 04 00; 3 85 11 22 (Reserv.). Fax 3 87 04 72. $$$. Modernes und komfortables Luxushotel mit Restaurant am Parque Eduardo VII.

Metropole***. Praça D. Pedro IV, 30. Tel. 3 46 91 64. Fax 3 46 91 60. $$. Direkt am Rossio befindet sich dieses Traditionshotel aus dem 19. Jh., das 1993 renoviert wurde. Bis 1997 muß man noch mit Metro-Arbeiten am Platz rechnen.

Ninho das Águias (Pensão). Rua Costa do Castelo, 17. Tel. 8 86 70 08. $. Ein „Adlernest" für Romantische, die gerne am Burghügel hoch über der Stadt wohnen.

Nova Silva (Pensao). Rua Vítor Coordon, 11. Tel. 3 42 43 71. $. Ruhige Herberge am Südrand des Chiado für bescheidene Ansprüche und kleine Geldbeutel.

Penta****. Av. dos Combatentes. Tel. 7 26 40 54; 7 26 46 29 (Reserv.). Fax 7 26 42 81. $$. Modernes Großhotel nahe Praça de Espanha. (Metro Palhavã)

Ritz*****. Rua Rodrigo da Fonseca, 88. Tel. 69 20 20; 3 85 75 23 (Reserv.). Fax 69 17 83. $$$. Das modernistische Luxushotel Lissabons der 50er Jahre (Pardal Monteiro, Almada Negreiros) am Parque Eduardo VII. Pianobar. ▶

Roma***. Av. de Roma, 33. Tel. 7 96 77 61; 7 93 29 74 (Reserv.). Fax 7 93 29 81. \$\$. Ein modernes Hochhaus in der Nähe der Metrostation Roma.

Sheraton*****. Rua Latino Coelho, 1. Tel. 3 57 57 57; 3 14 22 92 (Reserv.). Fax 3 54 71 64. \$\$\$. Portugals höchstes Gebäude. Luxushotel mit Restaurant, Swimmingpool, Sauna und natürlich Panoramabar. (Metro Picoas)

Tivoli Lisboa*****. Av. da Liberdade, 185. Tel. 3 53 01 81; 3 56 13 00 (Reserv.). Fax 57 94 61. \$\$\$. Renommiertes Nobelhotel im Stadtzentrum.

Torre***. Rua dos Jerónimos, 8. Tel. 3 63 73 32. Fax 3 64 59 95. \$\$. Angenehmes Hotel neben dem Mosteiro dos Jerónimos in Belém.

Veneza***. Av. da Liberdade, 189. Tel. 3 52 26 18. Fax 3 52 66 78. \$\$. Traditionsreiches kleines Haus in zentraler Lage.

York House. Rua das Janelas Verdes, 32. Tel. 3 96 24 35. Fax 3 97 27 93. \$\$. Geschichtsträchtiges Haus am Hochufer des Tejo mit Restaurant.

Zurique***. Rua Ivone Silva, 18. Tel. 7 93 77 11. Fax 7 93 72 90. \$\$. Modernes Hochhaus mit Bar, Buffet-Restaurant und Swimmingpool in ruhiger Lage nahe Campo Pequeno (Metro).

Pousadas

Für denjenigen Reisenden, der gerne in historischen Mauern logiert, sind in der näheren Umgebung Lissabons der Palácio Seteais bei Sintra und die drei Pousadas hervorzuheben.

Die staatlich geführten Pousadas, die mit den spanischen Paradores vergleichbar sind, besitzen eine landschaftlich und geschichtlich privilegierte Lage und einen hervorragenden Service.

Hotel Palácio de Seteais*****. Rua Barbosa de Bocage, 10. Sintra (**S. 422**). Tel. 9 23 32 00. Fax 9 23 42 77. $$$. Der noble Herrensitz aus dem 18. Jh. in herrlicher landschaftlicher Lage bietet ein Luxushotel mit Restaurant, Bar, Swimmingpool, Tennis und Reitstall. Karte → S. 64.

Pousadas:

Castelo de Palmela. Palmela (**S. 398**). Tel. 2 35 12 26. Fax 2 33 04 40.

Castelo de São Felipe. Setúbal (**S. 410**). Tel. 52 38 44. Fax 53 25 38.

Pousada Dona Maria I. Queluz (**S. 400**). Tel. 4 35 61 58.

Reservierungen:

Enatur – Pousadas de Portugal. Av. Sta. Joana a Princesa, 10. Lisboa. Tel. 8 48 12 21, 8 48 46 02. Fax 80 58 46, 8 48 43 49.

Landhäuser / Turismo de Habitacao

Als Alternative zum Hotelzimmer in der Stadt bieten sich bei längerem Aufenthalt Landhäuser in der Umgebung Lissabons an. Da ihre Kapazität sehr begrenzt ist, empfiehlt sich eine langfristige Vorreservierung.

Casa da Pérgola. Av. Valbom. Cascais. Tel. 4 84 00 40. $.

Casa da Tapada. Tapada das Roças. Sintra. Tel. 9 23 03 42.

O Moinho. Palmela. Tel. 2 35 10 33. $.

Quinta das Sequiólias. Sintra. Tel. 9 23 03 42. $$.

Information/Buchung: Direcção Geral de Turismo. Av. A. Augusto Aguiar, 86. Tel. 57 50 86, 55 69 17.

Lissabon war eine der ersten europäischen Metropolen, die 1897 den Cinematograph Lumières und den Animatograph Edisons kennenlernte. 1899 bis 1907 drehte Costa Veiga die ersten Kurzfilme über Lissaboner Szenen. 1932 wurde die portugiesische Gesellschaft der „Tobis Klangfilm" gegründet, die ihre Produktionsstätten im Norden (Lumiar: Quinta das Conchas) nach dem Vorbild der Cinecittà Roms einrichten wollte, aber bereits ab 1964 einen kontinuierlichen Niedergang erlebte (heute nur noch Fernsehstudios der ehemaligen Cinelândia).

Die öffentliche Filmvorführung begann mit festen Sälen um 1904. Der „Animatógrapho do Rossio" von 1907 (hinter dem Arco do Bandeira; schöne Jugendstilverkleidung) fristet heute eine beschämende Existenz als Peep-Show. Von den älteren Kinos bestehen nur noch das Tivoli (Raul Lino, 1924) und das Condes, das ursprünglich von 1915 datiert (Neubau 1951; renoviert 1967). Neben dem Condes eröffnete 1927 das Odeon. Das Éden Teatro (Cassiano Branco, 1932), das Wim Wenders so sehr faszinierte, wurde 1995/96 in ein Luxushotel umgewandelt.

Alfas Triplex. (6 Säle). Av. Almirante Gago Coutinho. Tel. 80 64 96.
Amoreiras Shopping Center. (10 Säle). Tel. 69 12 75.
Ávila. Av. Duque d'Ávila, 92. Tel. 3 52 14 62.
Cinemateca Portuguesa. Rua Barata Salgueiro, 39. Das Programm-Kino Lissabons mit seltenen Retrospektiven. Tel. 3 54 60 85. (Metro Avenida)
Condes. Av. da Liberdade, 2. Tel. 3 42 25 23. (Metro Restauradores)
Fonte Nova. (3 Säle). Estrada de Benfica, 503. Tel. 7 14 50 88.
King Triplex. (3 Säle). Rua Bulhão Pato, 1–c. Tel. 8 48 08 08.
Londres. Av. Roma, 7–a. Tel. 80 13 13.

Monumental. (4 Säle). Edificio Momumental. Av. Praia da Vitória. Tel. 3 53 18 59. (Metro Saldanha)

Mundial. (3 Säle). Rua Martens Ferrão, 12–a. Tel. 3 53 87 43.

Nimas, Av. 5 de Outubro, 42–b. Tel. 57 43 62.

Quarteto. (4 Säle). Rua Flores do Limo, 16. Tel. 7 97 12 44.

Odeon. Rua dos Condes, 20. Leider bietet dieses traditionsreiche Lichtspielhaus nur noch minderwertige Filme. (Metro Restauradores)

São Jorge. (3 Säle). Av. da Liberdade, 175. Tel. 3 57 91 44.

Warner-Lusomundo. (4 Säle). Olivaishopping. Tel. 8 51 46 78.

Mit der Nominierung Lissabons zur Europäischen Kulturhauptstadt 1994 erfolgten wichtige Impulse, um die antiquierten Museumskonzepte aufzufrischen und das Angebot zu erweitern. Grundsätzlich ist zu unterscheiden zwischen einerseits Staatlichen (National-)Museen, Kirchlichen und Städtischen Museen und andererseits Museen freier Trägerschaften, die aufgrund ihrer Selbstfinanzierung die teuersten Eintritte erheben. Insbesondere bei staatlichen Museen gibt es niedrige Winter- und höhere Sommertarife, verschiedene Ermäßigungen (Studenten, Senioren, usw.) und freien Eintritt (Kinder bis 10 Jahre, für alle am bis 13 h). Die Vergünstigungen durch den Touristenpaß sind jeweils nach der Abkürzung TP angezeigt. Auch die Öffnungszeiten können nach Saison variieren. Die meisten Museen haben montags und an Feiertagen (S. 478) geschlossen.

Casa Fernando Pessoa (**S. 128**). Rua Coelho da Rocha, 16–18. Tel. 3 96 81 90 / 99. Öffnungszeiten Mo–Fr 13–18 h (Do bis 20 h).

Casa-Museu Dr. Anastácio Gonçalves. Av. 5 de Outubro, 8. Tel. 54 08 23. Öffnungszeiten Di–Sa 12–18.30. So, Mo und Feiertage geschl. Eintritt 200 Esc (TP gratis). Das kleine Museum befindet sich in dem Jugendstil-Haus (1905, Prémio Valmor), das Norte Júnior für den Maler José Malhoa schuf. Das Museum trägt den Namen des letzten Besitzers, Dr. Anastácio Goncalves, der 1964 das Gebäude samt Inhalt dem portugiesischen Staat vermachte. Man kann daher im Wohn-Ambiente des Kunstfreundes eine seltene Antiquitätensammlung (Schmuck, China-Porzellan, u. a.) besichtigen. Höhepunkt ist das Atelier José Malhoas mit Gemälden. (Metro Saldanha oder Picoas)

Casa-Museu João da Silva. Rua Tenente Raul Cascais, 11. Tel. 7 16 57 60. Öffnungszeiten 10–12 und 14–17.30 h. Begrenzte

Besuchsmöglichkeit (max. 6 Personen zur gleichen Zeit). Bibliographische und künstlerische Dokumentation zu dem bildenden Künstler João da Silva. Straßenbahn 25, 26; Bus 15, 58.

Centro de Arte Moderna (**S. 172**). Rua Dr. Nicolau Bettencourt. Tel. 7 95 02 41. Öffnungszeiten Di–So 10–17 h, Mo und Feiertage geschl. (ebenso Restaurant-Buffet). Eintritt 500 Esc (So frei). (Metro Palhavã)

Centro Cultural de Belém (CCB; **S. 136**). Praça do Império. Tel. 3 01 06 23. Eintritt je nach Ausstellung (TP 20% Ermäßigung).

Culturgest. Caixa Geral de Depósitos (**S. 108**). Rua Arco do cego. Tel. 7 90 51 55. Eintritt je nach Ausstellung (TP 10% Ermäßigung). (Metro Campo Pequeno)

Fundação Arpad Szénès – Vieira da Silva (**S. 170**). Jardim das Amoreiras, 56. Tel. 3 88 00 44. Öffnungszeiten Mo–Sa 12–20 h, So 10–18 h, Di und Feiertage geschl. Eintritt 500 Esc (Mo frei) (TP 50% Ermäßigung). Straßenbahn 24; Bus 27, 38, 49.

Museu da Água (**S. 218**). Rua do Alviela, 12. Tel. 8 13 55 22. Öffnungszeiten Di–Sa 10–12.30 h und 14–17 h. So, Mo und Feiertage geschl. Eintritt 300 Esc (TP 50% Ermäßigung). Bus 1, 17, 35, 104.

Museu Antoniano (**S. 318**). Largo de Santo António à Sé, 24. Tel. 8 86 04 47. Öffnungszeiten 10–13 und 14–18 h, Mo und Feiertage geschl. Eintritt 150 Esc (TP gratis). Sammlung von Ikonographischem, Skulpturen, Schmuck und Keramiken zum volkstümlichen Kult um den Lissabonner Patron St. Antonius. Straßenbahn 28; Bus 37.

Museu Arqueológico (**S. 120**). Igreja do Carmo. Tel. 3 46 04 73. Öffnungszeiten Mo–Sa 10–17.30 h. Eintritt 300 Esc. Straßenbahn 24, neben dem Zugang zum Elevador de Santa Justa. ▶

Adressen: Museen (2)

Museu de Artes Decorativas (**S. 220**). Largo das Portas do Sol. Tel. 8 86 21 83. Öffnungszeiten Di–So 10–17 h, Mo und Feiertage geschl. Eintritt 500 Esc. (Sonderausstellungen 800 Esc) (TP 20% Ermäßigung). Straßenbahn 28; Bus 37.

Museu Bocage. Siehe Museu Nacional de História Natural und Museu de Ciência.

Fundação Calouste Gulbenkian (**S. 172**). Avenida de Berna, 45. Tel. 7 95 02 36; 7 93 51 31. Öffnungszeiten Di–Sa 10–17 h, Mo und Feiertage geschl. Eintritt 200 Esc. (So frei) (TP 20% Ermäßigung). Straßenbahn 24. (Metro Palhavã)

Museu do Chiado (**S. 220**). Rua Serpa Pinto, 4–6. Öffnungszeiten Mi–So 10–18 h, Di 14–18 h, Mo und Feiertage geschl. Eintritt 300 Esc (So 10–14 h gratis; TP gratis). Straßenbahn 20, 28.

Museu da Cidade (**S. 224**). Campo Grande, 245. Tel. 7 59 16 17. Internet http:/www.consiste.pt/mcd. Öffnungszeiten Di–So 10–13 und 14–18 h, Mo und Feiertage geschl. Eintritt 305 Esc (TP gratis). (Metro Campo Grande)

Museu de Ciência. Rua da Escola Politécnica, 56. Tel. 3 96 15 21. Öffnungszeiten Mo–Fr 10–13 h und 14–17 h. Sa 15–18 h, So und Feiertage geschl. Wechselnde Ausstellungen (TP gratis). Astronomisches Observatorium (nach Vereinbarung). Neben Jardim Botânico (**S. 182**). Straßenbahn 24, 25; Bus 15, 58.

Museu dos CTT. Picoas, 7, 1°. Tel. 57 40 86. Geschichte des portugiesischen Postwesens und Telekommunikation. Öffnungszeiten tägl. 10–19 h.

Museu da Electricidade (**S. 226**). Av. de Brasília. Tel. 3 63 16 46. Öffnungszeiten Di–Fr 10–12.30 und 14–20 h, Mo und Feiertage geschl. Eintritt 300 Esc. Straßenbahn 15, 17; Bus 14, 29, 43, 51. Zug Belém.

Museo do Instituto Geológico e Mineiro. Rua da Academia das Ciências, 19. Tel. 3 46 39 15. Öffnungszeiten Mo–Fr 9–12.30 und 14–17.30 h. Eintritt 200 Esc (TP gratis). Sammlung von Versteinerungen, archäologische Exponate des frühen Paläolithikums und Vulkangestein. Straßenbahn 20, 24; Bus 6, 15, 58, 100.

Museu João de Deus. Av. Álvares Cabral, 69, Tel. 3 96 08 54, 3 96 81 65. Öffnungszeiten Mo–Fr 10–12 und 14–17 h. Eintritt frei. Nach der Ausrufung der Republik gründeten Propagandisten dieses pädagogische und künstlerische Museum um die Figur des populären Dichters João de Deus. Die Tempel-Architektur von Raul Lino (1917) neben dem Park von Estrela (**S. 168**) gehorcht ganz der Mission, einen erbaulichen Wallfahrtsort zu schaffen. Neben monographischer Sammlung zu João de Deus auch Nachlässe anderer Schriftsteller (Teixeira de Queiroz, u. a.). Bus 9, 27.

Museu Maçónico Português. Rua do Grémio Lusitano, 25. Tel. 3 42 45 06. Die Dokumentation über die Rolle der Freimaurerei in Portugals Geschichte ist nur nach vorheriger Anmeldung zu besichtigen. Straßenbahn 24; Bus 25, 100.

Museu de Marinha (**S. 228**). Praça do Império. Tel. 3 62 00 19. Öffnungszeiten Di–So 10–18 h, Mo und Feiertage geschl. Eintritt 300 Esc (TP 20% Ermäßigung).

Museu da Marioneta. Largo Rodrigues de Freitas, 19 A–1º, Tel. 8 88 28 41. Öffnungszeiten Di–So 10–12.30 und 14–18 h, Mo und Feiertage geschl. Eintritt 250 Esc. Puppen- und Marionettenmuseum. Straßenbahn 28; Bus 37.

Museu Militar (**S. 230**). Largo Museu da Artilharia. Tel. 8 88 21 31. Öffnungszeiten Di–Sa 10–16 h, So 11–17 h. Mo und Feiertage geschl. Eintritt 300 Esc (TP 20% Ermäßigung). Straßenbahn 3, 16, 24; Bus 9, 28, 39, 90.

▶

Museu da Música (**S. 232**). Rua dos Soeiros. Tel. 3 55 84 57 - 34 30 (Ext.). Öffnungszeiten Di–Sa 13.30–20 h. So, Mo und Feiertage geschl. Eintritt 300 Esc (TP gratis). Metro Alto dos Moinhos.

Museu Nacional de Arqueologia (Dr. Leite Vasconcelos) (**S. 234**). Praça do Império. Tel. 3 62 00 00. Öffnungszeiten Di 14–18 h. Mi–So 10–18 h. Mo und Feiertage geschl. Eintritt 350 Esc (TP gratis). Zug Belém.

Museu Nacional de Arte Antiga (**S. 236**). Rua das Janelas Verdes. Tel. 3 96 41 51. Mit Gartencafé (Café d'Arte). Öffnungszeiten Di 14–18 h, Mi–So 10–18 h, Mo und Feiertage geschl.

Museu Nacional de Arte Popular. Av. Brasília. Tel. 3 01 12 82. Öffnungszeiten Di–So 10–12.30 und 14–17 h, Mo und Feiertage geschl. Eintritt 250 Esc (TP gratis).

Museu Nacional do Azulejo (**S. 188**). Rua Madre de Deus, 4. Tel. 8 14 77 47. Öffnungszeiten Di 14–18 h, Mi–So 10–18 h, Mo und Feiertage geschl. Eintritt 350 Esc (TP gratis). Bus 18, 24.

Museu Nacional dos Coches (**S. 258**). Praça Afonso de Albuquerque. Tel. 3 63 80 22. Öffnungszeiten tägl. 10–17.30 h, Mo geschl. Eintritt 450 Esc (TP gratis).

Museu Nacional do Desporto. Rua dos Anjos, 77, 2°. Tel. 57 62 39. Öffnungszeiten Di–Fr 10–12 und 14–17 h. Die vielfältigen Dokumente zur Sportgeschichte Portugals sind vorläufig nur nach vorheriger Anmeldung zu besichtigen.

Museu Nacional de Etnologia. Av. Ilha da Madeira. Tel. 3 01 52 64. Öffnungszeiten Di 14–18 h, Mi–So 10–18 h, Mo und Feiertage geschl. Eintritt 350 Esc (TP gratis). Das seit 1989 unabhängige Museum war bis 1989 mit dem Museu Nacional de Arqueologia vereint. Die Sammlungen, die Afrika und Asien betreffen, entspringen in ihrem Kern der ethnologischen Arbeit von Jorge Dias sowie dem Engagement von Ernesto Veiga de Oliveira. Wechselnde Ausstellungen. Bus 28, 32.

Museu Nacional de História Natural. Rua da Escola Politécnica, 58. Tel. 3 96 15 21. Wechselnde Öffnungszeiten, je nach Austellung. Das Museum bildet den Kern eines „Kulturparks" neben dem Jardim Botânico (**S. 182**), der sich noch im Aufbau befindet. Straßenbahn 24; Bus 15, 58.

Museu Nacional do Traje (**S. 282**). Largo Júlio Castilho. Tel. 7 59 03 18, mit Gartenrestaurant (Tel. 7 58 58 52). Öffnungszeiten Di–So 10–18 h. Mo und Feiertage geschl. Eintritt Parque do Monteiro-Mor 400 Esc (TP gratis).

Museu Nacional do Teatro (**S. 282**). Estrada de Lumiar, 10. Tel. 7 57 25 47. Öffnungszeiten Di 14–18 h, Mi–So 10–18 h, Mo und Feiertage geschl. Eintritt Parque do Monteiro-Mor 400 Esc (TP gratis).

Museu da Rádio. Rua das Quelhas, 21. Tel. 3 95 07 26. Fax 3 95 71 49. Öffnungszeiten Di–Sa 10–17 h. Eintritt frei. Nur Studienbesuche, die mind. 8 Tage vorher vereinbart wurden.

Museu Rafael Bordalo Pinheiro (**S. 242**). Campo Grande. Tel. 7 59 08 16. Öffnungszeiten 10–13 und 14–18 h, Mo und Feiertage geschl. Eintritt 235 Esc (TP gratis). (Metro Campo Grande)

Museu República e Resistência. Estrada de Benfica, 419. Tel. 7 74 24 02. Öffnungszeiten Mo–Fr 10–19 h. Exponate zur jüngeren Zeitgeschichte von Estado Novo und den Kolonialkriegen. Bus 16, 46, 54. (Metro Alto dos Moinhos)

Museu São Roque (**S. 330**). Largo Trindade Coelho. Tel. 3 46 03 61. Öffnungszeiten 10–12 und 13–17 h. So 13–17 h. Feiertage geschl. Eintritt 150 Esc (TP 33% Ermäßigung). Straßenbahn 20, 24; Bus 15, 100.

Lissabon ist die Stadt des Fado. Der Normaltourist wird allerdings nur durch großes Glück diesen schwermütig klagenden Gesang mit afrikanischen oder arabischen Wurzeln in einem einigermaßen natürlichen Umfeld erleben – etwa im vertrauten Kreise eines Lokals (tasca), wo Liebhaber des Fado einfach zu singen beginnen (= fado vadio). Es wäre allerdings törichter Idealismus, vor der Professionalisierung und Kommerzialisierung die Augen zu verschließen, die mit dem Tourismus Mitte des 19. Jh. insbesondere im Bairro Alto eingesetzt hat, sich aber gegenwärtig in der Krise befindet. Der Fado selbst ist nicht tot, sondern lebt in der jüngeren Generation neben Rock, Rave und Techno fort, wie die Fado-Abende im Decibel (Av. 24 de Julho, 90. Do oder Fr) beweisen.

Neben dem Fado verleiht die starke Präsenz Brasiliens und Afrikas der Lissabonner Musikszene farbige Töne, die das traditionelle Programm von Jazz und Klassik ergänzen. Besonders in den Sommermonaten steigen in Lissabon und Umgebung zahlreiche Festivals (siehe Veranstaltungen, S. 489). Für Konzerte gibt es verschiedene zentrale Vorverkaufsstellen (S. 491).

África

Ai-Uê. Centro Comercial S. João de Deus. Fast täglich Live-Musik, sonntags Jam-Session. (Arco do Cego).

Baile. Largo do Conde Barão. Im Palácio Almada Carvalhais (16. Jh.) befindet sich diese afrikanische Tanzhalle mit Speisen aus Cabo Verde. Fr und Sa Live-Musik. (Santos).

Banana Power. Rua de Cascais, 51–53. Pionier der afrikanischen Nacht in Alcântara-Terra. Live-Musik an verschiedenen Tagen.

Kussunguila. Centro Comercial Lusíadas. Afro-Disco mit Mo Live-Musik. (Alcântara)

Lontra. Rua de São Bento, 157. Von angolanischen Künstlern gestaltete Nobel-Disco mit eigener Musikgruppe. (São Bento)

Ritz Clube. Rua da Glória, 57. In den Räumen eines ehemaligen Cabarets von Di bis Sa afrikanische Live-Musik. (Avenida)

Brasil

Bipi-Bipi. Rua Oliveira Martins, 6–E. Seit 1974 und somit Veteran der brasilianischen Nacht. (Arieiro)

Bruxa. Rua de S. Mamede ao Caldas, 35. Gemütliche Cocktail-Bar mit beschaulicher Live-Musik. (Alfama)

Chafarica. Calçada de S. Vicente, 79–81. Kleine alte Bar direkt am Campo Santa Clara. Bei Live-Musik Caipirinha schlürfen.

Pé Sujo. Largo de São Martinho, 6. Tägl. außer Mo Live-Musik. (Alfama)

Fado

Alle Casas de Fado sind Restaurants, die nur teilweise reinen Bar-Betrieb gestatten. Es wird kein Eintritt erhoben, dafür aber oft ein Mindestverzehr vorgeschrieben. Die Darbietungen beginnen meist erst zwischen 22.30 h und 23 h.

Luso. Tv. da Queimada, 10. Tägl. Fado- und Folklore-Darbietungen bei traditioneller Küche. Bisweilen Jazz-Abende. (Bairro Alto)

Mascote da Atalaia. Rua da Atalaia, 13. Unregelmäßige Öffnungszeiten. Bei etwas Glück kann man dem „fado vadio" der im Bairro Alto Ansässigen lauschen.

Parreirinha de Alfama. Beco do Espírito Santo, 1. Renommiertes Haus der Fadista Argentina Santos. Küche schließt bereits um Mitternacht. (Alfama)

▶

Adressen: Musik (2)

Páteo do Santana. Rua Dr. Almeida Amaral, 6. Im aristokratischen Haus gibt es täglich (außer So) Fado unter der Regie von Gonçalo Câmara Pereira, Mitglied einer berühmten Familie von Fadistas.(Campo de Sant'Ana)

Sr. Vinho. Rua do Meio à Lapa, 18. Das Haus der populären Maria da Fé, die bei ihrem Gesang von dem jungen Gitarrentalent Ricardo Rocha begleitet wird.(Madragoa)

Timpanas. Rua Gilberto Rola, 24. Täglich außer Di oder Mi bereichert dieses Lokal das Nachtleben von Alcântara mit Fado und Folklore von 21.30 bis 2 h. Restaurant, aber auch Bar-Betrieb.

Jazz

Hot Clube de Portugal. Praça da Alegria, 39. Tel. 3 46 73 69. Seit mehr als 30 Jahren das Mekka portugiesischer Jazz-Fans. Do–Sa verschiedene Bands in normalerweise zwei Sessions. Auch die restlichen offenen Tage (Di, Mi) Live-Musik. (Avenida)

Lisboa. Rua da Trindade, 7–11. Zweistöckige deutsche Bierhalle eines Ex-Emigranten aus der Schweiz. Do–Sa Live-Musik.

Klassik

Centro Cultural de Belém (**S. 136**). Praça do Império. Tel. 3 01 96 09.

Coliseu dos Recreios (**S. 152**). Rua Portas de Santo Antão. Tel. 3 46 19 97.

Culturgest (**S. 108**). Rua Arco do Cego. Tel. 7 90 51 55.

Fonoteca Municipal. Edifício Monumental. Praça Duque de Saldanha. Tel. 3 53 62 31.

Fundação Calouste Gulbenkian (**S. 172**). Avenida de Berna, 45. Tel. 7 93 51 31.

Instituto Franco-Português. Av. Luís Bivar, 91. Tel. 54 45 74.

Museu da Música (**S. 232**). Rua dos Soeiros (Alto dos Moinhos) Tel. 3 55 84 59.

Palácio Nacional da Ajuda (**S. 254**). Tel. 3 63 70 95. (Ajuda)

Rock / Pop

Alcool Puro. Rua D. Carlos I., 59. Bar in Form eines langen Ganges, der in einen Saal mit Live-Musik mündet. (Santos)

Anos 60. Largo do Terreirinho, 21. Wie der Name sagt, Musik der Sixties und Seventies, auch portugiesische. (Mouraria)

Até Qu'Enfim. Rua das Janelas Verdes, 8. Bar mit täglicher Live-Musik für die 20 bis 30jährigen. (Santos)

Campo Pequeno (**S. 110**). Av. da República. Nur Veranstaltungen.

Cinearte. Largo de Santos, 2. Von Do bis Sa spielen lokale Gruppen. (Santos)

Centro Cultural de Belém (**S. 136**). Praça do Império. Konzerte nach Programm.

Coliseu dos Recreios (**S. 152**). Rua Portas de Santo Antão. Nur Veranstaltungen.

Culturgest (**S. 108**). Rua Arco do Cego. Konzerte nach Programm.

Estádio de Alvalade. Nur Großveranstaltungen.

Gartejo. Av. de Ceuta, 38–48. Renommierte Mega-Disco mit verschiedenen Sälen und Musik-Programm bis 4 h. Fast täglich Live-Auftritte. (Alcântara)

Johnny Guitar. Calçada do Marquês de Abrantes, 12. Do und Fr Live-Konzerte. Der traditionsreiche Rock-Tempel Portugals.

Xafariz. Rua D. Carlos I, 69. Gleich hinter dem Chafariz da Esperança iberische Live-Musik; der Besitzer gehört zu der bekannten Gruppe Trovantes. (Santos)

Für Touristen wird in einschlägigen Lokalen ein kombiniertes folkloristisches Schauspiel bestehend aus Fado (S. 453) und Tanzeinlagen von „ranchos folclóricos" des Ribatejo geboten. Diese Kombination hat lediglich eine Tradition in der Tourismusbranche. Ein zweites typisch iberisches Schauspiel ist der Stierkampf, in Portugal „tourada" genannt. Die Stierkampfarena des Campo Pequeno stellt dabei zweifellos Portugals Tauromachie-Tempel par excellence dar. Trotzdem ist der Stierkampf bei weitem nicht so populär wie etwa im benachbarten Spanien. Die Anhängerschaft zu den zwei Lissabonner Traditions-Fußballclubs (Benfica und Sporting) spielt eine wesentlich größere Rolle. Für große Veranstaltungen, insbesondere Gastspiele, gibt es zentrale Vorverkaufsstellen (S. 491).

Musical und Revue

Erst in den letzten Jahren ist die „Revista à portuguesa"", die Ende des 19. Jh. mit der Gründung des Parque Mayer und in den 50er Jahren ihre Blütezeit erlebte, wieder etwas aus ihrer Agonie erwacht. Zu verdanken ist dies dem notorischen Programm-Notstand der staatlichen und privaten Fernsehsender und Felipe La Féria. Bei der portugiesischen Revue wechseln sich folkloristische Nostalgie- und Tanz-Nummern mit Humor und nationalpolitischen Possen ab. Empfehlenswert für Kenner der Materie.

Politeama. Rua das Portas de Santo Antão, 109. Tel. 3 43 03 28. Renoviertes Fin-de-siècle-Haus mit frischem Programm.
Teatro ABC. Parque Mayer. Tel. 3 46 67 45. Auch Kindertheater.
Teatro Maria Vitória. Parque Mayer. Tel. 3 46 17 40. (Avenida)
Teatro Villaret. Av. Fontes Pereira de Melo, 30 A. Tel. 3 53 85 85. Etwas anspruchsvolleres Varieté und modernes Theater. (Saldanha)

Oper und Operette
Teatro Nacional São Carlos (**S. 352**). Rua Serpa Pinto, 9. Tel. 3 46 59 14. Internationale Gastspiele. (Chiado)

Stierkampf / Tourada
Praça de Touros. Campo Pequeno. Tel. 7 93 66 01. Auch andere Veranstaltungen.

Tanz und Ballett
Acarte. Fundação Calouste Gulbenkian (**S. 172**). Eingang von der Rua Dr. Nicolau Bettencourt. Tel. 7 93 54 40. Eigene Ballettgruppe. Gastspiele.

Theater
Im letzten Jahrzehnt des Estado Novo war das Studententheater ein wichtiges subversives Forum der kritischen Selbstbestimmung gegenüber dem Regime. Nach 1974 kam es daher zu einem Boom von Theatergruppen, der sich rasch verbrauchte. Trotz der großen Ausstrahlung der Massenmedien auf die Gesellschaft und permanenter Existenzkrisen konnten sich allerdings ein paar Gruppen des modernen und experimentellen Theaters neben den festen staatlichen und städtischen Bühnen etablieren.

Chapitô. Costa do Castelo, 1-7 Tel. 8 86 14 10. Zirkus-Animation, Malabarismus, Kindertheater und andere Überraschungen in alternativem Ambiente.

Cineart. Largo de Santos, 2. Tel. 3 96 53 60. Die Gruppe „A Barraca" ist eine der erfahrensten des portugiesischen Avantgarde-Theaters. Abwechslungsreiches Café-Theater. ▶

Comuna – Teatro de Pesquisa. Praça de Espanha. Tel. 7 27 18 18. Seit 1972 engagierte Gruppe mit internationalem Repertoire, die 1975 im Gebäude der alten Deutschen Schule ein Kulturzentrum mit Theaterschule und Kinderhaus einrichtete. (Metro Palhavã)

Convento dos Inglesinhos. Travessa dos Inglesinhos, 46. In den ehemaligen Klostermauern von Madragoa befindet sich seit 1994 die Bühne des Teatro Maizum.

Cornucópia. Rua Tenente Raúl Cascais, 1 A. Tel. 3 96 15 15. Seit 1975 besitzt die vielseitige Gruppe eine feste Bühne in einer ehemaligen Ballettschule des Bairro Alto. Auch Gastspiele.

Sala Estrela 60. Rua Santo António à Estrela, 60. Tel. 3 95 32 89. Lebendiges Avantgarde- und Straßentheater der Gruppe O Bando.

Teatro Aberto. Praça de Espanha. Tel. 7 97 09 69. Siehe Comuna – Teatro de Pesquisa.

Teatro da Graça. Rua da Graça. Tel. 87 56 26.

Teatro Maria Matos. Av. Frei Miguel Contreiras, 52. Tel. 8 49 70 07. Städtische Bühne mit leichtem Theater. (Areeiro)

Teatro Municipal São Luiz. Rua António Maria Cardoso, 40. Tel. 3 47 12 79. Städtische Bühne mit verschiedenen Darbietungen.

Teatro Nacional D. Maria II. (**S. 350**). Praça D. Pedro IV. Tel. 3 42 22 10. Staatliche Theatergruppe und Gastspiele auf zwei Bühnen.

Teatro Taborda. Costa do Castelo, 75. Tel. 8 86 30 89. Erst 1995 wurde dieses hübsche Theater in der Mouraria wiedererweckt.

Teatro da Trindade. Rua Nova da Trindade, 9. Tel. 3 42 32 00. Öffentliche Bühne mit unterschiedlichen Darbietungen. (Chiado)

Adressen: Nightlife (1)

In den letzten Jahren erhielt das Lissabonner Nachtleben neue, bislang ungekannte Dimensionen. Erstmals ist es nicht mehr nur Angelegenheit von Jugendlichen und einzelnen Gruppen, sondern hat sich zum Freizeitphänomen der großen Masse entwickelt, auch wenn man noch weit entfernt ist von den Ausmaßen einer Madrider movida. Doch die Ansätze zu einer genuinen „noite portuguesa" sind gelegt und werden fleißig weiterentwickelt. Die Spitzentage sind Donnerstag bis Samstag, Spitzenzeiten Mitternacht bis 3 Uhr früh, danach bringen einige Bars und Diskotheken (Achtung: Türsteher) die Nachtschwärmer bis in die Morgenstunden (und noch darüber hinaus).

Zur traditionellen Hochburg des Bairro Alto trat im Lauf der letzten zwei Jahrzehnte die Zone entlang der Avenida 24 de Julho mit dem Largo dos Santos als Zentrum. Danach geht es weiter bis nach Alcântara, wo sich in umfunktionierten Fabrik- und Lagergebäuden ein weiterer Brennpunkt des Nachtlebens entwickelt hat.

In neuerer Zeit verlagert sich diese unwirtliche Asphaltpromenade, die ab dem Cais do Sodré mit rollenden Imbißstuben (roulottes) gespickt ist, allmählich zum Fluß hin. Lokale zu Schiff sind in Mode. Der durch Verschmutzung getrübte Tejo wird zumindest nachts als romantische Kulisse genutzt.

Pionier dieser jüngsten Entwicklung ist die Doca de Santo Amaro, direkt unterhalb der aus diesem Blickwinkel bedrohlich wirkenden Ponte 25 de Abril. Im Zuge der Expo 98 wird ein Gegenstück am östlichen Ufer des Strohmeers (mar de palha) entstehen.

Nicht zu vergessen sind schließlich die Strandbars und -discos an der Costa da Caparica.

Die aufgeführten Adressen sind eine knappe Auswahl langlebiger und origineller Lokale für unterschiedliche Zielgruppen. ▶

Bars und Nachtclubs (mit Live-Musik siehe S. 452)

Alcântara Café. Rua Maria Luísa Holstein, 15. Berühmtes pseudo-barockes Bar-Restaurant.

Botequim. Largo da Graça, 79. Ruhige Piano-Bar der verstorbenen Dichterin Natália Correia. Für ältere Herrschaften.

Café Central. Av. 24 de Julho, 112. Ideale Prä-Disco-Anlaufstelle. Cocktail-Bar, gestylt von dem Architekten Manuel Graça Dias. Tägl. bis 4 h.

Capela. Rua da Atalaia. Pseudo-barockes Café im Bairro Alto. Fr und Sa bis 4 h, ansonsten bis 2 h.

Carruagem Piano Bar Dona Filipa. Av. Brasília. Ausrangierter Eisenbahn-Waggon im Flair der Sixties, direkt am Fluß.

Foxtrot. Travessa de Santa Teresa, 28. Gemütliches Fin-de-siècle-Ambiente. Innenhof und Spiele. (São Bento)

Nunca é tarde. Calçada da Pampulha, 11. Gemütliche Piano-Bar mit Jazz. Tägl. bis 2 h. (Lapa)

Ópera. Travessa das Mónicas, 65. Von (Graffiti-)Künstlern gestaltetes Bar-Restaurant mit Balkon. Am Wochenende Veranstaltungen bis 3.30 h. (Graça)

Pavilhão Chinês. Rua D. Pedro V, 89. In einem ehemaligen Krämerladen stilvolle Orient-Bar, Mo–Fr bereits ab 17 h.

Procópio. Alto de São Francisco. Berühmte Art-déco-Bar nahe der Mãe d'Água das Amoreiras. Prominenten-Treffpunkt.

Quando o Piano Toca. Rua Viriato, 8. Traditionelle Piano-Bar und Artisten-Treff nahe Teatro Villaret. (Picoas)

Santo Amaro Café. Doca de Santo Amaro. Eine der neuen Bars in den ausgedienten Lagerhallen am Fluß.

Tertúlia. Rua do Diário de Notícias, 60. Wie das Targus in derselben Straße eine renommierte Café-Bar im Bairro Alto.

Três Pastorinhos. Rua da Barroca, 111–13. Beliebte Musik-Bar im Bairro Alto für Schwarze und Weiße. Kein Techno.

Xico's. Rua Correia Garção, 3. Direkt dem Parlament São Bento gegenüber ein Bar-Restaurant mit sehenswertem Interieur.

Diskotheken (mit Live-Musik siehe S. 452)

Alcântara-Mar. Rua da Cozinha Económica, 11–5. Traditionsreicher pseudo-barocker Disco-Tempel. Mi–So bis 4 h.

Bar & Co. Cais (da Ribeira) do Sodré. Bar-Disco auf einem ausgedienten Schiff, teilweise auf Deck im Freien. Barbetrieb bis 4 h.

Benzina. Travessa Teixeira Junior, 6. Fest etabliert in Alcântara ist diese Mega-Disco mit Soft-Techno (Di Hippie; Mi Golden Hits).

Climacz. Rua Passos Manuel, 116–B. Disco für die Unersättlichen (mit Restaurant) bis 12 h mittags; Techno bis 6 h, danach Rave. (Estefânia).

Finalmente. Rua da Palmeira, 38. Gay-Disco mit gemischtem Publikum. Täg. 1.30 h Travestie-Show. (Príncipe Real)

Frágil. Rua da Atalaia, 126–8. Die berühmteste Bar-Disco Lissabons. Seit über zehn Jahren treffen sich an dieser Ecke des Bairro Alto in ständig wechselndem Design-Arrangement Künstler, Intellektuelle und Normal-Sterbliche.

Gringo's. Av. 24 de Julho, 116–18. Kombinierte Restaurant-Bar-Disco in Saloon-Gepräge. Old Western California-Mexico-Flair in Speise (bis 1 h) und Musik (bis Mitternacht, danach Techno bis 4 h). Veteran der Lissaboner Szene.

Kapital und Kremlin. Av. 24 de Julho, 68. Diese zwei Discos desselben Besitzers bilden zusammen mit einer weiteren namens Plateau bis 6 h früh (und länger) das unumstrittene Zentrum der Szene. Hervorragende DJ-Besetzung. ▶

Nacht-Buchhandlungen / Livrarias nocturnas

Wenn nachts der Wissensdurst oder geistiger Hunger quält: nächtliche Buchhandlungen (die meisten bis 23 h) kommen in Mode.

Arco-Íris. Centro Comercial Arco Íris. Av. Júlio Dinis, 6, A–D. Auch französische Neuheiten. (Avenidas Novas)

Assírio & Alvim. Cinema King Triplex. Av. Frei Miguel Contreiras, 52. Kinobuchhandlung. Täglich bis 24 h. (Areeiro)

Barata. Av. de Roma, 11–A. Lissabons Bücher-Tempel mit Galerie (Mo geschl.).

Bertrand. Centro Comercial Amoreiras. Filiale des namhaften Traditionsbetriebes.

Nacht-Restaurants / Restaurantes nocturnos

Wenn sich nachts der Hunger meldet, kann man auch nach Mitternacht ein ausgiebiges Mahl (d. h. keinen Snack) einnehmen.

Céu da Boca. Rua do Cura, 3–A. Tägl. bis 4 h portugiesische Küche. (Madragoa)

Club de Jornalistas. Rua das Trinas, 127. In einem noblen Palast kann man Beafsteak und Bacalhau bis 3 h genießen (So geschl.). Sommerterrasse. (Lapa)

Monte Cara. Rua do Sol ao Rato. Speisen aus Kap Verde und Angola bis 4 h, tägl. außer Mo. Im Keller Disco mit afrikanischer Live-Musik. (Rato)

Snob. Rua do Século, 178. Seit über 20 Jahren bekannt für sein Beafsteak Dona Maria, tägl. bis 2.45 h. Nähe Praça do Príncipe Real.

A Última Ceia. Av. 24 de Julho, 96–J. Tägl. außer Mo bis 4 h Pizza und Feijoada.

Adressen: Shopping (1)

Die Geschäfte sind in der Regel Dienstag bis Samstag zwischen 10 und 12.30 h und von 15 bis 19 h geöffnet. Feste Zeiten gibt es allerdings nicht. Montags, besonders am Vormittag, sind viele Läden geschlossen. Für den Notbedarf gibt es Extra-Läden (S. 477), die auch nachts bis 2 h geöffnet haben. Aufgeführt ist im folgenden eine knappe Auswahl von Geschäften gehobenen Standards oder mit besonderem Angebot.

Antiquariate / Alfarrabistas

Antiquariate und Antiquitätengeschäfte konzentrieren sich im Umkreis von Trindade, Praça do Príncipe Real und São Bento. Preisgünstige Schnäppchen wie in früheren Zeiten sind mittlerweile zur Seltenheit geworden.

Artes e Letras. Largo Trindade Coelho, 3–4.
João Trindade. Rua do Alecrim, 32. (Chiado)
Manuscrito Histórico. Calçada do Sacramento, 50.
Mundo do Livro. Largo da Trindade, 11–13.

Antiquitäten / Antiquários

Canapé Velharias. Rua de São Bento, 292–308.
Cabral Moncada. Rua D. Pedro V, 34.
D. Pedro V. Rua D. Pedro V, 11.
Virgilio Seco. Rua Eduardo Coelho, 37.

Buchhandlungen (siehe auch Nacht-Buchhandlungen, S. 462)

A + A. Travessa do Carvalho, 25. Architektur, Design, Kino, Photographie. Treff für Architekten und Designer in der ehemaligen Badeanstalt. (São Paulo) ▶

Adressen: Shopping (2)

Assírio & Alvim. Rua Passos Manuel, 65. Phantasievolle Buchhand-
lung (mit Galerie) eines phantasievollen Verlages des Poeten
Manuel Hermínio Monteiro: eine feste Größe in Lissabons Kul-
turleben. (Estefânia)

Bertrand. Rua Garrett, 73. Portugals traditionsreiche Verlagsbuch-
handlung, die seit 1747 im Herzen des Chiado liegt.

Buchholz. Rua Duque de Palmela, 4. Auch fremdsprachige Literatur.
Lesungen deutscher Autoren. (Marquês de Pombal)

Cotovia. Rua Nova da Trindade, 24. Engagierte junge Verlagsbuch-
handlung. (Trindade)

Kaufhäuser / Centros Comerciais

Mit dem Chiado-Brand vom August 1988, bei dem das Grandella und
die Grandes Armazéns do Chiado ausbrannten, verlor Lissabon seine
Kaufhaus-Tradition, die bis zum Beginn des 19. Jh. zurückreicht.
Statt dessen wurde die Innenstadt nach und nach von teilweise
schmuddeligen Einkaufszentren und Ladenpassagen in Besitz genommen. Die Torres das Amoreiras (**S. 364**) und das Cascaishopping sind dagegen nicht nur Hochburgen des Kaufens, sondern re-
gelrechte Mini-Städte, die bis 22 oder gar 24 h geöffnet haben.

Amoreiras Shopping Center. Dank der eigenwilligen Architektur
von Tomás Taveira das berühmteste Einkaufszentrum Portugals.
Restaurants und Kinos.

Cascaishopping. Alcabideche. Estrada Nacional 9. Mammutkomplex
direkt an der Autobahnausfahrt der A 5. Vergnügungspark für
Kinder, Restaurants und Kunsteisbahn.

Espaço Chiado. Rua da Misericórdia, 12–20. Das ehemalige Teatro
Gymnásio wurde zur noblen Ladenpassage mit Galerie, Konzert-

café und Kino. Mittelpunkt ist der freigelegte Überrest eines Wehrturmes der Fernandinischen Stadmauer.

Galerias Monumental. Angenehme Ladenpassagen im postmodernen Edificio Monumental an der Praça Duque de Saldanha. Kinos und Theater.

Libersil. Av. da Liberdade, 38. Ruhige Ladenzeilen auf verschiedenen Ebenen. Innenhof. Im Eingangsbereich Grenzsäule der Stadt aus dem 13. Jh. mit dem Wappen (Schiff und Raben).

Olivaishopping. Rua Cidade de Bolama. Lissabons neue Kauf-Stadt (ab 1997). (Olivais-Sul)

Kunstgewerbe / Artesanato

In Lissabon kann man kunstgewerbliche Artikel aus ganz Portugal erwerben, insbesondere Korbwaren, Tonwaren und Stickereien. Für die Stadt selbst sind kunstgewerbliche Keramiken charakteristisch. Auf spezielle Anfragen erteilt der Lissabonner Verband des Kunsthandwerks gern Auskunft: Associação dos Artesãos da Região de Lisboa. Rua de Entrecampos, 66. Tel. 7 96 24 97.

Cerâmica Constância. Rua de São Domingos, 8 C. Tel. 3 96 39 51. Künstlerische Azulejos aus dem namhaften Traditionsbetrieb von 1836, der mit seinen gekachelten Fassaden selbst eine Sehenswürdigkeit ist. Seit 1963 spezialisiert auf künstlerische Azulejos und Reproduktionen alter Werke. (Lapa)

Galerie Ratton Ceramicas. Rua da Academia das Ciências, 2 C. Tel. 3 46 09 48. Direkt neben dem Palácio dos Carvalhos in den Räumen der einstigen Hutmanufaktur, die die einflußreiche Familie Ratton 1784–1822 betrieb, befindet sich diese Kunstgalerie für Azulejos und Fayencen. (Bairro Alto) ▶

Galeria de Tapecarias de Portalegre. Rua da Academia das Ciencias, 2-J. Tel. 3 46 82 02. Galerie für künstlerische Wandbehänge gleich neben der Galerie Ratton.

Kunsthandlungen und Galerien

Lissabon besitzt eine große Anzahl von Privatgalerien, teilweise verbunden mit Hotel-, Bar- und Cafébetrieben, die wechselnde monographische oder thematische Ausstellungen bieten. Sie häufen sich in der Zone von São Bento, Rato und Bairro Alto und haben meistens Mo bis Sa nachmittags von 15 bis 20 h geöffnet.

Alcântara Studio. Rua Maria Holstein, 15. Tel. 3 62 46 50. Strategisch günstig zwischen Bar und Diskothek ist dieser Kunst- und Designraum von 18–0.30 h geöffnet.

Diferença. Rua São Felipe Nery, 42. Tel. 3 83 21 93.

Espaço Oikos. Rua Augusta Rosa, 40. Tel. 8 88 00 12. In historischem Raum wechselnde Ausstellungen ausländischer Künstler in Lissabon. (Alfama)

Graça Fonseca. Rua da Emenda, 26. Tel. 3 47 70 37.

Luís Serpa. Rua Tenente Raúl Cascais, 1 B. Tel. 3 97 77 94. (Rato)

Moira. Rua Nova da Piedade, 33. Tel. 3 95 22 94.

Novo Século. Rua do Século, 23 A–B. Tel. 3 42 77 12. (Bairro Alto)

São Bento. Rua do Machadinho, 1 (Ecke Rua do Quelhas). Tel. 3 97 43 25. Mitten in Madragoa findet sich dieser sehenswerte Galerieraum für internationale Kunst.

S. Mamede. Rua Escola Politécnica, 163/175. Tel. 3 97 32 55. (Rato)

Valentim de Carvalho. Rua Cruz dos Poiais, 111. Tel. 60 86 19. Moderne und zeitgenössische portugiesische Kunst im noblen Ambiente des Palácio Alcáçovas. (São Bento)

Lebensmittelmärkte / Mercados

Angesichts der Supermärkte und Einkaufszentren haben die Märkte innerhalb Lissabons sehr an Lebendigkeit verloren. Marktzeiten täglich außer So vom frühen Morgen bis in den Nachmittag, Sa nur bis ca. 13 h.

Mercado do Campo de Ourique. Rua Coelho da Rocha. Postmoderne Markthalle.

Mercado da Rua de São Pedro. Malerischer Fischmarkt Di–Sa vormittags. (Alfama)

Mercado da Ribeira Nova. Av. 24 de Julho. Seit dem Marquês de Pombal befindet sich an dieser Stelle der Fischmarkt. Ab Ende des 19. Jh. enstand die Markthalle, 1930 erhielt sie eine Kuppel. (Cais do Sodré)

Mercado da Mouraria. Rua da Guia. Straßenmarkt in historischem Viertel. Mo–Sa vormittags.

Mercado 31 de Janeiro. Av. Fontes Pereira de Melo. Volkstümlicher Markt von 1925. (Picoas)

Mode

Die Designer eleganter und eigenwilliger Kleidung finden sich immer noch im traditionsreichen Chiado und im angrenzenden Bairro Alto. Traditionsbetriebe gibt es eher in der Baixa. Ana Salazar ist die namhafteste Vorreiterin für eine portugiesische Haute Couture, die selbstbewußt auf den internationalen Laufstegen auftritt.

Ana Salazar. Rua do Carmo, 87.
José Carlos. Travessa do Monte do Carmo, 2.
José António Tenente. Travessa do Carmo, 8.

▶

Lena Ayres. Rua da Atalaia, 96.
Manuel Alves & José Manuel Gonçalves. Rua da Rosa, 85–87.
Nuno Gama. Travessa dos Fieis de Deus, 74–76.

Schmuck
Die meisten Geschäfte liegen in der Baixa und im Chiado.

Augusta Joalheiros. Rua Augusta, 108.
Grande Ourivesaria da Moda. Rua da Prata, 257.
Joalharia do Carmo. Rua do Carmo, 87 B.
Ourivesaria Aliança. Rua Garrett, 50.
Ourivesaria Sarmento. Rua do Ouro, 251.

Trödel- und Flohmärkte
Feira da Ladra. Di und Sa. Der traditionsreiche Lissabonner Flohmarkt auf dem Campo de Santa Clara (**S. 112**).
Feira de Oeiras. Vierter So im Monat. Antiquitäten.
Feira da Rotunda do Relógio. An der Rotunda do Aeroporto. Jeden So. Großer Flohmarkt neben den Barackensiedlungen.
Feira de Numismática e Filatelia. Terreiro do Paço (**S. 354**). Unter den Arkaden Münzen- und Briefmarken-Börse.

Ungewöhnliches und Kuriosa
Bazar Paraíso. Rua do Norte, 40. (Bairro Alto)
Contra-Natura. Rua dos Correiros, 163–169. Aufblasbare Puppen und andere Plastik-Artikel. Täglich bis 1 h. (Baixa)
Espaço Lúdico. Rua Conde de Redondo, 82–A. Einschlägiges für erotische (Frauen-)Phantasie mit Witz. Tägl. bis 2 h.
Ká – Objectos com Arte. Centro Cultural de Belém.

Latão. Rua Diário das Notícias, 69. Seit 10 Jahren Spezialist exzentrischer Objekte. Tägl. außer So bis 1 h nachts. (Bairro Alto)

Loja da Atalaia. Rua da Atalaia, 71. Design- und Dekorationsartikel. Mo–Fr 14–20 h. (Bairro Alto)

Tabak. Amoreiras Shopping Center, Loja 2017. 10–24 h.

Tintin por Tintin. Rua do Século, 4. (Príncipe Real)

Weine und Spirituosen / Vinhos e Bebidas

Fonseca Vinhos. Vila Nogueira de Azeitão (10 km vor Setúbal). Weinkellereien mit Verkauf. Mo–Do 9–12 und 14–17 h. Fr 9–13 h. Tel. 2 18 02 27.

Garrafeira de Campo de Ourique. Rua Tomás da Anunciação, 29 A. Tel. 67 39 94. (Campo de Ourique)

Napoleão. Rua dos Fanqueiros, 70. Tel. 8 87 20 42. (Baixa)

Solar do Vinho do Porto. São Pedro de Alcântara (**S. 326**). Die Probierstube des Portwein-Instituts öffnet schon um 11 h ihre Pforten im Tiefgeschoß des Palácio Ludovice.

Ultiro. Rua da Barroca, 116–118. Tel. 3 42 52 13. (Bairro Alto)

Praktische Hinweise (1)

Apotheken / Farmácias

Apotheken sind an einem grünen Kreuz erkenntlich und während der üblichen Geschäftszeiten geöffnet. Informationen über die jeweiligen Bereitschaftsdienste (Farmácias de serviço) findet man an den Apothekentüren und in der Tagespresse sowie unter Tel. 118.

Ärztlicher Notdienst / Emergências de saúde

Notruf / S.O.S. Tel. 115.
Ambulanz / Ambulâncias. Tel. 3 01 77 77 und 9 42 11 11.
Ambulatorien mit Notaufnahme / Serviço de Urgências dos Centros de Saúde:
Benfica, Tel. 7 14 06 07. Lapa, Tel. 3 95 21 14. Lumiar,
    Tel. 7 57 31 21.
Krankenhäuser / Hospitais:
  – Hospital de São José. Tel. 8 86 01 31.
  – Hospital de Santa Maria. Tel. 7 97 51 71.
  – Hospital de S. Francisco Xavier. Tel. 3 01 73 51.
Rotes Kreuz / Cruz Vermelha
  – Servico de Urgência, Tel. 7 78 60 13 (Hospital da Cruz
    Vermelha).
  – Emergências Tel. 60 54 90.
Vergiftungen / Intoxicações. Tel. 7 95 01 93.

Autovermietung / Aluguer de carros

Die Preise schwanken nach Saison. Oft gibt es günstigere Wochenend-Tarife. Die wichtigsten Firmen haben Büros am Flughafen und bieten auch die Möglichkeit, den Leihwagen an einem anderen Ort wieder abzuliefern. Wer einen Wagen mieten möchte, muß mindestens 21 Jahre alt sein.

Avis. Av. Praia da Vitória, 12–C. Tel. 3 46 26 76.

Budget. Av. Visconde de Valmor, 36–B/C. Tel. 7 97 13 77.

Europcar. Av. A. Augusto de Aguiar, 24. Tel. 9 42 23 06.

Hertz. Av. 5 de Outubro, 10. Tel. 9 41 10 60.

Hervis. Av. de Roma, 53 A. Tel. 7 96 95 18.

Iberent. Av. Defensores de Chaves, 89–C. Tel. 7 93 95 16.

Babysitting

Clube do Bébé. Estrada de Telheiras, 129. Tel. 7 57 74 10. Non-stop-Service für Kleinst- und Kleinkinder bis maximal 10 Jahren. Professionelles Personal, Versicherung und ärztliche Betreuung.

Bahn / Caminhos de Ferro

Die Bahnreise von Mitteleuropa aus nach Lissabon ist in der Regel umständlich und im Vergleich zu vielen Flugangeboten teuer, beschwerlich und zeitaufwendig. Die einzigen direkten Fernverbindungen sind der traditionsreiche Sud-Express, der seit Ende des 19. Jh. die Strecke Paris–Lissabon bedient, sowie der Expresso Lusitânia von und nach Madrid. Nach ihrer Modernisierung sollen beide einmal an das europäische Netz der Hochgeschwindigkeitszüge angeschlossen werden.

Die Caminhos de Ferro Portugueses (CP) verfügen in Lissabon über den Hauptbahnhof Santa Apolónia, der im Zuge der Weltausstellung Expo 98 durch die vorgelagerte Estação de Oriente entlastet werden soll. Von dort wird es dann auch einen kürzeren Zubringer zum Flughafen geben. Daneben bedient der Flußbahnhof am Terreiro do Paço den Alentejo und die Algarve. Nach der Umrüstung der Ponte 25 de Abril (**S. 286**) für den Bahnverkehr (ca. 1998) dürfte er zweitrangig werden. ▶

Praktische Hinweise (2)

Die einstige Estação Central am Rossio (**S. 306**) ist Ausgangspunkt der Sintra-Linie, die Mo–Fr auch vom neuen Bahnhof Av. Cinco de Outubro (Av. Novas) aus verkehrt. Am Cais do Sodré kann man den Zug nach Belém, Estoril und Cascais besteigen.

Das Nahverkehrsnetz der CP wird derzeit modernisiert. Wie bei einer S-Bahn gibt es Umsteigebahnhöfe mit der U-Bahn (siehe Übersichtskarte auf dem hinteren Innendeckel). Für die Benutzung löst man nach Zonen gestaffelte Einzel-Fahrscheine am Automaten.

CP-Caminhos de Ferro Portugueses. Av. da República, 66.
   Information. Tel. 8 88 40 25.
Bahnhöfe.
   – Santa Apolónia. Internacional und Intercidades (IC).
      Nahverkehr: Azambuja-Linie.
Autozug/Auto Expresso. Tel. 8 87 75 09.
Reservierungen/Marcações. Tel. 8 86 41 42.
   – Cais do Sodré. Cascais-Linie. Tel. 3 47 01 81.
   – Rossio. Sintra-Linie (auch Queluz). Tel. 3 46 50 22.
Kundendienst. Gabinete de Apoio ao Cliente. Tel. 3 43 37 47.
   – Terreiro do Paço. Estação Fluvial. Sado-Linie (Setúbal).
      Tel. 87 71 79.

Banken / Bancos

Zahlungsmittel ist der portugiesische Escudo (Esc) mit Münzen von 1, 2.50, 5, 10, 20, 50, 100, 200 Esc. und Noten zu 500, 1000, 2000, 5000 und 10 000 Esc. Häufig wird das Symbol $ für Escudo verwendet. Bei größeren Rund-Beträgen ab 1000 Escudos spricht man in der Regel von „contos" (1000 Esc = 1 Conto). Bankfilialen sind zumeist Mo–Fr durchgehend von 8.30 bis 15 h geöffnet.

Mit EC-Karten und gängigen Kreditkarten kann an den meisten Geldautomaten (Caixa Multibanco) tägl. ein Betrag bis zu 30 000 Esc abgehoben werden. Die Bedienungsanweisungen sind mehrsprachig. An einigen Stellen der Stadt (u. a. vor der Estação do Rossio, an der Praça Marquês de Pombal) gibt es zudem Wechselautomaten mit europäischen Währungen.

Die Postbank ist in alle Postämter integriert, die einen Schalter „Pagamentos" besitzen. Man kann runde Hunderter-Beträge bis maximal 500 DM abheben.

Kreditkarteninstitute
American Express. Amex. Tel. 3 15 53 71.

DM	Esc	sfr	Esc	öS	Esc
1	104	1	127	1	14
5	520	5	638	5	74
10	1 042	10	1 276	10	148
100	10 420	100	12 765	100	1482

Esc	DM	Esc	sfr	Esc	öS
10	0,09	10	0,08	10	0,7
100	0,96	100	0,78	100	7,1
500	4,81	500	3,94	500	35,7
1000	9,62	1000	7,87	1000	71,4

Bootsvermietung / Aluguer de Barcos

Proiate. Rua do Patrocínio, 132–1°. Tel. 3 43 17 67. ▶

Botschaften / Embaixadas

Belgien. Praça Marquês de Pombal, 14, 6º. Tel. 54 92 63.

Brasilien. Estrada das Laranjeiras, 144. Tel. 7 26 77 77.

Dänemark. Rua Castilho, 14–C 3º. Tel. 54 50 99.

Deutschland. Campo das Mártires da Pátria, 38. Tel. 8 81 02 10.
Fax 8 85 38 46.

Frankreich. Rua Santos-o-Velho, 5. Tel. 60 81 21.

Großbritannien. Rua São Domingos à Lapa, 37. Tel. 3 96 11 91.

Italien. Largo Conde Pombeiro, 6. Tel. 54 61 44.

Japan. Rua Mouzinho da Silveira, 11. Tel. 3 52 34 85.

Österreich. Rua das Amoreiras, 70, 3º. Tel. 3 87 41 61.

Polen. Av. das Descobertas, 2. Tel. 3 01 42 00.

Schweden. Rua Miguel Lupi, 12, 2º/3º. Tel. 3 95 52 24.

Schweiz. Travessa do Patrocínio, 1. Tel. 3 97 31 21.

Spanien. Rua de Salitre, 1 (Palácio Mayer). Tel. 3 47 23 81.

Busse / Camionetas e Autocarros

Von der strapaziösen Anreise mit dem Fernbus ist im allgemeinen abzuraten. Der Preisvorteil macht sich nicht bezahlt. Auskünfte über internationale Busverbindungen im Intercentro (Eurolines), Rua Actor Taborda (neben Telecom-Edifício, Picoas). Tel. 57 17 45. Innerhalb Portugals sind die Busverbindungen bei mittleren und großen Entfernungen meist besser ausgebaut als die Bahnverbindungen, die in der Zeit/Preis-Relation nur auf den IC-Strecken gut abschneiden. Das dichte Busnetz ist der staatlichen Rodoviária Nacional zu verdanken, die ab 1993 sukzessive in regional aufgeteilte Unternehmen privatisiert wurde. So reduziert sich nach und nach der ursprünglich charakteristische Fuhrpark weiß-oranger Busse, und die Preise steigen.

Busbahnhof / Estação de Camionagem:

Estação (Central) Rodoviária da Estremadura. Av. Casal Ribeiro, 18 A-B. Tel. 54 54 39. Fernbusse, Langstreckenbusse (Expressos) für Hauptziele in Portugal. (Metro Saldanha)

Estação Rodoviária de Lisboa. Av. do Brasil, 45. Tel. 7 98 08 07. Busse für Nahziele im Norden Lissabons. (Metro Entrecampos)

Estação Rodoviária Sul do Tejo. Praça de Espanha. Tel. 7 26 27 40. Busse für Nahziele auf dem Südufer, „na outra banda". (Metro Palhavã)

Estação Renex. Campo das Cebolas. Tel. 8 88 22 96. Langstreckenbusse nach Nord- und Südportugal (neben Casa dos Bicos, **S. 126**).

Stadtbusse:

Innerhalb Lissabons besteht ein dichtes Busnetz. An den Haltestellen-Säulen ist der Streckenplan derjenigen Linien auf einer drehbaren Rolle eingetragen, die die betreffende Haltestelle bedienen. Dabei kennzeichnen verschiedenfarbige Längsstriche die Anzahl der Zonen (módulos), die bis zum gewünschten Ziel befahren werden. Dementsprechend muß der Zonenfahrschein entwertet werden, den man in Abreißheftchen (cadernetas) an den Kiosken der Carris erwerben kann. Wem das zu kompliziert ist, erwirbt entweder beim Fahrer den Einheitsfahrschein oder kauft sich vorher den Touristenpaß (S. 488), der eine beliebige Benutzung der Busse gestattet.

In Lissabon hält man auf englische Disziplin. Man wartet in einer Schlange entlang des Bürgersteigs, hält den gewünschten Bus mit ausgestrecktem Arm an und rückt dann mit geschickter Hast an denjenigen vorbei, die zwar zuerst an der Reihe sind, aber offensichtlich an einer anderen Buslinie interessiert sind. ▶

Preise der Carris (Stand Anfang 1996):
Einzelfahrschein (Tarifa de bordo) 150 Esc.
Tagesticket (Bilhete por um dia) 420 Esc.
Drei-Tages-Ticket (Bilhete por três dias) 880 Esc.
Strand-Ticket (Costa da Caparica) 470 Esc.
Grüne Karte (Cartão verde) Mo–Fr 2800 Esc.
Kombinierter Metro-Carris-Paß: 4 Tage 1500 Esc.; 7 Tage 2120 Esc.

Flughafenbus / Aerobus: Die Carris unterhalten Kleinbusse, die zwischen 7 h und 21 h alle 20 Minuten zwischen Cais do Sodré und Flughafen (Aeroporto) verkehren. Haltepunkte: siehe S. 494.

Einreisebestimmungen / Regulamento da entrada

Für Reisende aus EU-Ländern und der Schweiz genügt ein gültiger Personalausweis. Es sei darauf hingewiesen, daß sich die portugiesischen Behörden oft nur an die Nationalität halten, d. h. auch offiziell in Deutschland, Österreich oder in der Schweiz ansässigen Ausländern aus Nicht-EU-Staaten bisweilen die Einreise erschweren oder in Einzelfällen gar verweigern (v. a. Brasilianern und Südamerikanern).
Bei einem Aufenthalt von mehr als 3 Monaten muß eine Aufenthaltsgenehmigung beantragt werden. Autofahrer benötigen Kfz-Zulassung und Führerschein; die grüne Versicherungskarte wird dringend empfohlen.

Bei ärztlicher Behandlung ist ein Auslandskrankenschein (EU-Formblatt E 111) vorzulegen. Da die gesetzlich vorgesehene Gesundheitsversorgung in Portugal knapp bemessen ist, wird sich bei schwerwiegenden Fällen eine Privatbehandlung nicht vermeiden lassen.

Extra-Läden / Lojas de Conveniência

Geschäfte im Drugstore-Stil für den Notbedarf bis 2 h nachts und ab 7 h früh.

Av. Alvares Cabral, 61. (Estrela)
Rua Ferreira Borges, 96–C (Campo de Ourique)
Rua Luís de Camões, 133. (Alcântara)
Av. Infante Santo, 38–A. (Lapa)
Calçada Marquês de Abrantes, 20. (Santos)
Campo das Cebolas, 25/27. (Alfama)
Praça da Alegria, 43. (Av. Liberdade)
Rua Joaquim António e Aguiar, 35. (Marquês de Pombal)
Rua Luciano Cordeiro, 23–A. (Marquês de Pombal)
Praça José Fontana, 11. (Estefânia)
Av. Miguel Bombarda, 59–B. (Av. República)
Campo Grande, 1016.
Av. Almirante Gago Coutinho, 2. (Areeiro)

Feiertage / Feriados

An allen Feiertagen, die in der Übersichtstabelle auf S. 478 aufgeführt sind, bleiben Banken, Büros und öffentliche Institutionen (die meisten Museen) in Portugal geschlossen (die beweglichen Feiertage sind mit einem * markiert; die genauen Termine entnehmen Sie bitte einem aktuellen Jahreskalender). Am 13.6. begeht man in Lissabon feierlich den Tag des Stadtpatrons Santo António. In einigen Gemeinden kann zusätzlich oder alternativ ein weiterer der Santos Populares, nämlich São João oder São Pedro, Feriado municipal sein (z. B. 29.6. in Sintra und Queluz). Geschäfte halten sich nicht rigoros an die Feiertagsordnung. ▶

Praktische Hinweise (5)

Datum	Feiertag	Anlaß
1.1.	Ano Novo	Neujahr
*	Carnaval	Karneval/Fasching/Fastnacht
*	Terça-Feira	Faschingsdienstag
*	Sexta-Feira Santa	Karfreitag
*	Domingo de Páscoa	Ostersonntag
25.4.	25 de Abril	„Nelkenrevolution" 1974
1.5.	Primeiro de Maio	Tag der Arbeit
*	Corpo Santo	Fronleichnam
10.6.	Dia de Camões	Camões-Gedenktag
13.6.	Santo António	hl. Antonius
24.6.	São João	hl. Johannes (lokal begrenzt)
29.6.	São Pedro	hl. Peter (lokal begrenzt)
15.8.	Asunção	Mariä Himmelfahrt
5.10.	Dia da República	Ausrufung der Republik 1910
1.11.	Todos-os-Santos	Allerheiligen
8.11.	Imaculada	Unbefleckte Empfängnis
1.12.	Dia da Restauração	Ende der span. Herrschaft 1640
25.12.	Natal	Weihnachten

* = Bewegliche Feiertage

Fundbüros / Perdidos e Achados

Eisenbahn CP. Estação do Rossio. Tel. 3 43 37 47. Fax 3 43 76 46.
Metro. Estação dos Restauradores. Tel. 3 42 77 07.
Tram und Bus. Rua de Santa Justa, 11. Tel. 3 42 79 44.
Stadtpolizei. PSP. Cidade Salazar, Lote 180 r/c. Tel. 8 53 54 03.
Mo–Fr 9–12 h und 14–18 h.

Geschäftszeiten / Horário de abertura

Es gibt bislang keine einheitlichen Öffnungs- und Ladenschlußzeiten, allerdings entsprechen sie mehrheitlich den mitteleuropäischen und nur wenig dem benachbarten Spanien. Man kann von einer Hauptgeschäftszeit zwischen 9.30–12.00 h und 14.30–18.30 h ausgehen (mit jeweils ±30 min Toleranz). Banken und andere Körperschaften haben durchgehend von 8.30 bzw. 9 h bis 15 h geöffnet. Kaufhäuser (S. 464) und Einkaufszentren sind durchgehend bis 20 h oder gar 22 h und auch am Wochenende geöffnet. Bis tief in die Nacht bedienen Extra-Läden/Lojas de conveniência (S. 477).

Hausservice / Necessidades

24 Horas. Tel. 4 86 85 00. Hilfsdienste rund um die Uhr, vom Babysitten über Partydienst bis zu Reparaturen. Kein Zwang zur Mitgliedschaft.

Informationen für Touristen / Informações turísticas

Informationsbüros (Postos de turismo) findet man am Flughafen sowie im Palácio Foz (Hauptstelle). Ebenfalls im Umkreis der Praça dos Restauradores liegt die Informationsstelle, die zugleich den Touristenpaß (S. 488) ausstellt. In der Hauptreisezeit gibt es an zentralen Stellen zusätzliche Informationskioske. ▶

Praktische Hinweise (6)

Aeroporto. Tel. 8 48 36 89. Tägl. 6–1 h.
Palácio Foz. Tel. 34 36 24. Tägl. 9–20 h. (Metro Restauradores)
Jardim do Regedor. Rua Jardim do Regedor, 51. Tel. 3 43 36 72/3.
   Hier gibt's den Touristenpaß (S. 488). (Metro Restauradores)
Sintra. Praça da República, 23. Tel. 9 23 11 57, 9 24 17 00;
   Fax 9 23 51 76.

Internationale Presse / Imprensa internacional
Deutschsprachige und internationale Presse wird in den Kiosken am
Rossio und an der Praça dos Restauradores verkauft. Außerdem fin-
det sich in fast jedem größeren Einkaufszentrum ein entsprechender
Zeitschriftenladen.

Kfz-Hilfsdienste
Abschleppdienst / Reboque de viaturas:
Aeroporto-Polícia. Tel. 80 84 33. 8–20 h.
Restelo-Polícia. Tel. 3 01 68 64. 8–20 h.
União de Reboques. Rua Antero de Quental, 17–A. Tel. 3 55 73 76.
   Tel. 57 51 36 (24 Stunden).

Automóvel Clube de Portugal. Tel. 9 42 50 95.

BMW Serviço Móvel. Tel. 8 30 11 39.
Citroën. Auto-Stop. Tel. 57 88 57.
Mercedes Serviço 24 h. Tel. 9 15 09 65.
Nissan Assistência 24 h. Tel. 3 47 91 99.
Opel Assistência. Tel. 50 00 66 69.
Renault 24 h. Tel. 5 00 19 99.
Rover Assistência. Tel. 9 42 58 42.

Kinderspielplätze

Die meisten Park- und Grünanlagen verfügen über Spielplätze, die sich in teilweise ruinösem Zustand befinden. Es gibt allerdings auch interessante neue Anlagen (siehe auch Vergnügungspark, S. 490).

Parque Eduardo VII. (**S. 276**). Kletterschiff vor dem Eingang zur Estufa Fria.

Castelo de São Jorge (**S. 130**). Kletterburg im östlichen Teil.

Jardim Zoológico (**S. 184**). Attraktionen für Kinder.

Parque do Alto da Serafina (Monsanto, **S. 200**). Spielplatz und Vergnügungspark (Reserva dos Índios). Mo–Fr 9.30–20 h, Sa, So 10–20 h.

Kurierdienste / Estafetas

DHL – Transportes Rápidos Internacionais. Av. Marquês Gomes da Costa, 37, 1°. Tel. 8 59 90 17. Bis 22 h (Aeroporto).

Falcão Express. Campo das Amoreiras, 106. Tel. 7 59 14 24. Mo–Fr 9–19 h. Nachtservice Mo–Do mit Buchung vor 17 h.

Motorradverleih / Aluguer de Motos

Gesrent. Rua S. J. Nepomuceno, 32–A. Tel. 69 14 99. Tägl. 9–19 h.

Notrufe / Emergência

Ambulanz / Krankenwagen. Tel. 3 01 77 77 und 9 42 11 11.

Feuerwehr / Bombeiros. Tel. 3 42 22 22 und 60 60 60.

Polizei:
  – Öffentliche Sicherheit/Segurança Pública, PSP. Tel. 3 46 61 41; Tel. 3 47 47 30 (Überfall usw.).
  – Verkehrsbrigade/Brigada de Trânsito. GNR. Tel. 3 95 20 22. ▶

Parken / Parques de Estacionamento

Gemessen am werktäglichen Zustrom von Pendlern, die Lissabon im eigenen Pkw ansteuern, gibt es zu wenige öffentliche Parkplätze und Parkhäuser. Die wichtigsten befinden sich an der Praça do Comércio (Terreiro do Paço), Praça dos Restauradores, Edifício Chiado, Cais do Sodré: Rua do Arsenal und Parque de São Paulo, Amoreiras und Alameda Afonso Henriques.

Der Stellplatz im Parkhaus kostet 200 bis 300 Esc/h. Die teilweise chaotisch zugeparkten Gehsteige und Plätze werden von selbsternannten Einweisern wie Reviere aufgeteilt und freie Stellplätze zugewiesen (Trinkgeld ca. 200 Esc).

Post / Correio

Selbst die Post hat keine einheitlichen Öffnungszeiten. Die meisten Ämter bedienen werktags von 8.30–12 h und von 14.30–17 (Sa geschl.). Briefmarken sind auch an allen Kiosken zu erhalten, die ein graublaues Postfähnchen mit der Aufschrift „Selos" tragen. Postkarten und Briefe in die EU-Länder kosten 80 Esc, in andere europäische Staaten 100 Esc.

Die Telefon- und Telegrammdienste sind organisatorisch von der Brief- und Paketzustellung vollkommen getrennt (siehe Telefon, S. 486), auch wenn sie sich in den gleichen Räumlichkeiten befinden.

Aeroporto. Alameda das Comunidades (mit Postbank). 0–24 h.
Restauradores. Praça dos Restauradores (alte Hauptpost, mit Postbank). Mo–Fr 8–22 h und Sa/So 9–18 h.

Rundgänge und Rundfahrten / Circuitos turísticos

Alle Angebote gelten in der Regel von Mitte Juni bis Ende September.

Zu Fuß:

Chafariz-Rundgang. Câmara Municipal de Lisboa. Treffpunkt: Miradouro do Castelo de São Jorge 9.30 h. Teilnehmerzahl 20–25. Preis 5000 Esc. inkl. Mittagessen. Information und Reservierung unter Tel./Fax 3 85 87 43, Fax 7 57 16 51.

Mit der Straßenbahn:

Eléctrico de Turismo. Circuito das Colinas. Fahrt im historischen Straßenbahnwagen auf der Strecke Praça do Comércio (Terreiro do Paço), Sé, Santa Luzia, Alfama, São Vicente de Fora, Graça, São Paulo, Santos, Lapa, Estrela, Águas Livres, Sétima Colina, São Pedro de Alcântara, São Roque, Carmo, Chiado, Cais do Sodré. Abfahrt 13.30 und 15.30. Preis 2800 Esc (Kinder 1500 Esc). Mit Touristenpaß (S. 488) 50% Ermäßigung. Tel. 3 63 93 43.

Mit dem Bus (Angebote das ganze Jahr über):

Bus Tour. Circuito Tejo (Carris). Busrundfahrt mit beliebigen Anfangs- und Endpunkten auf der Strecke Praça do Comércio (Terreiro do Paço), Rossio, Restauradores, Parque Eduardo VII., Amoreiras, Estrela, Rio Tejo, Belém, Alcântara, 24 de Julho, Praça do Comércio. Preis 200 Esc. Mit dem Touristenpaß 50% Ermäßigung. Tel. 3 63 93 43.

RN Tours. Lisboa Turística. Halbtagesausflug von der Praça Marquês de Pombal zu Castelo de São Jorge, Torre de Belém, Mosteiro dos Jerónimos, Museu dos Coches. 9.30–12.30 h und 14.30–17.30 h. Tel. 3 57 75 23 (und andere Busunternehmen).

RN Tours. Lisboa à Noite. Nachtausflug von der Praça Marquês de Pombal in die alten Stadtviertel mit Abendessen und Fado/Folklore-Darbietung. 20.30–0.30 h. Tel. 3 57 75 23. ▶

Mit dem Schiff:

Barco Évora. Kreuzfahrten auf dem Tejo. Route: Bugio, Cascais, Vila Franca de Xira. Catamar Lda. Tel. 065 / 3 16 94.

Transtejo. Lisboa vista do Rio. Kreuzfahrt von der Estação do Terreiro do Paço über Belém nach Montijo/Seixal. Täglich 15–17 h. Preis 3000 Esc. Transtejo. Tel. 87 50 58 und 3 47 92 77.

Veja Lisboa com os Olhos do Tejo. Frei wählbare Route auf einem Sea Ray 230. Tages- und Nachtausflüge, u. a. zu den naturgeschützten Zonen des Strohmeers, Besuch des Expo-Geländes und der Brücke Vasco da Gama. Nereída. Tel. 8 81 02 81.

Schiffsverbindungen / Navegação

Der Fährbetrieb zum anderen Ufer des Tejo und in der Gegenrichtung wird hauptsächlich von den orange-weißen Barkassen des Unternehmens Transtejo ausgeführt. Die Eisenbahn (CP) bedient Barreiro, da dort die Strecke Richtung Sado und Algarve beginnt (siehe S. 471). Im folgenden die wichtigsten Verbindungen:

- Belém: nach Trafaria (6.30–0.30 h).
- Cais de Alfândega: nach Cacilhas (0–24 h).
- Cais do Sodré: nach Cacilhas.
- Estação Terreiro do Paço: nach Seixal (Mo–Fr 7.30–19.30 h) und Montijo (7.15–22.25 h); CP nach Barreiro (5.45–2.45 h).
- Trastejo. Ruo do Ouro, 181, 4°. Tel. 8 46 41 53.

Mit dem Touristenpaß (S. 488) 20% Ermäßigung.

Sicherheit / Segurança

Lissabon ist nicht gefährlicher als jede mitteleuropäische Großstadt. Erhöhte Vorsicht ist allerdings geboten in den Touristenmeilen und in öffentlichen Verkehrsmitteln, die dorthin führen. Man hüte sich sowohl vor Gedränge als auch vor einsamen Nebengassen der alten Stadtviertel (Drogenkriminalität).

Diebstähle und Überfälle sollten auf jeden Fall schon allein aus Versicherungsgründen zur Anzeige (denúncia) gebracht werden.

Sprache / Língua

Umgangs- und Amtssprache ist das Portugiesische, das trotz enger Verwandtschaft mit dem Spanischen (Kastilischen) eine vollkommen andere Aussprache besitzt. Da die Worte beim Sprechen ineinanderfließen, muß man sich erst gründlich einhören.

Da die Portugiesen stolz auf ihre vermeintlich angeborene Polyglottie sind, werden sie auch auf Versuche, Portugiesisch zu praktizieren, in der Regel mit Englisch, Französisch oder Deutsch antworten, auch wenn dies wenig verständlich ist. Man hält das für höflich und gastfreundlich. Der Tourist verscherzt sich alle Sympathien, wenn er beharrlich Spanisch spricht. Dies kann als subtile Beleidigung empfunden werden, da Spanien im kollektiven Unterbewußtsein als feindliche Macht erscheint, von der man sich auch nicht sprachlich vereinnahmen lassen dürfe.

Straßen- und Bergbahnen / Eléctrico e Elevadores

Wie die Stadtbusse gehören die Straßen- und Bergbahnen den Carris (Companhia de Transportes de Lisboa) an. Man kann also auch hier entweder den Einheitsfahrschein beim Fahrer bzw. Schaffner lösen (Tarifa de Bordo; 150 Esc) oder aber die Fahrscheine nach dem Módulo-System bei einem der Carris-Kioske (Postos de Atendimento) im voraus kaufen (siehe Stadtbusse, S. 475). Mit dem Touristenpaß (S. 488) ist eine unbeschränkte Benutzung möglich.

Betriebszeit Mo–Sa 6–23 h. So und Feiertage 9–23 h.　　▶

Strom / Voltagem

Die Spannung beträgt, abgesehen von älteren Gebäuden, 220 V. Eurostecker.

Taxi / Táxi

Obgleich Taxen in großer Anzahl zu jeder Tages- und Nachtzeit zur Verfügung stehen, ist es bei Terminen ratsam, ein Taxi vorzubestellen. Bei Fahrten mit mehreren Personen ist das Taxi insbesondere tagsüber preiswerter als die Fahrt mit öffentlichen Verkehrsmitteln (bei Einzelfahrschein). Dank gesonderter Fahrspuren sollten die Limousinen selbst in Stoßzeiten schnell vorankommen, doch undisziplinierte Autofahrer machen oft einen Strich durch diese Rechnung. Seit 1992 sind die Taxen nicht mehr zwingend schwarz mit grünem Dach, sondern können z. B. auch weiß sein. In jedem Fall zeigen sie durch das Leuchtschild „Livre" und/oder durch grüne Lämpchen auf dem Dach an, daß sie frei sind. Zwei grüne Lämpchen signalisieren die zweite Preisstufe – den höheren Nachttarif, der ab 22 h gilt. Grundbeträge:

Tagestarif (Tarifa 1) = 250 Esc + Taxometer.
Nachttarif (Tarifa 2) = 250 Esc + Taxometer (20 % Aufschlag).
Taxiruf zusätzlich 150 Esc.

Rádio Táxis de Lisboa. Tel. 8 15 50 61.
Autocoope. Tel. 7 93 27 56.
Teletaxi. Tel. 8 15 20 76 und 8 15 80 70.

Telefon / Telefone

Ein Telefongespräch innerhalb Lissabons kostet 20 Esc., Ferngespräche kosten mindestens 100 Esc. Für häufigeres Telefonieren empfiehlt sich der Kauf von Telefonkarten zu 875 Esc (50 Einheiten) und zu 2100 Esc (120 Einheiten). Sie sind in allen Postämtern, Geschäften und Cafés erhältlich, die das blaue Schild „Credifone" tragen. Am Flughafen gibt es auch Telefone, die mit Kreditkarten funktionieren.

Da die privatisierte Telecom Portugal europaweit die höchsten Telefontarife erhebt, ist es bei längeren Gesprächen günstiger, sich zurückrufen zu lassen.

Telefones de Lisboa e Porto (TLP). Rua Andrade Corvo, 14.
  Tel. 14 10 00.
Auskunft. National und international. Tel. 118.
Fax-Service. Bei jedem größeren Postamt (siehe Post, S. 482).
Gebühr zahlt Empfänger
  – national. Tel. 090.
  – international. Tel. 18 01 23 (Gebühr 600 Esc).
Mobiles Telefon
  – TMN. Tel. 05 00 67 60.
  – Telecel. Tel. 8 41 30 00.
Schwierigkeiten bei internationalen Verbindungen. Tel. 098 / 099.
Telegrammaufgabe
  – Telecom. National und international. Tel. 183.
  – International via Marconi. Tel. 182.
Vorwahlen
– Für Lissabon von den europäischen Nachbarstaaten aus: 00 35 11.
  (von Spanien aus: 07 35 11).
– Für Belgien: 00 32.
– Für Brasilien: 00 55.
– Für Dänemark: 00 45. ▶

– Für Deutschland: 00 49.
– Für Frankreich: 00 33.
– Für Großbritannien: 00 44.
– Für Österreich: 00 43.
– Für Spanien: 00 34.
– Für die Schweiz: 00 41.

Touristenpaß / Cartão turístico

Nach dem Vorbild anderer Metropolen wurde 1995 die Lisboa Card/ Cartão Lisboa eingeführt. Mit ihr kann man unbeschränkt die öffentlichen Verkehrsmittel von Metro, Bus, Straßen- und Bergbahnen benutzen. Man hat freien Zutritt bzw. Ermäßigung in den meisten Museen (S. 446; dort unter TP vermerkt). Ohne eigens Eintritt zu entrichten, kann man auch das Mosteiro dos Jerónimos, die Torre de Belém und den Palácio da Ajuda besuchen sowie in Sintra den Palácio da Vila und den Palácio da Pena.

Information und Erwerb:
Posto de Turismo da Câmara de Lisboa. Jardim do Regedor. Rua Jardim do Regedor, 51. Tel. 3 43 36 72/3. (Metro Restauradores)
Ebenfalls erhältlich im Mosteiro dos Jerónimos und im Museu Nacional dos Coches. Preise:
Dauer 24 h: 1200 Esc Erwachsene; 500 Esc Kinder (5–11 J.).
Dauer 48 h: 2000 Esc Erwachsene; 750 Esc Kinder.
Dauer 72 h: 2600 Esc Erwachsene; 1000 Esc Kinder.

Tip: Es ist ratsam, die Geltungsdauer nicht ausschließlich auf So, Mo und Feiertage zu legen, da viele Museen dann entweder sowieso kostenlos sind oder aber geschlossen haben.

Trinkgeld / Gorjeta

In Restaurants sind etwa 5–10 % Trinkgeld üblich; kleinere Beträge läßt man einfach auf dem Tisch oder am Tresen liegen. Auch bei anderen Dienstleistungen wird entsprechend aufgerundet.

Veranstaltungen

Januar
- São Vicente. Feierlichkeiten zum Nationalheiligen. Jahrmarkt in den entsprechenden Gemeinden wie z. B. Campo Santa Clara neben São Vicente de Fora. Freudenfeuer im Freien. Vorabend des 22. Januar (Tag des hl.Vinzenz).

März
- Festival Internacional de Cine da Costa do Estoril. Bis April.

Mai
- Feira do Livro. Buchmesse im Parque Eduardo VII. Bis Mitte Juni.
- Encontros de Música Contemporânea. Fundação Calouste Gulbenkian. Bis Mitte Juni.

Juni
- Festas de Lisboa: Festas dos Santos Populares (Santo António, São João, São Pedro).
- Marchas Populares dos Ranchos Folclóricos. Hauptumzug am Vorabend des 13. Juni (Tag des hl. Antonius). Arraiais (Straßenfeste in allen Stadtteilen).
- Romarias de Santo Amaro. Wallfahrten.
- Festas do Mar. Cascais.
- Feira de São Pedro de Sintra. Großer Jahrmarkt am 29. Juni.
- Festival de Música da Costa do Estoril. Vor allem Konzerte klassischer Musik.

▶

– Verão Cultural de Sintra. Kulturelle Veranstaltungen, v. a. Konzerte und Ballett, in den Palästen von Sintra, Queluz u. a. Bis September.

Juli

– Guincho Wave Classic. Surf-Wettbewerb. Praia do Guincho.

August

– Jazz em Agosto. Fundação Calouste Gulbenkian.
– Festival de Música dos Capuchos. Costa da Caparica.

September

– Encontros ACARTE. Ballett und Theater. Fundação Calouste Gulbenkian.
– Grande Prémio de Portugal. Formel-1-Rennen. Estoril.

Oktober

– Tag der Musik (1. Oktober). Konzerte in den U-Bahnhöfen. Museu da Música, Casa-Museu Verdades de Faria (Estoril) u. a.
– Jornadas de Música Antiga. Fundação Calouste Gulbenkian.

November

– Festivais de Lisboa. Orchestermusik, Theater und Ballett. Bis Anfang Dezember.

Messen:

FIL – Feira Internacional de Lisboa. Praça das Indústrias. Tel. 3 60 13 00. (Alcântara-Mar)

Recinto da Expo 98. Messegelände nach 1998. (Cabo Ruivo)

Vergnügungspark / Parque de Diversão

Feira Popular. Av. da República. Metro Entrecampos. Mo–Do 19–24 h, Sa 15–1 h, So 15–24 h. Mit attraktiven Spielmöglichkeiten für Kinder.

Verkehrsregeln

Es gelten die in Europa gültigen Verkehrsregeln. Die Rechts-vor-links-Regel kann man allerdings nicht uneingeschränkt voraussetzen. Auch bei Kreisverkehr (im Kreis Vorfahrt) ist Vorsicht geboten. Ein entschlossener, fast forscher Fahrstil ist die Gewohnheitsnorm, wobei die innerörtliche Geschwindigkeitsbegrenzung (50 km/h) sowie diejenige auf Schnellstraßen (90 km/h) häufig überschritten wird. Auf Autobahnen gilt Tempo 120 (wer seinen Führerschein weniger als 1 Jahr besitzt, darf max. 90 km/h fahren). Eine gelbe Markierung am Straßenrand heißt Parkverbot. Die Promillegrenze liegt bei 0,5.

Vorverkaufsstellen

ABEP. Praça dos Restauradores; Av. da Liberdade, 140, und Parque Mayer. Tel. 3 47 58 24.
Agência de Bilhetes de Alvalade. Praça de Alvalade, 6. Tel. 7 95 58 59. Mo–Sa 9–21.45 h, So 10–19 h.
Inter-Música Internacional. Praceta D. Pedro I, 3, 2º. Tel. 2 76 03 39.
Rivera & Campos. Rua das Portas de Santo Antão. Tel. 3 42 26 82.
Telecartaz. Tel. 3 85 44 19. Karten über Telefon (15 % Aufpreis).

Wetter / Tempo

Lissabon besitzt ein mediterranes Klima, das durch den bisweilen rauhen Atlantik beeinflußt wird. Ablandige Winde sorgen auch im Hochsommer für einen Feuchtnebel, der sich bis in die Mittagsstunden halten kann. Es kommt zu bisweilen abrupten Temperaturschwankungen in einem ansonsten ausgeglichenen südeuropäischen Klima. Die Temperatur fällt im regenreichen Winter nur selten unter den Gefrierpunkt und steigt im trockenen Sommer bis zu 35 °C an.

▶

Die Zahlen in der ersten Tabellenreihe geben die monatlichen Durchschnittstemperaturen in °C an.

Die folgenden Werte beziehen sich auf die durchschnittliche Sonnenscheindauer pro Tag eines jeden Monats bzw. auf die Anzahl der monatlichen Niederschlagstage.

Monat	Jan	Feb	Mär	Apr	Mai	Juni	Juli	Aug	Sept	Okt	Nov	Dez
Temperatur	9	10	14	14	16	20	22	24	21	18	14	11
Sonnenstunden	4	4	6	7	7	8	8	8	7	7	5	4
Niederschlag	11	8	11	7	7	2	1	1	4	7	9	11

Wetter-Information: Tel. 150.

Zeit / Ora

Seit 1.1.1993 gilt im kontinentalen Portugal wie in Deutschland die mitteleuropäische Zeit (MEZ). Augenblicklich ist allerdings in Diskussion, ob in den Sommermonaten die Sommerzeit weiterhin übernommen werden soll. Sollte die Entscheidung dagegen ausfallen, käme es künftig zu einem Zeitunterschied (−1 h).

Die Tabelle zeigt die Zeitdifferenz Lissabons zu allen wichtigen Zeitzonen – in der ersten Zeile anhand eines konkreten Beispiels, in der zweiten Zeile in absoluten Zahlen.

	Lissabon	Moskau	Singapur	Tokio	San Francisco	New York
h	12	14	19	20	3	6
±	±0	+2	+7	+8	−9	−6

Zeitungen / Jornais

Überregionale Tageszeitungen mit Lissabonner Teil und Wochenend-Magazin:

A Capital. In ihrer jetzigen Form 1968 gegründet. Bekannte Kommentatoren und Redakteure wie Francisco Sousa Tavares und Mário Drespo prägten die unabhängig-kritische Linie dieses Blattes. Auflage 40 000.

Diário de Notícias. 1864 gegründet (Denkmal im Park von São Pedro de Alcântara). Traditionsblatt liberaler Ausrichtung. Auflage 50 000.

Jornal de Notícias. 1888 gegründet. Überregionale Tageszeitung mit Boulevard-Charakter. Hauptsitz in Porto. Auflage 80 000.

Público. Unabhängige Zeitung mit umfassender Berichterstattung im internationalen Presseverbund. Auflage 60 000.

Wochenzeitungen mit Lissabonner Teil:

Expresso. 1973 gegründet. Wichtige Wochenzeitung für Politik und Wirtschaft. Interessante Beilagen: Revista und Cartaz (kommentierter Veranstaltungskalender). Auflage 160 000.

Independente. 1989 gegründet. Analysierend-kritische und feuilletonistische Wochenzeitung für Politik, Gesellschaft und Kultur. Auflage 80 000.

Jornal de Letras, Artes e Ideias (J/L). 1980 gegründet. Interessante Kulturzeitschrift mit Veranstaltungskalender. Erscheint nunmehr 14tägig. Auflage 9000.

Flughafen und Fluggesellschaften

Portela de Sacavém

Lissabons einziger Flughafen, kurz „Portela" genannt, liegt etwa 12 km vom Stadtzentrum entfernt, ist allerdings bereits von Stadtvierteln umgeben. Er entstand in den 40er Jahren (1943 eingeweiht) und wurde insbesondere in den 80er Jahren umgestaltet. Seit 1993 wird er einer grundlegenden Erneuerung unterzogen, um seine zu geringen Kapazitäten zu erweitern.

Er verfügt über eine Post (S. 482), Wechselstube und eine Informationsstelle, die auch bei der Suche nach einer Unterkunft (Hotel oder Pension) behilflich sein kann.

In absehbarer Zukunft soll der Flughafen Portela durch den Flughafen von Cascais teilentlastet werden.

Portela de Sacavém:
– Flughafeninformation. ANA. Tel. 80 20 60 und 80 22 62.
Aeródromo de Cascais:
– Flugzeug-Taxi. Táxis Aéreos Aerodelta. Tel. 4 44 36 84.

Anreise:
– Auto: Alle großen Mietwagenfirmen haben eine Niederlassung am Flughafen.
– Flughafenbus/Aerobus: Die Carris unterhalten Kleinbusse, die zwischen 7 h und 21 h alle 20 Minuten zwischen Cais do Sodré und Flughafen (Aeroporto) verkehren. Haltepunkte: Praça do Comércio (Terreiro do Paço), Rossio, Restauradores, Av. da Liberdade, Marquês de Pombal, Av. Fontes Pereira de Melo, Picoas, Saldanha, Av. da República, Campo Pequeno, Entrecampos, Aeroporto. Auf die angegebenen Fahrzeiten kann man sich trotz Sonderspur aufgrund der Lissabonner Verkehrsverhält-

nisse nicht verlassen. Bei einem Fahrpreis von 420 Esc (50 % Ermäßigung mit Touristenpaß, S. 488) empfiehlt sich ab drei Personen die nahezu preisgleiche Fahrt mit dem Taxi.
– Taxi: Die Fahrt beläuft sich im Tagestarif auf ca. 1400 Esc.

Fluggesellschaften

Alitalia. Av. da Liberdade, 225. Tel. 53 61 41.

Air France. Av. da Liberdade, 244–A. Tel. 3 56 21 71.

British Airways. Av. da Liberdade, 36, 2°. Tel. 3 46 43 53.

Iberia. Rua Rosa Araújo, 2–A. Tel. 3 55 81 19.

KLM. Praça Marquês de Pombal, 4. Tel. 7 95 50 12.

Lufthansa. Av. da Liberdade, 192–A. Tel. 57 37 22.

Portugália. Aeroporto. Tel. 8 48 47 59.

Sabena. Av. da Liberdade, 144, 1°. Tel. 3 46 55 72.

Swissair. Av. da Liberdade, 38, 1°. Tel. 3 47 12 00.

TAP. Praça Marquês de Pombal, 3, 5°. Tel. 57 50 20 (Reserv.).
    Aeroporto. Tel. 8 48 91 82.

TWA. Av. da Liberdade, 258 A. Tel. 52 71 41.

Varig. Praça Marquês de Pombal, 1, 6°. Tel. 3 56 38 41.

Metro

Seit den 60er Jahren reduziert sich der Metropolitano de Lisboa auf eine in sich geschlossene Strecke (Campo Grande) mit Verzweigung (Colégio Militar-Luz) – Linha A + B.

1995 wurde mit der Trennung der Bahnhöfe unter der Praça Marquês de Pombal (Rotunda I/II) der erste Schritt zu einer Umformung in ein Streckennetz getan. 1996 folgte die Trennung zwischen Restauradores und Rossio sowie die Einrichtung des Zweigbahnhofes Baixa/Chiado.

Ziel ist eine Verdoppelung des Streckennetzes von bislang 19 km und 25 U-Bahnhöfen auf 40 km und 49 U-Bahnhöfe, verteilt auf vier Linien (Linha A, B, C, D). Wie bei so vielen urbanistischen Großprojekten ist die Weltausstellung Expo 98 ein Fixdatum, zu dem zumindest der Großteil der vorgesehenen Verbindungen verwirklicht sein soll.

Linha A: Santa Apolónia – Baixa/Chiado – Rotunda – Pontinha.
Linha B: Rato – Rotunda – Saldanha – Campo Grande – Lumiar.
Linha C: Cais do Sodré – Baixa/Chiado – Alameda – Telheiras.
Linha D: Campolide – Saldanha – Alameda – Moscavide.

Betriebszeiten: tägl. 6–1 h.
Eine Fahrt kostet 70 Esc (Einheitspreis) bei Einzelfahrschein. An jedem Bahnhof gibt es auch ein billigeres 10er-Ticket aus dem Automaten (500 Esc). Ein Tagesticket kostet 200 Esc. Beim Touristenpaß (S. 488) ist auch die Benutzung der U-Bahn eingeschlossen.
Der kombinierte Metro-Carris-Paß (4 Tage 1500 Esc; 7 Tage 2120 Esc) ermöglicht zudem die Benutzung von Stadtbussen, Straßen- und Bergbahnen.
Metropolitano de Lisboa. Av. Fontes Pereira de Melo, 28.
Tel. 3 55 84 57.

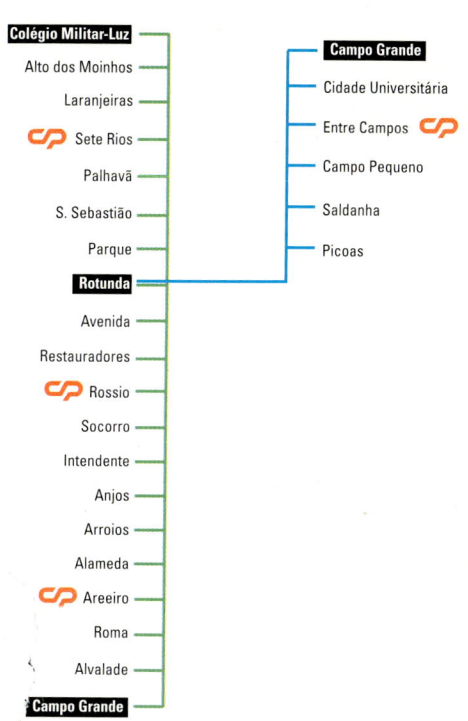

Colégio Militar-Luz

Alto dos Moinhos

Laranjeiras

Sete Rios

Palhavã

S. Sebastião

Parque

Rotunda

Avenida

Restauradores

Rossio

Socorro

Intendente

Anjos

Arroios

Alameda

Areeiro

Roma

Alvalade

Campo Grande

Campo Grande

Cidade Universitária

Entre Campos

Campo Pequeno

Saldanha

Picoas

Personenregister

Im Personenregister sind alle für die Stadt wichtigen Persönlichkeiten aufgeführt. Zu jedem Namen gibt es eine Kurzcharakteristik (Lebensdaten, Beruf). Bei Architekten werden die Gebäude genannt, die sie in Lissabon errichtet haben, bei den Malern und Bildhauern die Werke, die im Text erwähnt sind. Eine Übersicht aller portugiesischen Könige findet sich auf S. 25.

Personenregister

501

Personenregister

Sachregister

Das Sachregister erschließt alle Sehenswürdigkeiten des City Guide Lissabon. Fettgedruckte Seitenzahlen verweisen auf einen eigenen Haupteintrag. Ist die Sehenswürdigkeit auf den Stadtplankarten der Rundgänge verzeichnet, so erfolgt der Hinweis darauf mit dem Buchstaben K (wie Karte) und der entsprechenden Seitenzahl. Auch die nächstgelegene Metro-Station bzw. Bus- oder Straßenbahnhaltestelle und die dort verkehrenden Linien werden genannt.

503

Sachregister

504

Sachregister

Sachregister

Sachregister

Bildquellenverzeichnis

© Harenberg Kommunikation
Verlags- und Mediengesellschaft mbH & Co. KG
D-44018 Dortmund, Postfach 10 18 52
Ausgabe 1996 (Redaktionsschluß: 1.3.1996)

Druck: Druckerei Hitzegrad, Dortmund
Bindung: E. Gundlach, Bielefeld
Printed in Germany

ISBN 3-611-00525-8